GOLDMANN

Lesen erleben

Buch

Nach dem Gesetz der Anziehung bestimmen unsere Gedanken und unbewussten Wünsche unsere Lebensumstände. Wenn es aber möglich ist, durch Erkenntnis dieses Resonanzverhältnisses die Lebensumstände zu verändern, dann ist es umgekehrt auch möglich, durch die Lebensumstände sich selbst besser kennen zu lernen und zu verstehen. Kurt Tepperwein zeigt hier das Potenzial des Resonanzprinzips in beide Richtungen auf: Erstens die Möglichkeit, über die Veränderung im eigenen Bewusstsein positiv Einfluss auf die äußere Welt zu nehmen; und zweitens die Möglichkeit der Selbsterkenntnis in den Spiegeln des eigenen Lebens. Indem wir in den eigenen Lebensumständen den Spiegel unserer Innenwelt erkennen, gehen wir den entscheidenden Schritt zur Selbstverantwortung, zum inneren Frieden und zu positiver Veränderung in Einklang mit dem Universum.

Autor

Kurt Tepperwein, geboren 1932 in Lobenstein, war erfolgreicher Unternehmer, ehe er sich 1973 aus dem Wirtschaftsleben zurückzog. Er wurde Heilpraktiker und Forscher auf dem Gebiet der wahren Ursachen von Krankheit und Leid. Er lehrte als Dozent an verschiedenen internationalen Institutionen, unter anderen an der Friedensuniversität in Berlin. Seit 1997 ist er Dozent an der Internationalen Akademie der Wissenschaften. Im selben Jahr wurde er für sein Lebenswerk mit dem »Ersten deutschen Esoterikpreis« ausgezeichnet. Die von ihm entwickelte Technik des Mental- und Intuitionstrainings ist heute für viele Menschen unverzichtbarer Bestandteil ihres Lebens. Kurt Tepperwein ist Autor von mehr als 50 Büchern, zahlreichen Videos, Audiotapes und CDs. Wenn er sich nicht auf Vortragsreise befindet, lebt der Autor auf Teneriffa.
www.iadw.com

Bei Arkana sind von Kurt Tepperwein außerdem lieferbar:

Geistheilung durch sich selbst (11738) · Kraftquelle Mentaltraining (12141) · Der Weg zum Millionär (21551) · Jungbrunnen Entsäuerung (14207) · Die Geistigen Gesetze (21610) · Gesund für immer (21703) · Von Angst zur Lebensfreude (21734) · Gelassenheit (21738) · Erfinde dich neu (21752) · Die hohe Schule des Lebens (21762) · Selbstheilungskräfte aktivieren (21769) · Die Kraft der positiven Psychologie (21793) · Glücks-Gesetze (21814) · Erwachen zum wahren Sein (21834) · Die Praxis der geistigen Gesetze (21867) · Kausal-Training (21899) · Mein Verjüngungsbuch (21921) · Perlen der Weisheit (21862)

Kurt Tepperwein

Was wünschst du
dir vom Leben?

Das Resonanzgesetz als Weg zu
Selbsterkenntnis und Selbstverwirklichung

GOLDMANN

Verlagsgruppe Random House FSC-DEU-0100
Das für diese Buch verwendete FSC®-zertifizierte Papier
München Super liefert Arctic Paper Mochenwangen GmbH.

1. Auflage

Originalausgabe Juni 2011
© 2011 Wilhelm Goldmann Verlag, München,
in der Verlagsgruppe Random House GmbH
Umschlaggestaltung: Uno Werbeagentur
Umschlagfoto: Getty Images©Vilhjalmur Ingi Vilhjalmsson (RF-Motiv)
Lektorat: Judith Mark
Redaktionelle Mitarbeit: Klaus Jürgen Becker
SB · Herstellung: cb
Satz: Uhl+Massopust, Aalen
Druck: GGP Media GmbH, Pößneck
Printed in Germany
ISBN 978-3-442-21949-0

www.arkana-verlag.de

Inhalt

Vorwort

Bereits vor vielen tausend Jahren lehrte der Weise Hermes Trismegistos: »Wie oben, so unten; wie im Größten, so im Kleinsten.« Weltreligionen und Weisheitslehren gehen davon aus, dass alles, was Sie erleben, eine Widerspiegelung Ihres eigenen Bewusstseins ist. Inzwischen wird diese Erkenntnis auch von der modernen Psychologie sowie von der Quantenphysik bestätigt. Wir stehen mit dem, was wir scheinbar im Außen erleben, in einer Wechselseitigkeit, derer wir uns meistens nicht bewusst sind: Wir projizieren unser Bewusstsein nach außen. Was wir wahrnehmen, ist die Widerspiegelung unseres *eigenen* Seins. Diese Spiegelung tritt in Form von Menschen, Umständen, Situationen, Beziehungen, Symptomen etc. in Erscheinung. Doch nur wenige Menschen leben weise im Umgang mit den Spiegeln des Lebens. Die meisten von uns laufen deshalb in unnötiger Verwirrung und Dunkelheit durchs Leben, statt die »innere Alchemie« zu vollziehen. Dafür brauchen wir Kontakt zu dem Teil in uns, der still und unbewegt ist.

Ein Sinnbild, das die Zen-Meister für die Widerspiegelung des Bewusstseins verwendeten, ist das des Mondes, der sich im Wasser spiegelt. Wenn das Wasser trüb oder bewegt ist, dann können wir das Spiegelbild des Mondes nicht klar erkennen. Übersetzt bedeutet dies: Wenn unsere Aufmerksamkeit in den Trübungen oder Wellenbewegungen, d. h. in Wertungen, Urteilen, Projektionen gefangen ist, so bleiben wir in einem Zustand der Verblendung.

Unsere Aufmerksamkeit ist so stark mit der Außenwelt verstrickt, dass wir es kaum bemerken. Sie hat sich mit den Umständen verhakt wie ein Seidentuch in einem Dornenstrauch. Um unsere innere Kraft wiederzugewinnen, müssen wir dieses Seidentuch wieder lösen, unsere Aufmerksamkeit wieder befreien. Dabei soll dieses Buch helfen.

Spätestens seit Entdeckung der Quantenphysik wissen wir, dass der Beobachter den Gegenstand der Beobachtung durch seine Art des Hinschauens beeinflusst. So können wir aus dem Objekt, das wir beobachten, Rückschlüsse nicht nur über uns selbst ziehen, sondern auch über unsere Verstrickung, und diese nachfolgend lösen. Das größte Geschenk, das wir uns in diesem Leben machen können, ist Befreiung, im Englischen »Liberation« genannt. Davon handelt dieses Buch.

Zu Beginn unserer spirituellen Reise suchen wir vielleicht ekstatische Erleuchtungserfahrungen, wir berauschen uns an ihnen und möchten die Welt vergessen. Übergangsweise mag dies auch angenehm sein. Durch diese Erfahrungen erleben wir, dass der Mensch nicht vom Brot allein lebt. Irgendwann aber erkennen wir, dass »Zustände«, mögen sie noch so glückselig sein, noch keine Befreiung bedeuten. Befreiung ist eine Befreiung vom Ich, ein Wechsel der Perspektive. Wir erleben diese Befreiung aber nur, wenn wir sie im Alltag vollziehen. Wäre es unsere Aufgabe, am Fuße des Himalayas zu sitzen und dort zu meditieren, wären wir am Fuße des Himalayas geboren worden. Doch das Leben in der westlichen Welt, in der wir geboren sind, ist genauso spirituell wie das Leben in einem tibetischen Kloster oder einem indischen Ashram, wenn wir uns darauf einlassen. Um die Spiritualität des Alltags zu erkennen, benötigen wir jedoch die Gesetze des Spiegels. Der Materialismus alleine würde keinen Sinn machen. Wenn wir jedoch unseren Alltag genau beobachten, dann erleben wir, in welchem Ausmaß unsere Wahrnehmung unser Leben gestaltet. Wichtig ist stets, als wer wir beobachten und wie wir beobachten, wie wir in den Spiegel Welt hineinschauen.

Hermann Hesse hat den Zusammenhang zwischen Beobachtung und Beobachtetem sehr schön in folgendem Satz ausgedrückt: »Oft ist die Welt schlecht gescholten worden, weil der, der sie schalt, schlecht geschlafen oder zu viel gegessen hatte. Oft ist die Welt selig gepriesen worden, weil der, der sie pries, eben ein Mädchen geküsst hatte.« *(Hermann Hesse, Zarathustras Wiederkehr)* Was wir erleben, beeinflusst unsere Sicht der Welt. Umgekehrt können wir aber auch aus dem, was wir erleben, erkennen, womit wir in »Resonanz« stehen. Wir können Rückschlüsse darüber ziehen, wo wir festhängen, Bewertungen zurücknehmen und unsere Befreiung fördern. Mit jedem Spiegel, den wir erlöst haben, wird ein innerer Helfer, ein Stück eigenes Seelenpotenzial befreit. Und hier ist das Leben in unserer westlichen Zivilisation vielleicht hilfreicher als ein Leben in einem Kloster. Ein Gleichnis soll dies verdeutlichen: Ein Mann ging in ein Kloster, lebte dort enthaltsam, spürte inneren Frieden und glaubte deshalb, er sei ein Heiliger. Doch eines Tages ging er in eine Großstadt – und auf einmal war all das, was ihn bedrängt hatte, wieder da: Stress, Hektik, Sexualität, Anhaftung und Ablehnung. Da erkannte er, dass der Frieden, den er erfahren hatte, sich noch in der herkömmlichen Welt bewähren musste.

Die erste Chance in Ihrer Arbeit mit den Spiegeln liegt in der »Befreiung«. Die zweite Chance liegt darin, dass Sie Zugang zur Mystik gewinnen, zu dem, was größer ist als unser Ich. Das Verfügbarmachen von Mystik ist unmittelbar mit der Transzendierung unseres kleinen Ichs verbunden, denn Mystik können wir nur erfahren, wenn kein »Ich« vorhanden ist. Je mehr es Ihnen gelingt, Ihr Ich aus dem Alltag herauszuhalten und als »Selbst« zu wirken, umso mehr Mystik werden Sie erfahren, umso mehr werden Sie erleben, wie »das Ganze« durch Sie und durch alles wirkt, was ist. Das Märchen vom Aschenputtel zeigt sehr schön, wie die Tauben dem Aschenputtel helfen, die Arbeit zu tun. Ebenso wie Aschenputtel müssen wir die Aufgabe der Selbstwerdung nicht alleine bewältigen – der ganze Kosmos hilft uns, wenn wir im Auftrag und als Ausdruck des kosmischen Bewusstseins leben.

In diesem Buch werden Sie immer wieder auf das Wechselspiel von Spiegel und innerem Magneten hingewiesen. Ihr »innerer Magnet« ist die Instanz, welche aufgrund ihrer Programmierung ganz bestimmte Lebenssituationen und Erfahrungen anzieht. Die Spiegelungsprozesse, die wir erleben, weisen darauf hin, was sich in unserem Magneten befindet und wo wir unseren Magnetismus umprogrammieren sollten.

Es mag Ihnen wie Zauberei vorkommen, auf welche Weise sich auf einmal Ihre Welt wandelt, das Leben sich Ihrer Probleme annimmt und die Dinge durch Zufälle und Führungen ohne Ihr Zutun regelt – aber es ist lediglich die Anwendung von natürlichen Gesetzmäßigkeiten, nach denen wir eigentlich alle leben sollten, weil es uns erfüllt, weil es uns glücklich macht.

Die dritte Chance, die Sie mit diesem Buch erhalten, besteht darin, anderen eine Chance zu sein, also ein Segen zu sein für jeden, der das Glück hat, Ihnen zu begegnen. Dieser dritte Schritt wird im Buddhismus durch das Bodhisattva-Gelübde ausgedrückt: Befreiung zu erlangen, nicht nur für sich selbst, sondern um anderen bei ihrer Befreiung zu helfen. Hier kommt ein weiteres Thema ins Spiel: die Fähigkeit, andere angemessen spiegeln zu können. Das gelingt uns, indem wir auf Bewertungen und Dünkel verzichten. Wir müssen die anderen nicht nur da abholen, wo sie stehen, nein, es ist unsere vornehmste und höchste Aufgabe, anderen (und uns selbst) angemessene Spiegelungen zu geben. So viele Menschen leiden darunter, dass sie in der Kindheit und auch im späteren Leben nicht angemessen gespiegelt wurden. Aus diesem Grund werden Sie in diesem Buch einiges zum Thema der psychologischen Spiegelung lesen können. In der Neurolinguistik wird dies »Pacing und Leading« (deutsch: Mitgehen und Führen) genannt. Wer herrschen will, muss dienen können. Das bedeutet: Wer andere befreien will, muss sie spiegeln können.

Aus dem Zen stammt das Sprichwort: »Wenn ein Huhn hinter etwas herläuft, ist es wichtig für das Huhn!« Das

Huhn befreien können wir nur, wenn das Huhn das Empfinden hat, dass wir seine Huhn-Probleme lösen. Dafür
müssen wir aber das Huhn in uns spiegeln, d. h. auf Bewertungen über das Huhn und seine Ziele verzichten und
erkennen: »Auch ich bin ein Huhn!« John F. Kennedy spie-
gelte einmal hervorragend seine Zuhörer, als er am Bran-
denburger Tor stand und sagte: »Auch ich bin ein Berliner!«
Das ist Pacing und Leading.

Dieses Spiegeln wird im Buddhismus »Maitri« (deutsch:
Mitgefühl) genannt. Bei der fortgeschrittenen Form des Spiegelns beobachten wir unsere Reaktionen auf den anderen und
achten darauf, dass unser innerer See keine Wellen schlägt,
wir also Schritt halten und führen können, ohne Dünkel.

Das vorliegende Buch hat sich zur Aufgabe gesetzt, mit
Ihnen den Weg von der Projektion bis hin zum Wirken als
jemand, der andere befreit, zu gehen. Die Stufen, die Sie dabei zurücklegen, könnten wie folgt aussehen:

- Erste Stufe: Ich hafte an den Projektionsflächen, Umständen, Situationen, ohne dies zu bemerken.
- Zweite Stufe: Ich mache mir bewusst, was ich regelmäßig
  erlebe, und ahne, dass das, was ich erlebe, mit mir zu tun
  hat.
- Dritte Stufe: Ich werde mir meiner Urteile, Projektionen,
  Emotionen, Vorlieben und Abneigungen bewusst.
- Vierte Stufe: Ich ziehe daraus Rückschlüsse auf die in mir
  wohnenden Muster, Glaubenssätze, Urteile, Fixierungen,
  löse sie auf und verwandle sie, so dass ich veränderte, positive neue Erfahrungen mache.

- Fünfte Stufe: Ich spüre die Spiegelungen in mir.
- Sechste Stufe: Ich entdecke und erlebe das reine Sein, das hinter den Mustern, Glaubenssätzen, Emotionen verborgen ist und agiere als Selbst aus dem Hintergrund des Seins. Dieser Zustand wird gemeinhin als spirituelles Erwachen bezeichnet.
- Siebte Stufe: Ich spiegele andere in mir, ohne zu werten, und bin mir gleichzeitig der Alleinheit bewusst. Ich trage dazu bei, andere zu befreien. Dieser Zustand wird normalerweise als Bodhisattva-Zustand bezeichnet. Ein Bodhisattva wirkt in der Welt für die Befreiung anderer und der Welt.

Die Besonderheit dieses Buches besteht darin, dass wir angesichts der Spiegel des Lebens nicht in der Analogie stehen bleiben, sondern uns von der Identifikation mit der Bedeutungsebene befreien, uns daran erinnern, wer wir wirklich sind und uns öffnen für die »große Befreiung«. Die bisher veröffentlichten Bücher über die spirituelle Bedeutung von Symptomen, Ereignissen, Lebenswiederholungen empfehlen sich als wertvolle Ergänzung zu diesem Buch.

Selbst-Bewusstheit im Dienste der Befreiung ist keine einmalige Erfahrung, sondern eine *Haltung*, die im Alltag immer wieder umgesetzt sein will. Wie der Held im Märchen oder in der Sage begegnen wir immer wieder Herausforderungen, Heldenaufgaben. Diese sind in Wahrheit allesamt Projektionsflächen des Ungelösten in uns, die erlöst bzw. eingelöst werden möchten, und auf einer späteren Stufe des Befreiungsweges Projektionsflächen des kollektiven Ungelösten, die wir im Dienste des Kollektivs lösen können.

Die Analogie von Seidentuch und Dornen ist eine Möglichkeit, unsere Verstrickung in der Welt darzustellen. Eine zweite ist die des Spiegels und seiner Spiegelung. Eine dritte, welche sich auf unser wahres Selbst bezieht, ist die einer DVD: Wenn Sie eine Spielfilm-DVD in einen PC schieben, dann sehen Sie kurz darauf auf Ihrem Bildschirm einen Film mit einer fortlaufenden, sich entfaltenden Handlung. Sobald Sie Ihre DVD wieder aus dem Computer herausnehmen, hört der Spielfilm auf, und Sie erleben, dass es sich wieder »nur« um eine DVD handelt.

Ihre Geburt ist wie das Einschieben einer solchen DVD. Sie sind derzeit mitten in Ihrem eigenen Spielfilm, den wir »ein Leben« nennen. Doch im Gegensatz zu einem normalen Spielfilm handelt es sich bei Ihrem Leben um eine *interaktive* DVD, bei der Sie den Spielfilm verändern können.

Die meisten Menschen schauen so gebannt auf den Bildschirm, dass sie sich gar nicht aufmachen zu entdecken, dass die projizierten Daten, die auf dem Bildschirm in Form eines Spielfilms ausgestrahlt werden, nicht der Bildschirm sind, sondern lediglich die Daten auf der DVD. Diese DVD ist interaktiv. Sie können den Film verändern.

Allein sich dies bewusst zu machen, wird Ihre Lebensqualität deutlich verbessern. Aus der neu gewonnenen Bewusstheit heraus wird es Ihnen immer leichter fallen, optimal, d. h. stimmig, mit Ihrem Leben und Ihren Lebenssituationen umzugehen. Hierbei kommt dem Wechsel der Identität eine entscheidende Bedeutung zu. Was Sie tun mag wichtig sein, aber weitaus wichtiger ist, *wer* in Ihnen all dies tut, empfindet, wahrnimmt, also *als wer* Sie leben.

Bevor Sie nicht wissen, was Sie tun, haben Sie keine andere Wahl, als damit fortzufahren. Doch kaum treten Sie zurück und erkennen den Spiegel, tut sich mit der Bewusstheit auch – gerade in entscheidenden Situationen – die Wahl auf. Diese Wahl können Sie ganz bewusst nutzen, um die Perspektive zu wechseln, vom Ich zum Selbst zu erwachen.

Das vorliegende Buch wird Ihnen helfen, bei allem, was Ihnen im Außen bedeutsam ist, darauf zu achten, was diese Bedeutsamkeit mit Ihren eigenen inneren Verstrickungen zu tun hat. Es möchte Sie dabei unterstützen, diese Verstrickungen zu lösen. Nicht immer erkennen Sie den Spiegel sofort. Denn es genügt, ähnlich wie bei einer Traumanalyse, nicht, die Be-Deutung intellektuell zu erkennen, sondern das Wissen um die eigene Resonanz muss gewissermaßen »einrasten«, damit wieder ein Stück mehr von Ihrem Potenzial befreit ist. Vielleicht laufen Sie manchmal tagelang mit der Frage herum: »Was habe ich damit zu tun, dass ich so einen schwierigen Nachbarn habe?«, und plötzlich macht es »Klick«, der Groschen fällt, und eine tiefe Erkenntnis und damit verbundene Entspannung breitet sich in Ihnen aus. Sie spüren, warum das Leben mit diesem Nachbarn genau Sie »meint«. Sobald die Erkenntnis in eine Bewusstseinsveränderung umgewandelt ist, ist wieder ein Stück Ihres Seidentuches aus dem Dornenstrauch gelöst.

Wenn Sie dann eines Tages »sterben«, ist dies so ähnlich, wie die Spielfilm-DVD aus dem Computer zu nehmen. Menschen mit Nahtoderfahrungen berichten, dass im

Sterbeprozess der Lebensfilm noch einmal im Zeitraffer vor ihnen ablief.

Das Tibetische Totenbuch erklärt, dass unser Leben auf der Erde eigentlich nur eine Vorbereitung auf das ist, was uns »danach« erwartet: Da es im Zwischenzustand, auch »Bardo« genannt, kein »Du« mehr gibt, auf das projiziert werden könnte, erfährt nach dem Ableben des Körpers jeder seine eigene Realität. Gelingt es uns, unsere alltägliche Realität voll und ganz für unsere Loslösung von Verstrickungen, für unsere eigene Befreiung und für die Entwicklung von Mitgefühl zu nutzen, erfahren wir die Auflösung der Illusion des vom Ganzen getrennten Ichs und uns selbst als den unendlichen Raum der Fülle, der im Buddhismus auch »spiegelgleiche Weisheit« genannt wird. Bezogen auf unser Sinnbild der DVD heißt das: Der Inhalt der interaktiven DVD hat sich, während sie im Computer war, durch Ihre wachsende Bewusstheit und Erkenntnis deutlich verbessert.Sie können nichts lösen, was Sie nicht erkannt, was Sie nicht ganz bewusst als das Ihrige angenommen haben. Darum ist es bei der Arbeit mit den Gesetzen des Spiegels so wichtig, den Ausgangspunkt der Projektion in sich selbst ausfindig zu machen, ihn zu treffen und über Werkzeuge zu verfügen, die dabei helfen, die eigenen Projektionen zurückzunehmen. Jede Projektion, die Sie zurücknehmen, ist ein Segen für Sie selbst, für andere und für die Welt.

Die Freiheit, die Sie suchen, liegt nicht in äußeren Errungenschaften oder Umständen. Es sind nicht Geld oder Ruhm, die uns befreien. Viele Millionäre haben in der Zeit der Finanzkrise schlaflose Nächte, mehr als so mancher Obdachlose. Der spirituelle Lehrer Eckhart Tolle lebte, bevor er bekannt wurde, als Obdachloser auf einer Parkbank und war dabei bereits innerlich frei. Die finanzielle Welt macht weder frei noch unfrei. Sie ist jedoch, ähnlich wie die Großstadt für den Mönch, der Prüfstein, ob wir auch angesichts finanzieller Herausforderungen innerlich frei sein können. Wenn ja, ist es möglicherweise angenehmer, als reicher Mensch befreit zu sein als als armer. Doch »angenehm« oder »unangenehm« sind auch nur Maßstäbe des Egos. Wenn wir wirklich befreit sind, dann ist uns »Befreiung« wichtiger als »angenehm«.

Ein Schüler fragte seinen Zen-Meister: »Wann werde ich Befreiung erleben?« Der Zen-Meister packte den Schüler und drückte ihn mit dem Kopf unter Wasser, bis er kurz vor dem Ersticken war, dann ließ er ihn los. Japsend kam der Schüler wieder zu sich und fragte, warum der Meister dies getan habe. Der Meister antwortete: »Wenn deine Sehnsucht nach Befreiung so stark ist wie eben deine Sehnsucht nach Luft, wirst du dauerhafte Befreiung erfahren – keinen Augenblick früher!«

Freiheit finden wir in der »spiegelgleichen Weisheit«, die immer mehr durch Sie zutage tritt, je mehr Sie den Spiegel Ihres Bewusstseins vom Staub der Projektionen reinigen. Diese »spiegelgleiche Weisheit« steht am Ende Ihres Weges und dann am Anfang Ihrer neuen Aufgabe, zur Befreiung anderer beizutragen. Um dies in uns zu verankern, müssen wir den Weg erst einmal betreten. Und dafür werden wir im Laufe dieses Buches eine Menge von »Spiegeln« kennen lernen, mehr noch: Wir werden sie nutzen, um unsere Einstellung zu den Dingen, ja unsere gesamte »Realität« positiv zu verändern und dadurch Frieden, Erkenntnis und Freiheit zu erlangen.

Für diesen Weg wünsche ich Ihnen Kraft und Freude. Auf dass das Licht Ihrer »spiegelgleichen Weisheit« mehr und mehr durch Sie scheinen und Sie durchdringen möge. In Wahrheit gibt es nichts Großes und nichts Kleines, sondern nur diese spiegelgleiche Weisheit, die durch uns alle wirkt.

Ihr

Kurt Tepperwein

Die Welt – Ihr Spiegel?

Glück und Frieden sind nicht unser Geburtsrecht.
Diejenigen, die es erlangen, bekommen es durch
ständige Anstrengung!
(RAMANA MAHARSHI)

Warum gehen wir ins Kino? Weil es Spaß macht – vielleicht aber auch, um etwas zu lernen! Und warum leben wir? Weil es Spaß macht?

Sinnengenuss

Ich könnte davon ausgehen, dass das Leben zum Genießen da ist. Je mehr Genuss ich erfahre, umso besser ist mein Leben. Bereits im alten Griechenland gab es eine Philosophie, die sich Hedonismus nannte und die dem Sinnengenuss frönte. Sie stammt von Aristippos von Kyrene, der von 435 v. Chr. bis ca. 355 v. Chr. lebte. Der Weg zum Glück besteht nach Aristipp darin, die Lust zu maximieren, dem Schmerz aber auszuweichen. Die körperliche Lust sei der eigentliche Sinn des Lebens. Auch Epikur definiert die Lust als das Prinzip gelingenden Lebens, meint hierbei aber nicht die körperliche Lust, sondern das Glück, das dadurch entsteht, wenn man frei sein kann von Stress (griech. Ataraxie) und Schmerz (griech. Aponetos).

Man mag den Hedonisten vorwerfen, egoistisch zu sein, doch wenn wir uns die Weltgeschichte anschauen, dann wurden die großen Kriege und Gräueltaten nicht von den Hedonisten verursacht, sondern in vielen Fällen genau von den Mächtigen, die ihre Sinneslust unterdrückten und statt dem Sinnengenuss pervertierte Ideale zum Anlass für Grausamkeiten nahmen. Wie der indische Weisheitslehrer Osho in seinen zahlreichen Vorträgen immer wieder betonte: Ein Mensch, der seine Sinne verfeinert hat und dadurch zu sinnlicher Erfüllung gekommen ist, kann gar nicht zu Grausamkeiten neigen. Der einzige Nachteil des Hedonismus ist, dass Sinnengenuss ein Zustand ist, der sich nicht dauerhaft halten lässt. Der Hedonismus gibt keine Antwort auf Zeiten oder Beziehungen, die sinnlich unbefriedigend sind, auf Alter, Leid und Krankheit. Er verführt dazu, auszuweichen und ähnlich wie das Trüffelschwein nur nach den Annehmlichkeiten zu suchen. Der Hedonist ist stets auf der Suche nach dem noch erfüllenderen Genuss, dem noch besseren Liebespartner, der noch schöneren Badebucht. Sinnesverzicht, wann immer er ihm abverlangt wird, kann bei ihm tiefe Depression verursachen. Seine Beziehungen stehen stets unter der Maßgabe des Genießens – tiefer schaut er nicht. Es fehlt dem Hedonisten die andere Seite, die bewusste Konfrontation mit dem Unangenehmen, um daran seelisch zu wachsen, und die Bereitschaft, durch Entbehrungen hindurchzugehen. Wer also sein Leben ausschließlich danach bewertet, ob es angenehm ist, dem fehlt das Rückgrat für schwierige Zeiten.

Weltliche Anliegen – Ruhm und Macht

Ruhm und Macht können berauschen. Uns fließt Energie zu und wir fühlen uns großartig. Doch müssen wir ständig darauf achten, Ruhm und Macht nicht zu verlieren. Dafür gilt es gewisse Spielregeln zu beachten. Viele, die »ganz nach oben« gekommen sind, haben dafür ihre Identität, ihre Integrität und ihr Selbstgefühl aufgegeben. Wie abhängig man selbst von Ruhm und Macht geworden ist und wie ohnmächtig man eines Tages den gewohnten Selbstansprüchen von Ruhm und Macht gegenübersteht, weiß man erst, wenn es fast zu spät ist. Was der Hedonist kann – genießen –, fehlt den meisten, die auf Ruhm und Macht aus sind. Irgendwann verlöschen unser Ruhm und unsere Macht. Die Gefahr besteht, dass dann das, worauf wir uns zurückziehen könnten, nicht mehr spürbar ist: unser wahres Selbst!

Weltliche Anliegen – Muse und Schönheit

Muse und Schönheit bieten einen »höheren« Genuss. Auch wenn wir eines Tages an Jahren gereift sind, können wir, wenn wir dies gelernt haben, die Schönheit in jedem Stein, in jeder Blume sehen. Wenn die Muse uns küsst, oder wenn wir selbst die Muse genießen, z. B. in Form guter Musik oder beim Betrachten von Kunstwerken, dann sind wir schon gut dran. Doch auch dieser Genuss schützt uns nicht vor Alter, Krankheit und Leid. Er ist eine gute Zuflucht, doch wenn wir etwas suchen, das über den höheren Genuss hinausgeht, kommen wir auch mit der Muse, so wertvoll sie ist, nicht weiter. Auch gibt die Muse uns keine Antwort auf den Lärm der Welt, die dissonanten Töne, das Hässliche, das Entartete und die langweiligen Tagesroutinen, die wir in der Welt finden.

Fernseher oder Spiegel

Es gibt verschiedene Möglichkeiten, wie wir die Welt sehen können, insbesondere als Fernseher – oder als Spiegel. Wenn wir in die Welt wie in einen Fernseher schauen, dann erleben wir, dass uns vieles begeistert und vieles deprimiert. Wir versuchen das Programm zu wechseln, nicht indem wir etwas an uns – dem Zuschauer – ändern, sondern indem wir an einen anderen Ort gehen: Wir fliegen an einen schönen Urlaubsort, gehen in ein Theater oder besuchen Menschen, die wir sympathisch finden.

Doch so sehr wir uns bemühen, das bestmögliche Programm auszuwählen: Immer wieder erleben wir Umstände, die anders sind, als wir es uns erträumt haben: Sind wir auf Mallorca im Urlaub, ist vielleicht das Duschwasser zu kalt; sind wir in einem Theater, dann empfinden wir womöglich die Inszenierung als unerträglich, und die Menschen, die wir besuchen, beginnen uns auf einmal zu langweilen. Wie kann etwas da draußen uns dauerhaftes Glück bringen? Menschen, Umstände, Situationen sind wie das Wetter – sie ändern sich dauernd und sind nicht zuverlässig. Ebenso sind wir selbst nicht zuverlässig: Wir sehnen uns nach einem deftigen Essen; kaum haben wir es aber verspeist, ist uns nach etwas Süßem zumute. Haben wir dies, brauchen wir frische Luft oder ein Schläfchen oder einen Kinofilm – ständig etwas anderes... All diese Bedürfnisse sind nicht schlecht, aber keines von ihnen wird Ihnen dauerhafte Befriedigung schenken können.

Unsere Augen sind die Fenster der Seele, aber solange wir nicht erkennen, dass das, was wir erblicken, mit uns zu tun hat, schauen wir immer durch dasselbe Fenster und erblicken immer wieder dieselbe Aussicht: Derselbe Partner, derselbe Verkehrsstau, dieselben dummen Sprüche des Kollegen – vielleicht kennen Sie den Film »Und täglich grüßt das Murmeltier«?

Der TV-Wettermann Phil Connors (dargestellt von Bill Murray) wird für eine Reportage in ein kleines Provinznest mit dem unaussprechlichen Namen Punxsutawney geschickt, um dort über den jeweils am 2. Februar gefeierten »Murmeltiertag« zu berichten. Man reißt einen fetten Nager aus seinem Winterschlaf und fragt ihn, ob es einen frühen Frühling geben wird. Connors möchte diesen dämlichen Tag möglichst rasch hinter sich haben und legt sich schlafen. Da geschieht Eigenartiges. Connors schläft, der Wecker klingelt – und der vergangene Tag beginnt von vorne. Phil befindet sich ab diesem Augenblick in einer Zeitschleife, in der derselbe Tag immer und immer wieder von vorne beginnt. Findet er dies zu Beginn noch lustig, weil er tun kann, was er will, ohne dafür mit Konsequenzen rechnen zu müssen, verfällt er irgendwann in tiefe Depressionen. Sogar ein Selbstmord »hilft« ihm nicht: Einen Tag danach beginnt der »Murmeltiertag« erneut. Irgendwann verändert sich etwas in der Psyche von Phil. Er wird ein besserer Mensch, verschenkt sein Herz an Hilfsbedürftige und verliebt sich endlich ernsthaft in seine Kollegin Rita (Andie MacDowell). Plötzlich ist der Fluch gebrochen und es wird der 3. Februar.

Phil Connors' Erfahrung lehrt uns: Solange wir das Leben konsumieren wie ein Fernsehprogramm, verändert sich nichts. Wir schauen in den Fernseher bzw. aus dem Fenster und beurteilen das Programm bzw. die Landschaft. Erst wenn sich *in uns* etwas ändert, passiert auch etwas im Außen. Dies geschieht, wenn wir in das Leben wie in einen Spiegel hineinschauen – wir schauen in das Leben und sehen uns selbst.

Immer mehr wird uns klar, dass wir in den anderen Menschen nur das erkennen können, was wir *in uns* bereits erlebt haben – denn wie sollten wir dem sonst einen Namen geben? Wir erkennen eine Depression oder Ärger deshalb beim anderen so gut, weil wir wissen, wie sich eine Depression oder Ärger anfühlt. In diesem Fall ist es wichtig, dass wir unser Gefühl erst einmal bemerken und benennen: »Aha, mein Gefühl ist Depression (bzw. Ärger).« Und wenn wir achtsam sind, erkennen wir manchmal, dass dieses Gefühl durch den anderen ausgelöst wurde. Dies kann der Fall sein, weil »der andere« selber depressiv ist oder auch weil der andere etwas in uns zum Schwingen bringt, was uns depressiv macht.

Natürlich können wir dem anderen gute Gedanken schicken, für ihn beten, ihn segnen und Mitgefühl mit ihm empfinden – dadurch senden wir diese guten Gedanken zugleich zu uns selbst. Doch seien wir uns stets bewusst, dass der andere, egal, wie immer er ist, stets nur der Auslöser für einen inneren Spiegel ist. Nichts von dem, was uns von außen zustößt, ist nicht auch in uns. Die Wurzel unserer Depression bzw. unseres Ärgers liegt stets in uns und kann nur dort geheilt werden.

Der depressive, ärgerliche, unterdrückende oder wehleidige Mensch spielt uns (meist ohne es zu wissen) ein Theaterstück vor, in das wir verwickelt sind – und eigentlich ist dieses Theaterstück ein *inneres* Theater, ein Psychotheater, das lediglich durch den anderen in Erscheinung tritt. Der andere ist wie eine innere Gedankenform, unsere Persönlichkeit ist eine andere Gedankenform, die ebenfalls in uns ist, und diese beiden Gedankenformen spielen ein Spiel miteinander. Und Sie versuchen dieses Spiel so gut, so erwacht, so stimmig wie möglich zu spielen. Wenn wir bewusst sind, dann betrachten wir den anderen und unser eigenes Verhalten wie einen Spiegel und sind dankbar, dass der andere uns gerade dabei hilft, mehr über das zu erfahren, was in uns vor sich geht.

Uns wird schnell klar, dass alle Gedanken, Gefühle, Emotionen und Reaktionen, die jemand anderer in uns auslöst, nur mit uns selbst zu tun haben, nichts mit dem anderen. Niemand kann Sie depressiv oder ärgerlich machen – außer Sie tun dies selbst.

Geistige Anliegen – näher, mein Gott, zu dir

Viele Menschen sind auf dem spirituellen Weg, um den Unannehmlichkeiten der Welt auszuweichen oder zumindest, um auf sie eine Antwort zu haben. So wertvoll es ist, Zuflucht zu Gott nehmen zu können: Die Idee von einem besseren Leben in einer besseren Welt nach dem Tod kann dazu führen, dass wir Himmel und Erde, Gut und Böse in uns abspalten. Wenn der einzige Sinn unseres Erdendaseins darin bestünde, ihm in den Himmel zu entkommen, warum müssen wir dann überhaupt geboren werden? Kann es sein, dass das Paradies, das wir suchen, hier und jetzt ist, wir es aber nicht sehen können, weil wir auf die falsche Weise ins Leben blicken?

Die Idee des Spiegels

Die Idee des »Spiegels Welt« soll Sie dazu motivieren, in der Welt, in dem, was uns begegnet, was uns umgibt, in allem, was in unserem Körper und in unseren Beziehungen vor sich geht, unseren eigenen Spiegel zu sehen. Es geht hier nicht darum, mit erhobenem Zeigefinger eine neue Religion zu predigen. Es geht darum, unser Erdendasein so gut wie möglich zu nutzen.

Die Besonderheit dieser Betrachtungsweise ist, dass wir unter diesem Gesichtspunkt unser Wirken in der Welt als interaktiv erleben. In den monotheistischen Religionen werden uns ganz konkrete Werte vorgegeben, an die wir uns halten sollen – Liebe, Barmherzigkeit usw. –, damit wir als Belohnung für unsere guten Taten später in den Himmel kommen.

Die Idee ist grundsätzlich nicht schlecht, sie beinhaltet nur den Nachteil, dass sie sich vor allem auf das Leben *nach* dem Tod bezieht, und da noch kaum einer von den Toten zurückgekehrt ist, können wir schwer beweisen, ob wir wirklich belohnt werden. Die Frage ist, ob wir Transzendenz, Einblicke in tiefere Wirklichkeiten bereits zu Lebzeiten erhalten können – und hier liefern uns die Gesetze des Spiegels eine brauchbare Antwort.

Die Gesetze des Spiegels sind an keine Religion gebunden und doch irgendwo im Kern einer jeden Religion enthalten. Denn wenn wir genau hinschauen, beinhaltet jede Religion einen Teil, der sich mit dem Jenseits beschäftigt, aber auch einen Teil, der uns für unser Erdendasein unterstützen möchte. Und dieser Aspekt lässt sich sehr gut in den Gesetzen des Spiegels darstellen.

Wir haben bereits einige Lebensausrichtungen kennen gelernt: Sinnengenuss, Ruhm und Macht, Muse und Schönheit, geistige Anliegen, doch all diese Positionen haben den Nachteil, dass sie eine Fixierung auf einen ganz bestimmten Teil der Wirklichkeit beinhalten und nicht das Leben im Ganzen umarmen. All diese Positionen liefern keine Möglichkeit, das Lebensspiel zu durchschauen, sich von der festgefahrenen Identität zu lösen und das zu erreichen, was wir »Befreiung zu Lebzeiten« nennen. Hierfür benötigen wir die Spiegel.

Drei Gründe, in den Spiegel zu schauen

Aus dem bisher Erwähnten ergeben sich drei grundlegende
Motive, warum wir in den Spiegel schauen möchten:

1. *Selbsterkenntnis*: Hiermit ist noch nicht die transzendente
   Selbsterkenntnis gemeint, wie sie der Buddha hatte. Es
   geht uns an dieser Stelle erst einmal darum, mehr über
   uns als Persönlichkeit zu erfahren. Durch die »Spiegel des
   Lebens« erfahren wir eine klare und eindeutige Positionierung. Wir finden heraus, dass wir antriebsschwach, aber
   künstlerisch begabt sind, dass wir ein gespaltenes Verhältnis zum Thema Aggression haben usw. Und aufgrund dieser Selbsterkenntnis können wir uns besser positionieren.
   Wir wissen, welche Umstände, Menschen, Arbeitsbedin-
   gungen uns guttun und welche nicht. Und dies zu wissen
   kann uns das Leben wesentlich erleichtern.

2. *Veränderung des inneren Magneten*: Wir ahnen, dass das,
   was wir erleben, mit uns selbst zu tun hat, dass es unser
   »innerer Magnet« ist, der genau die Umstände angezogen
   hat, in denen wir leben. Indem wir unseren Magnetismus
   erkennen, ihn annehmen und ihn durch Liebe und Mitgefühl heilen, verändert sich unser Leben.

3. *Transzendenz*: Wir wollen auch »hinter den Spiegel«
   schauen. Wir erkennen, dass eine Veränderung unserer
   »Umstände« und unserer »Zustände« nur der Trostpreis
   im Leben ist, denn alle Umstände und Zustände sind ver-
   gänglich. Sobald wir uns dies bewusst machen, genügt es
   uns nicht mehr, mit Hilfe der Spiegelgesetze möglichst

angenehme Umstände zu schaffen, wir wollen vielmehr »Befreiung«. Denn auch die besten Lebensumstände können uns nicht davon befreien, an die »Illusion des Ich« gekettet zu sein. Wie heißt es so schön: Gute Umstände sind wie Ketten aus Gold, schlechte Umstände wie Ketten aus Stahl, doch beides sind Ketten.

Ein moderner Weg zur Vollkommenheit

Im Buddhismus kennen wir von alters her die Disziplin der Achtsamkeit. In früher Vorzeit und auch in der Abgeschiedenheit eines Klosterlebens war es möglich, jeden Gedanken, jedes Gefühl, jede Bewegung mit einer inneren Bewusstheit wahrzunehmen. Doch unsere heutige Zeit ist so schnelllebig geworden, dass wir es kaum schaffen, uns rund um die Uhr bewusst wahrzunehmen. Was wir aber heute tun können ist, in *jedem und allem* einen Spiegel zu sehen. Und hierbei hilft uns dann sogar die Schnelllebigkeit und Veränderlichkeit der heutigen Welt, weil wir im Laufe eines Lebens sehr viel mehr Facetten und Informationen gespiegelt bekommen als die Generationen vor uns. So können wir uns mit Hilfe der Spiegelgesetze von allen Seiten her betrachten und transzendieren. Mein Vorschlag ist, dass Sie Prioritäten setzen:

1. Ihre erste Priorität sollte es sein, die Spiegel Ihres Lebens zu nutzen, um Transzendenz, Befreiung zu erreichen – denn diese bleibt Ihnen im Leben wie im Tod.

2. Ihre zweite Priorität sollte es sein, mit Hilfe von Liebe und Mitgefühl Ihren inneren Magnetismus zu heilen, so dass Sie ein Erleben von tiefverwurzelter geistiger Gesundheit in sich spüren.

3. Ihre dritte Priorität sollte es sein, sich für das Leben zu begeistern, das Sie wirklich führen wollen.

Mir erscheint es wichtig, die Prioritäten in der richtigen Reihenfolge zu setzen und hierbei der Transzendenz die erste Stelle einzuräumen. Hierzu eine nette Geschichte, die seit längerem im Internet kursiert: Ein Philosophieprofessor stand vor seinen Studenten und hatte ein paar Dinge vor sich liegen. Als der Unterricht begann, nahm er ein großes leeres Glas und füllte es bis zum Rand mit dicken Steinen. Anschließend fragte er seine Studenten, ob das Glas voll sei. Sie stimmten ihm zu.

Der Professor nahm eine Schachtel mit Kieselsteinen, schüttete sie in das Glas und schüttelte es leicht. Die Kieselsteine rollten in die Zwischenräume der größeren Steine. Dann fragte er seine Studenten erneut, ob das Glas jetzt voll sei. Sie stimmten wieder zu.

Der Professor nahm nun eine Schachtel mit Sand und schüttete ihn in das Glas. Natürlich füllte der Sand die letzten Zwischenräume im Glas aus. Nun glaubten alle, das Glas sei voll. Doch abschließend schüttete der Professor eine Tasse voller Wasser in das Glas, und auch dieses passte noch hinein. »Nun«, sagte der Professor zu seinen Studenten, »ich möchte, dass Sie erkennen, dass dieses Glas wie Ihr Leben ist: Die großen Steine sind die wesentlichen Dinge

im Leben, die – wenn alles andere wegfiele und nur sie üb-
rig blieben – Ihr Leben immer noch mit tiefem Sinn erfüllen würden. Die Kieselsteine sind andere, wichtige Dinge,
die Ihr Leben gehaltvoll machen. Der Sand symbolisiert die
interessanten Dinge im Leben. Das Wasser steht für unsere
menschlichen Vorlieben.

Wenn Sie das Wasser zuerst in das Glas füllen, bleibt kein
Platz für den Sand, die Kieselsteine oder die großen Steine.
So ist es auch in Ihrem Leben: Wenn Sie all Ihre Energie für
die kleinen Dinge in Ihrem Leben aufwenden, haben Sie für
die großen keine mehr. Achten Sie daher zunächst einmal
auf die wichtigen Dinge. Achten Sie zuerst auf die großen
Steine – sie sind es, die wirklich zählen!«

In Bezug auf die Spiegel des Lebens symbolisieren die
großen Steine unser größtes Ziel, die seelische und menschliche Befreiung. Die Kieselsteine symbolisieren die Möglichkeit, sich vom Leiden zu lösen und Erfüllung zu erlangen.
Der Sand steht für die Möglichkeit, das Leben zu führen, das
Ihnen Freude macht, und das Wasser für den Sinnengenuss.
Wenn wir in dieser Reihenfolge vorgehen, kommt jeder Anteil in uns zu seinem Recht. Beginnen müssen wir aber mit
dem Prinzip der Transzendenz. Nicht nur, damit noch alles
andere in unser Leben hineinpasst, sondern weil wir uns
nur aus einem transzendenten Fokus heraus überhaupt erkennen können.

Wenn ein Programmierer einen Computervirus entfernen will, dann muss er einen Schritt zurücktreten und sich
das Programm von außen ansehen – das ist Transzendenz.
Wenn wir nur die Verbesserung der eigenen Umstände im

Blick haben, dann sind wir wie ein Programmierer, der Bestandteil des Systems ist, der also im Computer sitzt, statt ihn von außen wahrzunehmen. Es wird ihm nicht möglich sein, das Programm zu reparieren, bis er Abstand gewinnt. In Bezug auf die Gesetze des Spiegels bedeutet dies, das Ganze zu sehen, nicht nur einen Teil des Ganzen, nämlich bessere Umstände, im Auge zu haben.

Genau dabei unterstützt Sie dieses Buch: Es hilft Ihnen, Abstand zu nehmen und in den Spiegel zu schauen. Das Leben ist, ob Sie es glauben oder nicht, Ihr Spiegel. Genauso zuverlässig wie der Seitenspiegel Ihres Autos spiegelt es Ihr Inneres. Wenn Sie nicht an den Seitenspiegel glauben und deshalb rücksichtslos überholen, obwohl Sie ein schnelleres Auto auf der Überholspur sehen, werden Sie kaum ohne Beulen davonkommen. Wenn Sie jedoch – im Wortsinne – Rücksicht praktizieren und die Lebensspiegel beachten, wird Ihnen Ihre Autofahrt Freude bereiten. Sie werden den Spiegel des Lebens zu Ihrem Vorteil nutzen können. Es bedeutet eine komplette Umprogrammierung des Bewusstseins, nicht mehr als Konsument in den Fernseher Welt zu schauen, sondern sie als Spiegel zu nutzen, aber es lohnt sich. Sie bekommen auf einmal Zugriff auf die Ebene, auf der Sie wirklich etwas ändern können!

Jeder mag einen Spiegel,
  obwohl er die ursprüngliche Natur seines Gesichtes
    gar nicht kennt.

(MAULANA RUMI)

Der Tempel der 1000 Spiegel

In einem Urwald stand ein Tempel der 1000 Spiegel. Einmal verirrte sich ein Hund darin, und er war wütend, weil er sich 1000 Hunden gegenübersah, und knurrte. Und 1000 Hunde knurrten zurück. Dies erzürnte ihn so sehr, dass er zu bellen begann – und 1000 Hunde bellten zurück, waren sie doch sein Spiegelbild. Letztendlich geriet der Hund so sehr in Rage, dass er starb. Viele Jahre später gelangte ein anderer Hund in den Tempel der 1000 Spiegel. Auch er sah sich 1000 Hunden gegenüber, aber er freute sich, dass er Gesellschaft gefunden hatte, und wedelte mit dem Schwanz – und 1000 Hunde wedelten zurück, und die Freude wollte kein Ende haben.

(Eine Erzählung aus Indien)

Die Welt, in der wir leben, ist, ob wir uns dessen bewusst sind oder nicht, ein Tempel der 1000 Spiegel. Inneren Frieden gewinnen wir nicht, indem wir an den anderen Menschen etwas ändern. Wenn wir an einem Spiegel herummalen (z. B. uns unseren Kollegen »zurechtbiegen«), und wir schauen in den nächsten Spiegel (z. B. unsere Beziehung zu unseren Eltern), werden wir erleben, dass uns das, was wir dort sehen, auch nicht gefällt. Sobald wir jedoch die »Gesetze des Spiegels« verstehen, gelingt uns immer mehr, unseren eigenen Magnetismus zu erkennen. Drei Dinge sind es, die uns verblenden:

- Begierde und Anhaftung,
- Zurückweisung und Ablehnung,
- Enge im Bewusstsein.

Wir werden auf diese drei Punkte später, wo wir auf das »Lebensrad« zu sprechen kommen, noch näher eingehen. Dieses Buch möchte Sie wissender machen. Hierbei geht es nicht um Wissen, das Sie im Verstand finden können, sondern um ein inneres Wissen, eine innere Bewusstheit darüber, wie Ihr innerer Magnet funktioniert und was Ihre Lebensspiegel über ihn aussagen – zu diesem wird dieses Buch Sie führen.

Das Märchen von Serendip

Ein 700 Jahre altes persisches Märchen erzählt vom König von Serendip. Die Stadt Serendip liegt auf der Insel Ceylon, die heute Sri Lanka heißt. Der König von Serendip hatte drei Söhne. Eines Tages schickte er sie hinaus in die Ferne, um den Schlüssel zum Glück zu finden. Den begehrten Schlüssel hatte keiner der Prinzen gefunden, doch hatte die Reise alle drei Brüder zu einer neuen Sicht ihrer bisherigen Werte angeregt. Zudem waren sie wiederkehrend »zufällig« auf Dinge von hohem Wert gestoßen, die sie ursprünglich außer Acht gelassen hatten. Als die drei Brüder schließlich zu ihrem Vater zurückkehrten, erzählten sie ihm, dass ihre Suche nach dem Glück ihnen eine Reihe von unerwarteten Glücksfällen beschert hatte.

Diese Glücksfälle sind wie nicht abgerufene Potenziale in jeder Sekunde, in jedem Augenblick enthalten. Sie ereignen sich dem, der nicht nur bereit ist, den Verstand zu übersteigen und aus der inneren Stille heraus seine Sensoren auszufahren, sondern der in der Lage ist, mit Hilfe der Lebensspiegel den eigenen Magnetismus zu transzendieren. Heute noch bedeutet der Begriff »Serendipität« die Offenheit, unschuldigen Herzens und absichtslos scheinbar »zufällig« den Dingen zu begegnen, welche die Seele beflügeln und Zeichen eines tiefen Eingestimmtseins auf die Matrix, das Ganze sind: eine wechselseitige Liebesbeziehung mit dem Leben selbst. Diese Liebesbeziehung erfahren Sie ständig, in jedem Augenblick, in dem Sie als »Sie selbst«, losgelöst von der Illusion des Ichs, leben.

Es gibt keine objektive Wirklichkeit

Der Physiker Werner Heisenberg schreibt, der einzig objektive Standpunkt des Beobachters sei sein eigener, subjektiv empfundener. Das bedeutet, dass es eine objektive Realität in der Welt der Erscheinungsformen nicht gibt. Und doch tun wir so, als wäre dem so!

Von Hermann Hesse stammt die Legende von Meng Hsiä: Dieser erfährt, dass die jungen Künstler sich neuerdings darin üben, auf dem Kopf zu stehen, um eine neue Weise des Sehens zu erproben. Meng Hsiä probiert das gleich selbst aus und sagt zu seinen Schülern: »Neu und schöner blickt die Welt mir ins Auge, wenn ich mich auf den Kopf stelle.«

Schon kurze Zeit später allerdings erzählt man sich von Meng Hsiä, er habe auch gesagt: »Wie gut, dass der Mensch zwei Beine hat! Das Stehen auf dem Kopf ist der Gesundheit nicht zuträglich, und wenn der auf dem Kopf Stehende sich wieder aufrichtet, dann blickt ihm, dem auf den Füßen Stehenden, die Welt doppelt so schön ins Auge.«

Diese Widersprüchlichkeit erboste die Leute, und Meng Hsiäs Schüler baten ihn um eine Erklärung. Er sagte: »Es gibt die Wirklichkeit, ihr Knaben, und an der ist nicht zu rütteln. Wahrheiten aber, nämlich in Worten ausgedrückte Meinungen über das Wirkliche, gibt es unzählige, und jede ist ebenso richtig, wie sie falsch ist.« Seine Schüler konnten ihn nicht bewegen, dazu noch mehr zu sagen. *(Hermann Hesse, Die Kunst des Müßiggangs)*

Wahrheit ist also keine absolute Größe, sondern eine Fiktion. »Die Welt« sieht für eine Biene völlig anders aus als für einen Menschen. Wer oder was aber ist der Wahrnehmende, und womit wird wahrgenommen?

Das Hirn und die Evolution
des Menschen

Im althergebrachten naturwissenschaftlichen Weltbild hielt man Gehirn und Geist für dasselbe. Die moderne interpersonelle Gehirnforschung offenbart uns jedoch, dass Gehirn und Geist nicht identisch sind, sondern dass Gehirn und Geist einander wechselseitig beeinflussen.

Besonders hervorzuheben ist hier das Modell des Hirnforschers Daniel Siegel[1]. Ihm zufolge bewirkt eine bestimmte Art von Bewusstheit, dass soziale und emotionale Schaltkreise des Gehirns besser miteinander verbunden werden. Durch fortgesetzte Achtsamkeit wird unser Gehirn in einen Zustand versetzt, der nicht nur unserer Gesundheit guttut, sondern auch eine neue Wahrnehmung unserer inneren Welt und unserer zwischenmenschlichen Beziehungen ermöglicht.

Siegel stützt seine Theorie auf die sogenannte »Plastizität«, also die Wandlungs- und Anpassungsfähigkeit unseres Gehirns. Im Zuge der Entwicklung des Lebens auf der Erde wurden nicht einfach ältere Gehirnteile durch neuere ersetzt, sondern die neuerenTeile des Gehirns bauen auf den älteren auf.

---

1   Daniel Siegel/Ute Weber: Das achtsame Gehirn, Freiburg (Arbor Verlag) 2007.

Wie der Zen-Meister Reido Sensei in seinen Vorträgen betont,[2] ist unsere »normale« Art, Angst, Begierde und Wut auszudrücken, nicht per se »schlecht«. Sie ist die Basis, auf der unsere Evolution aufgebaut hat. Sie ist ebenso natürlich, wie es natürlich ist, dass Tiger Antilopen jagen und auffressen. Doch nun stehen wir vor einer nächsten Stufe der Evolution. Diese Stufe sieht vor, dass wir als Pioniere einer neuen Spezies nicht einfach nur »natürlich« reagieren, sondern über unsere bisherige Art, die Welt wahrzunehmen, hinausgehen. Auf dieser Stufe unserer Entwicklung aktivieren wir höhere Gehirnregionen und handeln aus einem Bewusstsein heraus, das der Zen-Meister Genpo Roshi »Big Mind«[3] nennt und das ich als »universales Bewusstsein« bezeichne. Dieses Bewusstsein lässt sich erreichen, sobald wir »das Tor des Himmels öffnen«. Doch beginnen wir erst einmal an der Basis unserer Evolution.

Der Hirnstamm (Instinktdominanz)

Beginnen wir mit dem Hirnstamm bzw. *Stammhirn,* landläufig auch »Reptilienhirn« genannt. Er ist etwa 250 Millionen Jahre alt und entstand in einer Zeit, in der die basalen Triebe und Instinkte das Überleben der Lebewesen gewährleisteten. Der Hirnstamm regelt folgende Funktionen:

---

2 Vgl. www.zen-eye.org
3 Weitere Informationen unter www.bigmind.org.

- Atmung, Kreislauf, Stoffwechsel, Hunger, Durst, Sexualität und andere »niedere« Triebe,
- automatisierte Selbsterhaltungsprogramme,
- Sicherung, Speicherung von Erfahrungen, Etablierung von bewährten Gewohnheiten, Traditionen, Riten,
- Vorsicht gegenüber neuen, ungewöhnlichen Erfahrungen,
- Streben nach Gleichheit, Sippenzugehörigkeit, Überleben,
- Besitzanspruch, insbesondere von Territorien, Abgrenzung, Abwehr gegen Übergriffe,
- Selbsterhaltung durch Sicherung des Territoriums.

Beim Menschen entwickelt sich der Hirnstamm größtenteils in der Embryonalzeit. Er stellt die Basis, das Fundament dar, auf dem wir unser späteres Welterleben aufbauen. Ist diese Basis gestört, beispielsweise durch traumatische Erfahrungen, schwere Krankheiten oder Unfälle der Mutter während der Schwangerschaft, Abtreibungsgedanken, Störungen der Mutter in der sozialen Einbindung wie z. B. Konflikte der Mutter mit dem Vater des Kindes, den Großeltern des Kindes usw., ist auf allerinnerster Ebene das Urvertrauen des Kindes beeinträchtigt. Es ist seiner Instinkte beraubt und kann damit später u. U. kein zuverlässiges »Bauchgefühl« entwickeln. Weitere mögliche Folgen sind:

- Irritation im autonomen Nervensystem, bei Kreislauf, Essensverhalten, Sexualität... ,
- Überlebensängste: »Ich aus mir heraus kann nicht überleben«,

- extreme Aversion gegen jede Form von Veränderung,
- Schwierigkeiten, sein Zuhause, seine guten Gewohnheiten zu finden,
- Abgrenzungsprobleme: keine Abwehr gegen Übergriffe oder Dauerabwehr (psychotische Neigung),
- ständig empfundene Lebensbedrohung oder chronisch unterdrückte Bedrohungsgefühle,
- Ohnmachtsgefühle, »Totstellreflex«,
- Hörigkeiten,
- Abhängigkeit von Zugehörigkeiten.

Wenn wir stammhirngesteuert durch den Alltag gehen, erleben wir die Welt als einen Ort voller Gefahren, rigider Regeln, Abhängigkeiten und Abgrenzungsthemen. Wenn wir also in unserem Leben bevorzugt Abgrenzungskonflikte erleben, dann zeigt sich in unserem Spiegel nicht nur das jeweilige Thema (Territorium, Macht, Sex etc.), sondern auch, dass wir aus dem Magneten »Stammhirn« heraus aktiv sind.

Wenn jemand beispielsweise in seinem Leben den Spiegel der Abhängigkeit oder Hörigkeit erlebt, liegt der innere Magnet wahrscheinlich auf der Stammhirnebene und muss aus dieser Ebene heraus gelöst werden.

Das Stammhirn ist nichts Schlechtes, doch wir sollten freien Zugang haben zu den anderen »Etagen« unseres Gehirns – wir leben heute ja auch nicht mehr in Höhlen und laufen mit der Keule herum. Der Hirnstamm sollte gut versorgt sein, dann macht er uns keine Probleme und gibt den Weg zu den anderen Gehirnregionen frei. Um dies zu gewährleisten, gibt es eine Reihe möglicher Interventionen:

- Traumatherapie, z. B. nach Levine,
- Nachnährung nach Krüger/Bassols Rheinfelder,
- Atemtherapie, Rebirthing,
- Schamanismus, Arbeit mit Krafttieren, schamanische Reisen,
- Arbeit mit Archetypen, dem kollektiven Unbewussten,
- Rückführungen, Selbst-Hypnose,
- Vergangenheitsbearbeitung (das Reptilienhirn lebt in der Vergangenheit),
- Psychoedukation (kognitive Therapie, Etablierung hilfreicher Gewohnheiten),
- systemische Arbeit/Familienstellen, z. B. Ikonen der Seele nach Andreas Krüger.

Es hat keinen Sinn, Problemen, die mit dem Hirnstamm zu tun haben, mit Großhirnaktivitäten wie z. B. »vernünftiger Überlegung« zu begegnen, da Großhirn und Stammhirn verschiedene Sprachen sprechen. Wenn unser Hirnstamm gesund ist, dann spiegelt sich dies u. a. darin wider, dass wir unsere Vergangenheit loslassen können, da in ihr keine Erinnerungen mehr gebunden sind, und dass wir die Welt und unser »Hiersein« annehmen und bejahen.

Der Spiegel des Traumas

Der »Spiegel des Traumas« verrät uns, wo in unserem Organismus massive Störinformationen, oft bis in tiefe Schichten hinein, gespeichert sind. So unangenehm es ist, im

Alltag Situationen zu erleben, in denen sich Angst, Panik oder unangenehme Empfindungen zeigen, wir können den »Spiegel des Traumas« auch für die eigene Heilung nutzen. Würden wir uns von allem, was in uns Traumata auslösen könnte, entfernen, könnten wir uns in manchen Lebensbereichen nicht weiterentwickeln.

Um bei bestehenden Traumata die Verlagerung der Dominanz vom Reptilienhirn hin zu den höheren Hirnteilen zu ermöglichen, ist Traumatherapie von höchster Wichtigkeit. Solange in unserem System Traumata lagern, werden wir immer wieder in die Reptilien- und Zwischenhirndominanz zurückfallen, in der wir nicht *wir selbst* sind. Dies ist unabhängig davon, ob die Traumata bewusst oder unbewusst sind. Die jahrmillionenalten Teile des Gehirns sind kaum anpassungsfähig und reagieren, sobald Traumata getriggert werden. Die Lösung liegt darin, neue Verbindungen zwischen den »niederen« und den höheren Hirnteilen zu schaffen. Hier helfen u. a. Energiefeldtherapie (EFT), EMDR (Eye Movement Desensitization and Reprocessing), Verhaltenstherapie (z. B. nach Peter Levine), Psychoanalyse, Homöopathie und systemische Arbeit aus unterschiedlichen Ansätzen heraus. Homöopathie und systemische Arbeit (z. B. nach Andreas Krüger oder Franz Ruppert) bieten die Möglichkeit, Prozesse, die in den »niederen« Gehirnregionen vorhanden sind, erkennbar zu machen und sie dadurch der Beobachtung durch das Bewusstsein zuzuführen. Solange wir nicht wissen, was wir (bzw. unsere »niederen« Gehirnteile) tun, haben wir keine andere Möglichkeit, als mit dem Bisherigen fortzufahren.

Das Zwischenhirn (emotionale Dominanz)

Vor knapp 100 Millionen Jahren entwickelte sich das »Säugetierhirn« (paläomammalisches Gehirn = Gehirn der früheren Säugetiere), auch »limbisches System« oder »Zwischenhirn« genannt.

Das limbische System (limbus = Rand, Grenze) ist eine Zone, welche das Stammhirn gegen die neueren Hirnbereiche abgrenzt. Es ist entscheidend für das Überleben des Einzelnen in der Art und dient heute zur Vermittlung zwischen dem »Reptilienhirn« und dem »Homo sapiens« in uns. Während das Stammhirn auf starren, soliden Gewohnheiten und Rhythmen aufbaut, entstand das limbische System in einer Zeit, in der die Säugetiere lernen mussten, sich gegen andersartige oder gleichartige Tiere zu behaupten, um nicht selbst zum Opfer zu werden. »Fressen oder gefressen werden« ist das Motto dieser Zeit.

Die starren Systeme des Reptilienhirns werden im limbischen System durch beweglichere, auf Reiz-Reaktions-Schemata basierende Potenziale überschrieben. Im limbischen System finden wir:

- Kampf- und Fluchtreflexe,
- Vorurteile,
- Angst und Aggression,
- Dominanz und Unterwerfung,
- den Status innerhalb einer Gruppe von Lebewesen (»Leittier« oder »Folgetier«?),
- sofortige Reaktion auf Ereignisse

- die Beschränkung auf das Gegenwartserleben, das Hier und Jetzt,
- die Selbstbehauptung durch Positionierung in einer hierarchischen Struktur.

Beim Menschen entwickelt sich das limbische System zum größten Teil nachgeburtlich. Gerade die ersten Lebensmonate haben einen enormen Einfluss auf die neuronalen Strukturen und ihre Prägemuster und Vernetzungen im limbischen System. Störungen in dieser Zeit können sich wie folgt auswirken:

- Angst vor direkten Auseinandersetzungen, da das Gegenüber chronisch als überlegen wahrgenommen wird, aber auch: Verachtung von Schwächeren; Radfahrermentalität (nach oben ducken, nach unten treten),
- ständiges Bedürfnis zu kämpfen auch dort, wo es nicht notwendig ist; Sucht nach Szenen, in denen gekämpft wird, wie z.B. Boxkämpfe, oder auch deren völlige Ablehnung,
- Sucht nach dem Kick (Drogen, Thriller, Bungee-Jumping etc.),
- Vorurteile (gegenüber Menschen eines bestimmten »Typus«, einer anderen Ethnie, des anderen Geschlechts),
- chronische Dominanz oder chronische Unterwerfung; Dominanz oder Unterwerfung wird als lustvoll erlebt (Schutz der Natur gegen Stärkere bzw. zur Kontrolle Schwächerer); Ebenbürtigkeit wird abgelehnt oder zwanghaft angestrebt,
- übersteigerte Reaktionen auf Ereignisse im Jetzt oder

auch völlige Lähmung gegenüber aktuellen Bedrohungen, Chancen, Ereignissen,

- Unfähigkeit, im Hier und Jetzt zu sein oder Fixierung auf das Gegenwärtige,
- ausgeprägtes Statusdenken, Angebertum, so tun, als ob, aber auch: ausgeprägte Trauer wegen des eigenen Status.

Gerade für Menschen, die sehr viel Großhirnaktivitäten pflegen, z. B. den ganzen Tag am Computer sitzen, viel meditieren, studieren, analysieren etc. ist es wichtig, das limbische System in Ordnung zu halten, da es das Bindeglied zu unserem Reptilienhirn und damit zu unserer Vitalität darstellt. Bevor es seine spätere Funktion, eine reine Brücke zu sein, annehmen kann, muss es erst einmal angemessen stimuliert werden. Zudem ist es wichtig, Spiegelungsprozesse, die sich auf der Zwischenhirnebene zeigen, auch dort zu bereinigen.

Wenn beispielsweise eine Beziehung als ständiger Machtkampf um die Vorherrschaft gespiegelt wird, liegt der Magnet, der zu bearbeiten ist, wahrscheinlich auf der Ebene des Zwischenhirns. Da genügt es nicht, logisch zu argumentieren.

Zur Anregung des Spiegels im limbischen System empfehlen sich:

- Ballsportarten, die auf Reiz und Reaktion und Wettkampf aufgebaut sind, z. B. Tennis, Tischtennis,
- Kampfsport; insbesondere »spirituelle« Kampfsportarten wie z. B. Kung-Fu (sie sorgen für eine Verbindung der »niederen« und der höheren Gehirnsysteme).

Zur Reinigung des Spiegels auf dieser Ebene empfiehlt sich:

- Verhaltenstherapie,
- Übernahme von verantwortlichen Positionen in der Gesellschaft, einem Verein etc.,
- spielerischer Umgang mit Dominanz und Unterlegenheit,
- Auflösung von Widerständen und Ängsten, die mit Dominanz zu tun haben,
- Dynamische Meditation, Awareness Understanding Meditation, Emotional Release, Urschrei etc.,
- Tantra und andere Formen des subtilen Erlebens von Energieströmungen,
- Schattenintegrationsaufstellung nach Andreas Krüger,
- Schattentanz nach Katrin Grassmann.

Wenn unser Zwischenhirn gesund ist, dann können wir für uns selbst einstehen und uns auch zurücknehmen, je nachdem, wie die Situation es erfordert. Wir geben uns hin, ohne uns aufzugeben und leben ein vitales Leben, in dem wir unsere Einzigartigkeit respektieren.

Das Großhirn

Das Großhirn (Neokortex = neue Hirnrinde) ist der jüngste Teil unseres Gehirns. Es entstand erst bei der Entwicklung der höheren Tiere. Zu seinen Fähigkeiten gehört die Gabe, sich ein inneres »Weltbild« zu schaffen und dieses ständig mit dem äußeren Erleben abzugleichen. Auf diese Weise wird die Beschränkung auf Instinkt und Emotion überwunden. Während das Stammhirn auf das Rudel, die Menge, das Zwischenhirn auf die Organisation, die hierarchische Struktur bezogen ist, geht es dem Großhirn um die Verwirklichung der individuellen Eigenart. Zu seinen Funktionen gehört:

- Visualisieren
- Unterscheidung zwischen Ich und Nicht-Ich,
- Entwicklung von Sprache, Symbolen, Schrift,
- Projektion der eigenen Gedanken in die Zukunft, damit verbunden: Planen,
- Selbstdefinition durch Wissen.

Unser Informationszeitalter ist großhirnbasiert. Allerdings hat auch das Großhirn seine Tücken und seine Grenzen:

- Der Verstand macht sich unnötige Sorgen, ergeht sich in sinnlosen Konzepten und entfernt sich damit von der »Wirklichkeit«. Hier empfiehlt sich kognitive Therapie, insbesondere das Führen von Gedankentagebüchern.[4]
- Eine übersteigerte Individualisierung führt zu Einsamkeit und sozialer Verarmung.
- Sprache, Symbole, Schrift ersetzen das tatsächliche Leben in einem Ausmaß, das nicht nur die taktilen Sinne, sondern auch die sinnvolle Nutzung von Stamm- und Zwischenhirn verkümmern lässt. Die Folge: Degeneration.

---

4   Weitere Informationen hierzu unter www.mindovermood.com.

Der Spiegel unseres Lebens zeigt uns immer dann, wenn wir rechthaberisch, isoliert von den anderen, diskussionswütig, meinungsversessen sind, dass wahrscheinlich in unserem Großhirn der innere Magnet gereinigt werden muss. Die Bearbeitung des Großhirns erfolgt – und dies ist eine Besonderheit – stets in Zusammenarbeit mit unserem Empfinden. Hierfür hat die moderne Psychologie eine Reihe wertvoller Werkzeuge entwickelt:

- Das Nachspüren und Kommunizieren der eigenen Bedürfnisse und Gefühle, wie es in der Gewaltfreien Kommunikation mittlerweile auch an Volkshochschulen gelehrt wird.
- Das Herstellen einer Kopf-Körper-Verbindung durch sensitive Selbstwahrnehmung, wie es Eugene Gendlin, der Begründer des Focusing, lehrt.
- Das Lenken der Aufmerksamkeit vom Kopf ins Herz, die sogenannte Herzintelligenzmethode® nach Doc Childre.

Wie immer Ihre Intervention im Einzelnen aussehen mag: Sie befreien sich aus der Falle des Intellekts zuverlässig, indem Sie Ihren Empfindungen nachspüren. Dann reinigt sich auch das, was Ihnen im Außen gespiegelt wird. Ein gesundes Großhirn ist in der Lage, brillant logisch zu denken, abstrakt zu erfassen und die Welt in seinem Inneren korrekt symbolisch abzubilden, zu analysieren und wieder zusammenzusetzen.

Wie wir von der modernen Neurologie wissen, ist die derzeitige Nutzung des Großhirns nur eine Zwischenstufe unserer Evolution. Unsere Evolution hört nicht mit dem »Homo sapiens« auf. Sri Aurobindo, der große Seher Indiens, sagte schon im letzten Jahrhundert, dass der heutige Mensch ein »Übergangswesen« sei, und folgerichtig fragt der Autor Satprem: »Was kommt nach dem Menschen?« Heute richtet sich die Aufmerksamkeit der Hirnforscher mehr und mehr auf einen speziellen Hirnbereich, der die nächste Evolutionsstufe ankündigen könnte.

Das Frontalhirn (der Stirnlappen)

Die Möglichkeiten des Stirnlappens (präfrontaler Kortex) gehen über das hinaus, was das Großhirn leisten kann. Hirnforscher wie Gerald Hüther, Daniel Siegel und andere beschreiben, dass der Mensch mit der Entwicklung des Frontalhirns erstmals die Möglichkeit bekam, unabhängig von den Außenreizen eine *freie Wahl* zu treffen. Frühere Annahmen, dass wir »Reizreaktionen ohne Wahl« ausgeliefert seien, beziehen sich auf die »niederen« Hirnbereiche und frühere Evolutionsstufen.

Daniel Siegel[5] definiert neun Funktionen des entwickelten Frontalhirns:

1. Selbstregulation zwischen Erregung und Beruhigung, bewusste Ausbalancierung von Sympathikus und Para-Sympathikus.

---

5   Siegel/Weber: Das achtsame Gehirn, a. a. O.

2. Bewusste nonverbale Kommunikation: Die Fähigkeit, sich unabhängig von Worten aufeinander einzustimmen und Botschaften zu vermitteln, z. B. durch Blickkontakt, aber auch mittels Gedankenübertragung (»Telepathie«).

3. Gefühlsregulation: Einwirkung des Bewusstseins auf Stammhirn (Instinkte, Ängste) und limbisches System (Emotionen).

4. Reaktionsflexibilität: Vermeidung von reflexhaftem und angepasstem Verhalten; »Wahlmöglichkeit«, so dass wir weder rigide (starr gewohnheitsverhaftet) noch chaotisch (desorganisiert, ohne Bezug zur eigenen Lebensspur) reagieren.

5. Einsicht: Bewusstheit als verantwortliche Schaltstelle zwischen Vergangenheitserfahrung und Zukunftsperspektive (bei Siegel »Mind Sight« genannt). Hierzu zählt auch die Gabe zur Selbstbeobachtung, z. B. die buddhistische Praxis des Vipassana: Einen Schritt zurücktreten, sich nicht mit den Gedanken und Gefühlen identifizieren, sondern sie aus der Position eines neutralen Beobachters heraus einfach wahrnehmen.

6. Empathie: Die Fähigkeit zu fühlen, was in anderen Menschen vor sich geht.[6] Je mehr jemand sein »kleines Ich« zur Seite stellen kann, umso ausgeprägter ist seine Empathiefähigkeit.

7. Angst- und Traumabewältigung: Auch die verhaltensthera-

---

6 Bildgebende Verfahren zur Messung der Hirnaktivität bei Menschen, die gut aufeinander bezogen und eingestimmt sind (das neurolinguistische Programmieren spricht hier von »Rapport«) zeigen regelmäßig eine erhöhte Aktivität des präfrontalen Kortex.

peutische Regulation von traumatischen Erfahrungen erfolgt aus dem Stirnhirn heraus. Da diese Regulation jedoch zugleich eine hemmende Wirkung auf Zwischen- und Stammhirn hat, ist es sinnvoll, Stamm- und Zwischenhirnaktivitäten zu pflegen und durch Trauma-Arbeit die Notwendigkeit von hemmenden Botenstoffen zu reduzieren.

8. Intuition: Über die Verbindung zum Stammhirn bewusster Zugriff auf die Körperinformationen aus dem Umfeld des Herzens und der inneren Organe, aber auch bewusster Zugriff auf »kosmische« Informationsquellen aus dem morphischen Feld.

9. Ethisches und ganzheitliches Bewusstsein: Wir wissen heute, dass unser Gehirn Belohnungshormone ausschüttet, sobald wir ganzheitlich und sozial denken. Dies ist jedoch nur dann möglich, wenn unser Bewusstsein ausgewogen ist und wir nicht in Stamm- und Zwischenhirnaktivitäten verwickelt sind.

Wie Siegel einleuchtend darstellt, sind nicht die Gene, sondern insbesondere frühkindliche Prägungen dafür verantwortlich, inwieweit die Frontalhirnaktivitäten angelegt sind. Aus diesem Grund empfiehlt sich zusätzlich zu stirnhirnfördernden Aktivitäten wie Meditation, Gebet etc. auch therapeutische Arbeit, um eventuelle frühkindliche Defizite, die der Entwicklung des Stirnhirns im Wege stehen, aufzuarbeiten. Immer wieder berichten Menschen, dass sie im Laufe ihrer Selbst-Therapie hellfühlig bzw. hellsichtig geworden sind.

Wenn wir Schwierigkeiten damit haben, unsere Einbindung in das große Ganze zu erkennen, uns in dieser Einbindung zu entspannen und mit dem großen Ganzen in Resonanz zu gehen; wenn uns ständig gespiegelt wird, dass jeder nur an sich selbst denkt, dann liegt der Magnet, der zu bearbeiten ist, möglicherweise in unserem Frontalhirn. Ist dieses von Blockaden befreit, spiegelt sich dies andererseits in einem Gewahrsein des Zusammenspiels des großen Ganzen.

Das Stirnhirn nämlich hat die Gabe, das soziale und größere Ganze zu übersehen und Verhaltensweisen anzuregen, die dem Ganzen dienen. Das Frontalhirn, speziell der mittlere präfrontale Kortex, ist der zentrale soziale Schaltkreis des Gehirns, über den Informationen aus dem gesamten Körper gesteuert werden. Er empfängt Informationen auch vom Nervensystem anderer Menschen und gleicht diese mit den eigenen Nervensystem ab.

Daraus ergibt sich eine sehr interessante Perspektive auf unsere evolutionäre Aufgabe: mentale Gesundheit zu schaffen und zur nächsten Evolutionsstufe beizutragen. Mentale Gesundheit ist nach Siegel Ausdruck eines integrierten Systems.

Wenn heute in vielen Regionen auf der Welt Menschen Therapie in Anspruch nehmen, ist dies Ausdruck einer evolutionären Herausforderung. Therapie ist nicht nur etwas für »Kranke«, sondern dient auch vielen Menschen, die anderen aus sozialer Verantwortung heraus keine Schwierigkeiten mit ihrem So-Sein bereiten wollen. Therapie ist also

nicht immer Ausdruck dafür, dass jemand »krank« ist, sondern oftmals auch eine ganz natürliche Begleiterscheinung,
wenn jemand sich aufmacht, seine einzelnen Gehirnteile
miteinander in stimmige Resonanz zu bringen und höhere
Gehirnregionen zu aktivieren.Therapie kann für jeden Menschen von Nutzen sein, der dabei ist, »von der Raupe zum
Schmetterling zu werden«. Die Aufgabe einer so verstande-
nen »neuen« Therapie liegt also nicht darin, die Therapiesu-
chenden wieder »normal« zu machen, sondern sie in ihrer
Evolution zu begleiten. Hier stehen wir erst zu Beginn einer
ganz neuen Welle der »sanften Therapie«, welche den »po-
tenziellen« Menschen sieht und dem Einzelnen dabei hilft,
aus der Fülle seiner Möglichkeiten zu leben.

Vielleicht haben Sie im Kino den Film »Wie im Himmel«
gesehen. Im Mittelpunkt steht ein international erfolgreicher Dirigent, der sich in das Dorf seiner Kindheit zurückzieht. Die Dorfbewohner freuen sich, als er auf vielfache Bitten die Leitung des kleinen Kirchenchors übernimmt. Als
Chorleiter ist der Dirigent bemüht, aus jedem Sänger das
Beste herauszuholen. Er möchte in den Sängerinnen und
Sängern unbekannte und ungeahnte Seiten – und Saiten –
zum Klingen bringen und fordert sie immer wieder auf, aus
dem Stegreif heraus ihre eigene Stimme ertönen zu lassen –
und dabei mit den Stimmen aller anderen abzustimmen.
    Stellen wir uns einen Chor vor, bei dem alle exakt den
gleichen Ton singen. Das entspräche der rigiden Starre des
Reptilienirns. Und dann stellen wir uns einen Chor vor, bei
dem jeder sich die Ohren zuhält und singt, was er will. Dies

wäre das Chaos der rücksichtslosen Selbstbehauptung. Die Wunschvorstellung des Dirigenten in »Wie im Himmel« wäre die Selbstorganisation, wie wir sie beispielsweise auch beim gemeinschaftlichen Obertonsingen vorfinden.

Um das »Stirnhirn« zu fördern, eignen sich:

- christliche Gebetspraxis,
- Chanten bzw. Bajansingen,
- die Arbeit mit einem heiligen Wort (Mantram),
- Visualisationen, wie sie im tibetischen Buddhismus gelehrt werden,
- die Konzentration auf das innere Licht und den inneren Ton, wie im Surat Shabt Yoga praktiziert wird,
- Reiki, Deeksha, Ilahinoor (als verschiedene Formen der Übertragung heilender Energie).

Mit fortwährender spiritueller Entwicklung erfahren wir noch eine zehnte Funktion des Stirnhirns, welche bisher von den Neurobiologen noch wenig erforscht wurde. Sie soll im nächsten Abschnitt genauer beschrieben werden.

Das Gehirn als Schaltstelle zwischen den diesseitigen und den jenseitigen (Licht-)Reichen.

Um stets für eine ausgeglichene Balance zwischen den einzelnen Gehirnregionen zu sorgen, empfiehlt es sich, wie bereits erwähnt, ergänzend zu den Großhirnaktivitäten auch die »niederen« Hirnregionen angemessen anzuregen und auszubalancieren, so dass wir uns als ein ganzheitliches Wesen erfahren können. Dabei ist uns der Alltag stets ein wertvoller Spiegel.

Achten Sie doch im Alltag immer einmal wieder darauf, aus welchem Gehirnbereich Sie in erster Linie agieren: Stamm-, Zwischen- oder Großhirn? Ordnen Sie die Situationen, die Sie im Alltag erleben, den entsprechenden Gehirnregionen zu, z. B.:

- Revierkämpfe = Stammhirn,
- Gereiztheit = Zwischenhirn,
- Pläne und Konzepte = Großhirn,
- Hellsehen, Intuition, Meditation = Frontallappen.

Sehen Sie in allem, was durch das Leben zu Ihnen kommt, einen Spiegel Ihrer inneren Hirnbereiche, und »reparieren« bzw. »korrigieren« Sie stets in der Sprache des Hirnteils, der betroffen ist. Es hat keinen Sinn, einen Aspekt Ihres Gehirns zu verurteilen.

Unabhängig davon stimulieren Sie immer wieder Ihr Frontalhirn – z. B. durch tägliche Meditation –, da dieses die Schaltstelle für die Koordination aller Hirnteile ist. Zu den Aktivitäten des Frontalhirns gehört auch die Verbindung zu dem, was wir das Göttliche nennen – womit wir bereits beim Thema des nächsten Kapitels sind.

Spiegelt sich Gott im Gehirn?

Natürlich wohnt Gott überall, nicht nur im Gehirn, sondern in jedem Baum, jedem Stein, in allem, was ist. Aber das Gehirn hat eine besondere Bedeutung nicht nur bezüglich unserer Fähigkeit, spirituelle Erfahrungen zu machen, sondern auch, was unsere Fähigkeit betrifft, Spiegelungen zu beantworten. Das Gehirn ist nicht die Ursache, wohl aber der Ort, von dem aus Bewusstheits- und Transformationsprozesse bis in die Zellebene hinein reflektiert werden.

Die Neurotheologie ist ein relativ junger Wissenschaftszweig, der sich genau damit beschäftigt, was im menschlichen Gehirn vor sich geht, wenn Menschen Erleuchtungs- oder Erwachenserfahrungen machen. Mit Hilfe von Magnetstimulation ganz bestimmter Gehirnregionen versuchte der Neurologe Michael Persinger spirituelle Erfahrungen bei seinen Probanden zu stimulieren.[7] Tatsächlich berichteten 80 Prozent der Studienteilnehmer entweder von einer Gotteserfahrung oder – soweit es sich um Menschen handelte, die nicht an einen persönlichen Gott glaubten – von der Erfahrung der Einheit mit dem Universum, Lichterlebnissen oder Ähnlichem.

---

7   Michael A. Persinger: Neuropsychological Bases of God Beliefs, New York (Praeger) 1987.

Leider hielten die Untersuchungen Persingers Doppel-
blindstudien, wie sie u. a. von Pehr Granqvist[8] vorgenommen
wurden, nicht stand. Offenbar können religiöse Erfahrungen, wenn überhaupt, nur vorübergehend durch Gehirnsti-
mulation erreicht werden. Ob mechanisch stimulierte »religiöse« Erfahrungen das Leben der Erfahrenden verbessert,
ist nicht bekannt.

Es gibt jedoch eine weitere, sehr interessante Entdeckung,
welche die Hirnforscher nicht vermutet hatten: Zwei Pro-
fessoren aus Pennsylvania (USA) – ein Radiologe und ein
Psychiater – fanden heraus: Wenn Menschen beten oder
meditieren– ganz gleich, ob es sich dabei um Christen,
Buddhisten, Yogis oder Atheisten handelt –, werden bei ihnen allen die *gleichen* Gehirnzellen und neuronalen Netze
in genau der gleichen Art stimuliert. Die Neuronen geben
angesichts religiöser Erfahrungen auf eine ähnliche Weise
elektrische Ladung ab, weltweit sind jeweils die gleichen Gehirnareale an dieser Erfahrung beteiligt.

Wissenschaftler bezeugen damit: Mystische Erfahrung
ist offensichtlich biologisch real und naturwissenschaftlich
wahrnehmbar. Sie beruht nicht auf Irrtum, Halluzination
oder Täuschung. Offenbar ist die spirituelle Erfahrung bereits in unserem neuronalen System als Potenzial angelegt,
vielleicht vergleichbar einer ganz bestimmten, bisher unge-
nutzten Software in unserem Computer.

---

8   Pehr Granqvist: Attachment and Religiosity in Adolescence: Cross-Sec-
    tional and Longitudinal Evaluations, Uppsala University, pehr.granq-
    vist@psyk.uu.se.

Spiritualität ist ganz offensichtlich als »höchster evolutionärer Drang« in jedem von uns angelegt. Sie wird neuronal »gezündet«, sobald das Verlangen sich regt, die grundlegenden evolutionären Funktionen und Bedürfnisse – Essen, Trinken, Schlafen, Geborgenheit etc. – zu übersteigen.

Über Jahrmillionen hinweg war die Evolution dieses Planeten von der Entwicklung einer Hirnfunktion dominiert, die von der Wissenschaft »Reptilienhirn« genannt wird und nicht nur bei Reptilien, sondern auch bei jedem menschlichen Wesen angelegt ist.

Die »niederen« Hirnteile sind quasi der Hofstaat eines Königreiches. Wenn der König noch schläft oder außer Haus ist, liegen diese Teile miteinander in Streit. Sie sind unkoordiniert, wie Abteilungen einer Firma, die gegeneinander arbeiten, oder auch der Zustand, den wir noch in den meisten Teilen der Welt und vielfach auch in Beziehungen vorfinden.

Die Folge der Dissonanzen unserer »niederen« Gehirnareale ist, dass wir unser Leben vorwiegend aus einer problemfixierten Perspektive heraus erleben, so dass wir ständig mit Kampf, Flucht oder Abkapselung beschäftigt sind. Der bekannte Forscher Dr. Günter Haffelder, Leiter des Instituts für Kommunikation und Gehirnforschung in Stuttgart, entdeckte in seinen Forschungen: »Die neurologische Effizienz verbessert sich, wenn die Partiallappen [im Bereich des Scheitels, d. A.] beruhigt werden und die Frontallappen [im Stirnbereich, d. A.] mehr Energie erhalten; daraus folgt, dass das Bewusstsein der Getrenntheit, wie Überlebenskampf, Angst, Verurteilung, Hass nicht natürlich ist.«

Die Aufgabe des Königs – Sinnbild des erwachenden Bewusstseins – ist es nun nicht, die »niederen« Gehirnteile »niederzuschlagen« oder zu verdrängen, wie so manche weltflüchtige Jenseitssucher glauben – dies wäre genauso unsinnig, als wollten wir alleine aus unserem Gehirn heraus leben, ohne unsere Organe unterhalb des Kopfes zu benutzen –, sondern sie zu einer Kooperation einzuladen. Hierbei helfen die Spiegelungsprozesse, weil sie die neuronale Zusammenarbeit zwischen »niederen« und höheren Gehirnteilen fördern. Diese aktivieren das »Corpus Callosum« und damit den Informationsfluss zwischen den (bisher zerstrittenen) Zentren im Gehirn, so dass es zu einem koordinierten Wahrnehmen, Aufeinander-Antworten und Handeln kommt.

Durch die Annahme unserer Spiegelungen entsteht überhaupt erst die Möglichkeit, unsere wahren Empfindungen und damit einhergehend unsere Verbundenheit wahrzunehmen. Dadurch sinken die Werte der Kampf- und Fluchthormone Adrenalin und Kortisol, gleichzeitig erhöht sich die Produktion des Liebeshormons Oxytocin, das den Körper von innen her streichelt und die Bereitschaft, Entspannung, Zärtlichkeit und Liebe auszutauschen, fördert.

Wahlfreiheit – ja oder nein?

Die Frage, ob wir eine Wahl haben oder nicht, lässt sich nur mit »sowohl als auch« beantworten. Die eigentliche Frage lautet: Wer entscheidet? Das »kleine Ich« in seinem

Überlebenskampf hat kaum eine Wahl, da es nicht in ausreichendem Maße über Bewusstheit verfügt. Sind die »niederen« Hirnfunktionen am Zug, wird die Entscheidung auf der Basis schon bestehender Verbindungen von Nervenzellen getroffen, d. h. auf der Grundlage vergangener Erfahrungen und Emotionen. Die Folge: Wir erleben immer wieder (prinzipiell) dasselbe: dieselbe Art von Beziehung (egal, wie oft wir den Partner wechseln), dieselbe Art von Schicksal (egal, wie sehr wir uns bemühen, dem abzuhelfen).Unser Leben kommt uns vor wie eine einzige Endlosschleife: Offenbar müssen wir erst einmal akzeptieren, dass wir in einem Hamsterrad laufen, um den Ausstieg aus diesem Hamsterrad zu finden. Insoweit haben spirituelle Lehren, welche den totalen Determinismus lehren, eine gewisse Berechtigung: Sie zerstören die Illusion, dass die Wahl des Menschen darin bestünde, sich innerhalb gegebener Alternativen zurechtzufinden. Erst wenn wir in die Bewusstheit des Frontalhirns hinein »erwachen«, entdecken wir, dass wir eine Wahl im Sinne eines kreativen Umgangs mit der Schöpfung haben.

Wie der Biochemiker Joe Dispenza betont[9]: »Das Größenverhältnis zwischen Stirnlappen und übrigem Gehirn unterscheidet uns von allen anderen Spezies. Der *Stirnlappen* ist der Bereich, der dafür zuständig ist, Entscheidungen zu treffen, für Inspiration. Im Gegensatz zu einem Hund, der buchstäblich Tausende von Jahren brauchen

---

9 Joe Dispenza/Amit Goswami: Evolve Your Brain: The Science of Changing Your Mind, Dearfield (Health Communications) 2007.

würde, sich anders zu entscheiden, kann der Mensch dies aufgrund seines größeren Stirnlappens in einem einzigen Moment. Die beste Art, wie man zu diesem frei entscheidenden Beobachter werden kann, besteht darin zu erkennen, dass man nicht immer wieder die gleichen Entscheidungen zu treffen braucht.« Zu dem gleichen Ergebnis kommt die bekannte Forscherin Candace Pert[10]: »Natürlich haben wir einen freien Willen. Er ist in unseren Stirnlappen lokalisiert, und wir können es trainieren, intelligentere Entscheidungen zu treffen, z. B. durch Meditieren.« Aus neurologischer Sicht lautet damit die Frage: Kommt die Entscheidung aus »Reizreaktionen« oder vom Frontallappen? Offenbar sind eine »freie« Entscheidung und eine Entfaltung der Frontallappenaktivität nur möglich, wenn unser System stressfrei ist.

Eine besondere Bedeutung kommt der Spiegelungsarbeit zu, da sie *alltagsbezogen* reflektiert. Wenn es gelingt, eine Situation und die neuronale Reaktion der »niederen« Hirnteile voll zu erfahren und gleichzeitig bewusst zu bleiben, ist die Kooperation der verschiedenen Teile des Gehirns gelungen, vielleicht ähnlich wie bei einem Pferd, das mit seinem Reiter kooperiert. Emotionale Blockaden lösen sich auf: Es mag nach wie vor das Gleiche geschehen, doch die Art und Weise, wie wir die erfahrenen Dinge interpretieren und auf sie reagieren, verändert sich. Bewusstheit wird

---

10 Candace B. Pert: Molecules of Emotion: Why You Feel the Way You Feel, New York (Scribner) 1997.

verfügbar – und diese Erfahrung kommt einem Wunder gleich.

Haben wir einmal erfahren, dass durch Spiegelungsprozesse eine Verwandlung möglich ist, gleicht diese Erkenntnis einem aufkeimenden Feuer. Wenn dieses Feuer in uns zu brennen beginnt, muss es sorgsam gehütet werden. Wir müssen uns ständig an unser »Erwacht-Sein« erinnern, indem wir in *allem*, was wir täglich erleben, unseren Nächsten, mehr noch: einen Spiegel unserer selbst sehen. Wenn das Gehirn erst einmal den Spiegelungsprozess, die »Umkehr der Lichter« als neuronale Reaktion gelernt hat, wird es von Mal zu Mal leichter, in diesen »erwachten« Zustand zurückzukehren. Den Weg dorthin zu zeigen ist der Zweck dieses Buches. Im nächsten Kapitel soll näher betrachtet werden, wie wir die Welt, die wir erleben, durch unsere Art hinzuschauen selbst *bewirken*.

Wie wir uns selbst erfinden

Das assoziative Gedächtnis – der »Spiegel der Vergangenheit«

Bis zum Ende des 20. Jahrhunderts ging man noch davon aus, dass wir Eindrücke aufnehmen und sie im Gehirn abspeichern, ähnlich wie in einem riesigen Fotoalbum oder einer gigantischen Videothek. David Bohm, Karl Pribram, Nico Spinelli und moderne Hirnforscher haben jedoch mittlerweile entdeckt, dass diese Methode viel zu viel Speicherplatz im Gehirn bräuchte und dass unser Gehirn anders arbeitet. Tatsächlich ist es so, dass wir nicht die einzelnen Bilder in unserem Gehirn abspeichern, sondern gemäß unserer unbewussten Erwartungen ein virtuelles dreidimensionales Bild des Wahrgenommen produzieren, das wir auf das Wahrgenommene in der Außenwelt projizieren. Wir projizieren also ständig alle Ebenen umfassende Bilder auf die Realität und schaffen so unsere eigene, persönliche Welt, die wir allerdings für »real« halten.

»Um die Informationsverarbeitung der Bilder zu vereinfachen, reagieren bestimmte Neuronen im Gehirn nur auf bestimmte Gruppen von Interferenzmustern... Erwartete Bilder erzeugen gewohnte Interferenzen; weicht jedoch das Wahrgenommene im mittleren Maße vom Erwarteten ab, entstehen neue Interferenzmuster und somit Erkenntnis. Weicht das Wahrgenommene zu stark vom Erwartungshorizont ab, können keine ordnenden Interferenzmuster erzeugt werden. Das Wahrgenommene wird abgelehnt bzw. verdrängt. Der Erwartungshorizont wiederum hängt von dem ab, was der Rezipient zuvor wahrgenommen hat – also von seiner persönlichen Wahrnehmungsgeschichte... Unser erkenntnisleitendes Interesse richtet unsere Aufmerksamkeit auf ein Objekt oder eine Situation aus, die gemäß unseres Erwartungshorizonts wahrgenommen wird. Die Interferenzmuster entstehen durch einen Gegenstand – z. B. den Apfel –, der im Zero Point Field – der allgemeinen Hintergrundschwingung – eine Unregelmäßigkeit erzeugt. Diese Unregelmäßigkeit oder Abweichung vom Nullzustand wird eingelesen. Wir lesen also Informationen aus einem allgemeinen Feld ein. Mit anderen Worten: Nicht wir speichern die Information in unseren individuellen Gehirnen ab, sondern der Speicherplatz ist das allgemeine Feld außerhalb von uns – man könnte sagen, wir benutzen Outsourcing, um die Speicherkapazität im Gehirn zu entlasten. Warum wir als Menschen die Speicherkapazität nach außen ins Zero Point Field verlagern und nicht unser wenig genutztes Gehirn dazu benutzen, wäre mit der Metapher des Virenscanners zu erklären. Würden wir Informationen weitgehend in unserem Gehirn abspeichern, lägen sie dort isoliert vom Rest der Welt. Da sie aber im Zero Point Field abgelegt werden, wird sichergestellt, dass alles mit allem verbunden ist und nichts aus dem Gesamtzusammenhang – den wir ›Natur‹ nennen können – herausfällt. In dem Sinne wäre ein Gedanke oder eine Tat, die isoliert sich entwickeln würden, ein Virus. Dieser Impuls könnte Interferenzen bilden, die den Gesamtzusammenhang stören und ihm gefährlich werden können. Die Evolution hat es im Sinne des Überlebens natürlicher Systeme so eingerichtet, dass nichts entsteht, was den Grundzusammenhang von Natur und Leben in Frage stellt.«[11]

Dies bedeutet, dass wir in unserem Erleben einerseits stets uns selbst nach außen projizieren, dies andererseits jedoch nur »getriggert« durch Außenreize tun. So kommt der Sozialpsychologe Harald Welzer zu dem Schluss, dass unser Gehirn nur in Netzwerken mit anderen existiert.[12]

Wie Welzer in seinem Buch »Das kommunikative Gedächtnis«[13] beschreibt, werden Erinnerungen niemals isoliert, sondern stets mit Emotionen verknüpft gespeichert. Unser Gedächtnis ist also *immer* emotional gefärbt, es *kann* gar nicht objektiv sein.

Jedes Mal, wenn wir eine Erinnerung in unserem Gedächtnis abrufen, verändert sie sich. Insbesondere dort, wo wir Gedächtnislücken haben, werden Erinnerungen frei assoziativ ergänzt. Erinnern ist also eine *komplexe* und von vielen Faktoren beeinflusste *Rekonstruktionsleistung*. So gehen etwa Dinge, die wir gehört, gelesen, im Kino oder Fernse-

11 Klausbernd Vollmar, Freundesbrief August 2006: Wie Wahrnehmung gefiltert wird, www.kbvollmar.de.
12 Harald Welzer: Wie organisiert sich das Gehirn, Vortrag (Jokers Hörbuch)
13 Harald Welzer: Das kommunikative Gedächtnis: Eine Theorie der Erinnerung, München (C. H. Beck Verlag), 2. Aufl. 2008.

hen gesehen haben, aber auch das, was wir uns zu unseren eigenen Erlebnissen seither gedacht haben, in unsere Erinnerung mit ein. Dass die so gebildeten Rekonstruktionen plausibel, also erklärbar erscheinen, ist uns wichtig. Moderne Untersuchungen haben ergeben, dass unlogische Erinnerungsfragmente durch Inhalte aus anderen Szenerien ergänzt und damit verfälscht werden, um ein fortlaufendes und logisch erklärbares Geschehen zu gestalten. Wir sind also der Regisseur unserer eigenen Vergangenheit, und dies in jedem einzelnen Augenblick. Die Selektionsarbeit unseres Gedächtnisses und *nicht* die tatsächliche Erfahrung bestimmt, was unsere Identität und unsere Lebensgeschichte ausmacht. Dies ist der Grund dafür, dass die Art und Weise, in der wir unsere Vergangenheit sehen, stets etwas über uns aussagt, darüber, wie wir »gepolt« sind und wie wir werten – und weniger über die objektiven Fakten eines vergangenen Geschehens.

Unser Gehirn wählt Erinnerungen assoziativ aus. Je nachdem, ob wir frisch verliebt sind und deshalb beeindrucken wollen oder ob wir von einer vertrauten Bezugsperson Seelentrost erwarten, betrachten und erzählen wir unsere eigene Lebensgeschichte neu und anders – wir sind Sieger oder Verlierer, je nach Erwartungshorizont. Unsere eigene Biografie kann somit als ständiger Rückkoppelungsprozess zwischen unserem Inneren und der Außenwelt verstanden werden.

Nach Welzer setzt die Gedächtnisentwicklung erst mit der Sprachentwicklung ein, da sie einen kommunikativen Prozess voraussetzt. Das heißt, Kinder haben ihre frühkindliche

Phase nicht vergessen oder »verdrängt« (wie Freud noch meinte), sondern sie haben noch nicht »gedacht«. Später rekonstruieren wir unsere ersten Jahre aufgrund dessen, was man uns über diese Zeit erzählt hat. Oder wir erlangen Informationen über unsere frühe Kindheit über das Körpergedächtnis, Traumarbeit oder Hyperkommunikation (mehr dazu siehe unten). Was wir bei »Erinnerungen« an unsere eigene Kleinkind- oder Embryonalzeit erhalten, sind nicht mehr als Energieformationen, die wir mit Hilfe unseres aktuellen Deutungssystems nachträglich zu einem Film gestalten. Darum ist es so wichtig, welche Geschichte, welches Skript wir wählen und leben.[14]

Wir finden uns nicht, sondern wir erfinden uns

Das, was wir für unser »Ich« halten, ist möglicherweise schlichtweg eine Illusion: »Wir finden uns nicht, sondern wir *er*finden uns.«[15] Wie wir bereits erkannt haben: Die Erinnerung ist eine gute und plausible Geschichte, die wir uns selbst ausdenken. Im vorangegangenen Abschnitt haben wir gelernt, dass Erinnerungen durch kommunikative Austauschprozesse entstehen, in denen sich reale und fiktive Ereignisse vermischen, so dass wir am Ende Bestandteile aus

14 Vgl. dazu auch Kurt Tepperwein: Erfinde dich neu, München (Goldmann Verlag) 2006, und Jeffrey E. Young/Janet S. Klosko: Sein Leben neu erfinden, Paderborn (Junfermann Verlag) 2008.

15 Werner Siefer/Christian Weber: Ich: wie wir uns selbst erfinden, Frankfurt a. M. (Campus Verlag) 2006.

Erzählungen und Filmen für autobiografische Realitäten halten. »Wie in dem Film ›Matrix‹ muss man sich die Welt als eine Art Online-Simulation vorstellen, die erst im Kopf über Neurotransmitter und Botenstoffe ihre tatsächliche Gestalt annimmt. ... Das zerbrechliche und illusionäre Ich ist genau das Ich, das wir sind.«[16] Was wir finden, ist also das, was wir erfinden – der Spiegel zeigt stets uns selbst.

---

16 Ebd.

Probieren Sie einmal folgende Übung aus: Legen Sie ein Blatt mit sechs Spalten an. In die linke Spalte notieren Sie einige Eckdaten Ihres Lebens, die Ihnen wichtig sind, vielleicht fünf. In der Spalte daneben notieren Sie Ihre gewohnte Bewertung dieser Ereignisse: Wie sprechen Sie normalerweise darüber, wenn Sie jemand anderem von Ihrem Leben erzählen? In Spalte drei erzählen Sie die Geschichte einmal als »Verlierergeschichte« – übertreiben Sie dabei ruhig. In Spalte vier schreiben Sie, warum Sie ein Sieger sind – bei gleichen Erlebnissen. In Spalte fünf beschreiben Sie das Erlebte als Tragödie und welch fatale Folgen es für Ihre Zukunft hatte. In Spalte sechs beschreiben Sie das Gleiche als Komödie und/oder Glücksfall und welche guten Wirkungen es für Ihr weiteres Leben hatte. Nachfolgend das Beispiel eines Klienten:

Ereignis	Bedeutung	Verlierer	Gewinner	Drama	Komödie/Vorteil
Ich wurde als Kind von einem Klassenkameraden heftig angepöbelt und habe mich nicht gewehrt.	Ich bin feige und zu unbeholfen, mich zu wehren, ohne Abwehrmöglichkeiten gegen Übergriffe.	Ich bin eine Fehlzündung: Erst spiele ich groß auf, und dann kneife ich vor Herausforderungen.	Ich habe Schaden für den Körper abgewendet, da ich mich nicht provozieren ließ.	Nie kann ich mich durchsetzen, und nie bekomme ich, was ich will, denn ich kneife immer, wenn es ernst wird.	Ich lernte schon früh, gegnerische Kräfte im Vorfeld einzuschätzen und achtsam mit ihnen umzugehen.

Sie sehen, dass, je nach Bewertung, die 〈…〉
zu einem positiven oder negativen Selbstw〈…〉
Durch eine Umbewertung, die positiv, abe〈…〉
tisch sein sollte, kreieren Sie Ihr Selbstbi〈…〉
sollten Sie, wann immer Sie spüren, dass sie sich auf eine
negativ geladene Weise an etwas oder jemanden erinnern,
eine Umbewertung vornehmen. Für Ereignisse aus der frühen Kindheit ist dies besonders wichtig, da wir für diese Erfahrungen nur die Zellinformation, aber keine unmittelbare
kognitive Referenz haben.

Erinnerungen umschreiben – bis in die Zelle hinein

Da Erinnerung ein selektiver und kein vorgegebener Prozess ist, können wir unsere Erinnerungen *umschreiben*.
Durch bewusste Erkenntnisarbeit und das Umschreiben
von Erinnerungen verändern wir uns nicht nur auf der
geistigen Ebene, sondern wir wirken sogar konstruktiv auf
unsere eigene Erbmasse ein, auf den Bauplan unseres Körpers.

Wie der Zellbiologe Bruce Lipton[17] in seinen Arbeiten
einleuchtend darstellt, sind wir unseren Genen und unserer DNS nicht hilflos ausgeliefert. Unsere Gene stellen zwar
eine Art Hologramm dar, das aber durch die Proteinmem-

---

17 Bruce Lipton: Intelligente Zellen: wie Erfahrungen unsere Gene steuern, Burgrain (Koha-Verlag) 2006.

(die Umhüllung, quasi das »Gehirn« der Zellen) beein-
usst wird. Diese Zellmembranen aber werden durch äußere
Erlebnisse, Emotionen, Gedankenmuster geprägt. Unsere
emotionalen Erfahrungen und unsere Erkenntnisse wirken
bis in die Zellebene hinein, wobei jeweils die neuen Erfahrungen die alten überschreiben können. Lipton geht davon
aus, dass wir jede Erfahrung »umschreiben« können, und
zwar bis in die Kleinkindphase, ja sogar bis zur Embryo-
nalphase zurück. So können wir nach Lipton beispielsweise
Streitigkeiten unserer Eltern während der Schwangerschaft,
die die Proteinstruktur unserer Zellmembranen geprägt haben, zurückschreiben und unser »So-Sein« und unsere Zukunft dadurch positiv verändern. Nach Lipton verändern sich
dadurch unsere Zellen und unsere DNS chemisch und physikalisch messbar. Hier erkennen wir die hohe Bedeutung
von »mentalem Umerleben« bzw. dem »Umschreiben« von
Erinnerungen nach Maßgabe der Neuen Homöopathie.[18]

Auch die Wirkung der Psychotherapie lässt sich auf diese
Weise erklären: Indem der Therapeut dem Patienten eine hilfreiche Spiegelung anbietet, können Irritationen des Patienten, die er durch unangenehme »Spiegel« beispielsweise in
der frühen Kindheit erfahren hat, korrigiert werden. Durch
gute Spiegelungen wird es dem Patienten möglich, seine Vergangenheit hinter sich zu lassen. Mehr und mehr kann er die
Spiegelungsprozesse im Umgang mit dem aktuellen Erleben
anerkennen, annehmen, wertschätzen und die Verantwortung dafür übernehmen und damit – im Idealfall – letztend-

---

18 Weitere Informationen dazu unter www.praneohom.de.

lich aus der spiegelgleichen Weisheit des wahren Selbst heraus leben. Damit sind wir genau beim Thema dieses Buches. (Wir werden auf das Thema »psychologische Spiegelung« in einem späteren Kapitel noch einmal zurückkommen.)

Hyperkommunikation: wie Erkenntnisse, die wir machen, unsere Gene und die unserer Sippe heilen können

Der russische Molekularbiologe und Biophysiker Pjotr Garjajev und seine Kollegen entdeckten, dass der Aufbau unserer DNS in Syntax und Aufbau dem unserer Sprache gleicht. Unsere Sprache ist also nicht rein zufällig entstanden, sondern »erwuchs« aus unserer DNS. Das erklärt, wieso sprachlich formulierte Erkenntnisse eine so starke positiv korrigierende Wirkung auf unseren Organismus haben. Es ist ganz normal und von der Natur so angelegt, dass unsere DNS auf Sprache reagiert, insbesondere wenn es sich um neue Erkenntnisse, d. h. bessere Bausteine handelt. Garjajev und seinen Mitarbeitern gelang es sogar, Chromosomen zu reparieren oder auch Frosch- in Salamanderembryonen zu verwandeln, ohne dass sie dafür die Genstränge zerteilen mussten – alleine durch Informationsübertragung. Daraus lässt sich ableiten, wie wichtig die Informationsübertragung im Bereich der Heilung und Korrektur ist: Indem wir das, was wir aufgrund unserer DNS anziehen, als Spiegel erkennen, und das, was sich im Spiegel zeigt, *in uns* verändern, wirken wir auf unsere DNS regenerierend. Die geheilte Information kann nun an spätere Generationen unserer Sippe weitergegeben werden. Durch die Veränderung der Systembilder unserer Psyche, wie sie beispielsweise bei »Familienaufstellungen« nach Bert Hellinger stattfindet, und die Verbindung mit ganz gezielten »Lösungssätzen« können sich im Laufe der daraus erwachsenen Spiegelungsprozesse die genetischen Baupläne einer ganzen Sippe positiv verändern.

Wie wir bereits wissen, wirkt unser »So-Sein« magnetisch auf ganz bestimmte äußere Umstände, die es in unser Leben zieht. Dies tut es nicht nur im Jetzt, sondern auch *jenseits von Zeit und Raum*. Die moderne Forschung vermutet sogar, dass unsere DNS »Wurmlöcher« im Vakuum erzeugen kann, also gewissermaßen Tunnelverbindungen zwischen verschiedenen Teilen des Universums, zu anderen Planeten, Galaxien, einer fernen Zukunft oder Vergangenheit, zu Mitgliedern der eigenen Ahnen und eigenen früheren Existenzen. Dafür, dass wir Zugang zu diesen Tunnelverbindungen haben und unsere Erkenntnis und Bewusstheit sich allumfassend mitteilen kann – ein Verfahren, das in der modernen Esoterik »Hyperkommunikation« genannt wird –, ist ein *entspannter* Zustand zwingend erforderlich. Dann wirken die Erkenntnisse, die wir »hier und jetzt« machen, in alle Galaxien hinein und in alle Zukunft und jede Vergangenheit. Darum ist *Tiefschlaf* so wichtig, ebenso wie *Meditation*. Die Vermutung liegt nahe, dass der segensreiche Transfer unserer Bewusstheit umso weiter in Zeit und Raum hineinstrahlt, je tiefer unser Schlaf bzw. unsere Meditation ist.

Die moderne Gehirnforschung hat deutlich gemacht, dass bereits bei leisesten Ansätzen von Angst, Druck oder Stress das gesamte System der sogenannten »Spiegelneuronen« (mehr dazu erfahren Sie im nächsten Kapitel) und mit ihm das soziale Bewusstsein blockiert wird und wir neuronal quasi auf eine frühere evolutionäre Entwicklungsstufe zurückfallen – ohne die Fähigkeit, sich in andere oder uns selbst einzufühlen, Nuancen wahrzunehmen oder kreative Lösungen zu finden. Die Folge: Je größer der Stress ist, umso irrationaler und unsozialer werden unsere Reaktionen, bis hin zur offenen Aggression oder Panik.

Darum ist es angesichts bedrohlich wirkender Situationen (Finanzkrise, Naturkatastrophen etc.) entscheidend, zuerst einmal einen entspannten Zustand einzunehmen und dann mit Hilfe der Spiegelneuronen und höherer Gehirnfunktionen aus der *Wahrnehmung* heraus zu handeln. Wir können davon ausgehen, dass die Spiegelneuronen unser Potenzial zur Vernunft widerspiegeln – eine unmittelbare Voraussetzung für das umfassende Bewusstsein, in das wir hineinwachsen müssen, wenn wir als Menschheit diese Zeit überstehen wollen.

Sobald wir in Dis-Stress geraten, hat unser Organismus die Tendenz, sich vom Ganzen abzukapseln. Dadurch wird er aber zu einem Virus für das Ganze, da ein gestresster Organismus die Organismen um sich herum ebenfalls stresst. Aus diesem Grund ist es zwingend erforderlich, den Dis-Stress aus unserem System zu nehmen, insbesondere dort, wo er mit zwanghaften Handlungen, überholten Mustern, dysfunktionalen Überzeugungen und hartnäckigen destruktiven Ich-Bewertungen zusammenhängt. Stress- und ichbesessene Menschen senden eine Störung in das Ganze hinein (auch wenn sie sich noch so sehr bemühen, ein guter Mensch zu sein), weil sie den »Flow« des Ganzen stören.

Deshalb ist Heilung von Stress ein kollektives Interesse im Dienste des Ganzen, da ansonsten die Hyperkommunikation durch solche »Störsender« verunmöglicht oder zumindest verfälscht wird. Wir sollten stressbesessenen Menschen keine Vorwürfe machen. In ihnen kommt lediglich ein kollektives Problem zum Ausdruck. Selbst wenn wir alle stressbesessenen Menschen auf einen Nachbarplaneten auswiesen, würde dies nichts an unserem Zustand ändern. Der kollektive Stress würde lediglich andere Personen finden, bei denen er sich manifestiert.

Unsere kollektive Heilung liegt nicht darin, die einzelnen Störsender (Menschen) im Außen zu verurteilen oder gar auszugrenzen, sondern den Magneten, der auf Stress und die Impulse stresssüchtiger Menschen anspricht, *in uns* zu verwandeln – denn alles, was sich im Außen zeigt, ist lediglich eine Spiegelung der *kollektiven* Wirklichkeit. Wenn genug Menschen die Störungen in ihren inneren Magneten verwandelt haben, wird sich unser morphogenetisches Feld ändern – es wird ein psychisches Klima von menschlicher Harmonie auf der Erde entstehen. Und den Beitrag dazu leistet jeder Einzelne von uns, der die Spiegelungsprozesse im Dienste seiner eigenen Bewusstheit nutzt. Diese Wahrheit ist längst bekannt – denken wir nur an den Slogan »Stell dir vor, es ist Krieg und keiner geht hin«. Oder an die

Aussage von Osho: »So wie ein Same eine ganze Wiese begrünen kann, so kann ein einziger Buddha die ganze Erde verwandeln!« Doch es reicht nicht, dies nur zu wissen – die Umwandlung müssen wir in uns selbst mit Hilfe der Gesetze des Spiegels *vollziehen*. Hierfür eignet sich u. a. das Führen eines Gedankentagebuches.[19]

Wir alle sind eine große Familie und leben in einer Wechselseitigkeit, die uns heute mehr denn je bewusst ist. Beispiele wie der Beginn der Finanzkrise in den USA, die dann innerhalb weniger Monate fast weltweit Auswirkungen hatte, zeigen uns, dass es keine individuelle Rettung zu Lasten anderer geben kann, sondern wie sehr wir alle einander die Hand reichen müssen, da nur so das Ganze überlebt.

Hyperkommunikation – eine uralte Tatsache

Natürlich lebt die ganze Natur bereits seit Jahrmillionen in Hyperkommunikation. Entfernt man beispielsweise eine Ameisenkönigin räumlich weit von ihrem Ameisenvolk, wird am Ameisenhaufen trotzdem fleißig und ganz nach Plan weitergebaut. Tötet man jedoch die Königin, werden augenblicklich alle Arbeiten eingestellt. Niemand weiß mehr, was er zu tun hat. Offenbar sendet die Königin die »Baupläne« auch aus der Ferne über das Gruppenbewusst-

---

19 Vgl. dazu Dennis Greenberger/Christine A. Padesky: Gedanken verändern Gefühle: Fertigkeiten, um Stimmungen, Verhalten und Beziehungen grundlegend zu verbessern, Paderborn (Junfermann Verlag) 2007.

sein an alle ihre Untertanen. Sie kann dafür so weit weg sein, wie sie will, solange sie nur noch am Leben ist.[20]

Einige weitere Beispiele:

- Wenn eine Heuschreckenplage ansteht, »informieren« die Bäume ihre Baumkollegen viele Kilometer weit entfernt darüber, so dass diese rechtzeitig Bitterstoffe abgeben und deswegen von den Insekten nicht kahl gefressen werden.
- Bienen und Wespen leben in Hyperkommunikation, wenn sie an ihren Stamm die Information weitergeben, dass eine Orchideensorte sie manipuliert.[21]
- Manche Tiere wissen bereits im Voraus, wann ihr Besitzer nach Hause kommt.

Ohne Hyperkommunikation wäre die Natur ständig im Ungleichgewicht. Auch wir Menschen haben die Gabe zur Hyperkommunikation, doch um dazu in der Lage zu sein, müssen wir erst einmal den »kosmischen Menschen« in uns entwickeln, der als das Ganze und für das Ganze denkt. Hyperkommunikation ist eine natürliche Folge, wenn wir uns aufmachen, die Spiegel in unserem Leben dafür zu nutzen, unseren inneren Magneten zu reinigen, die Ich-Besessenheit zu übersteigen und mit dem aufzuräumen, was uns blockiert. Gelungene Hyperkommunikation zeigt sich dann

---

20 Grazyna Fosar/Franz Bludorf: Vernetzte Intelligenz. Die Natur geht online, Aachen (Omega Verlag) 2001.

21 Vgl. dazu den Vortrag von Franz Vermeulen über Orchideen, erhältlich bei Martin Bomhardt unter www.homsym.de.

als »Intuition« oder »Hellsehen«, ist aber nichts anderes als ein Zugang zu Informationen aus Bereichen jenseits des »Wurmlochs«.

Die Spiegelung zwischen innerer und äußerer Welt ist eine wechselseitige und macht unsere Bindung an die Welt aus – so lange, bis wir die Verantwortung für diese Spiegelungsprozesse übernehmen und dabei das kosmische Selbst entdecken.

Wie Spiegelneuronen unsere Reaktionsmuster prägen

Wenn wir Spiegelungsprozesse von der Basis her verstehen wollen, müssen wir uns natürlich mit den wissenschaftlich inzwischen gut erforschten »Spiegelneuronen« auseinandersetzen, denn ohne sie gäbe es keine brauchbare Wahrnehmung der Spiegelungen in unserer Außenwelt.

Was also hat es mit den Spiegelneuronen auf sich? Oftmals spiegeln wir unser Gegenüber schneller, als uns dies bewusst ist: Wir senden ein erhaltenes Lächeln augenblicklich zurück oder ziehen, ehe wir unsere Gesichtsmuskeln in den Griff bekommen, einen Flunsch, wenn uns etwas oder jemand nicht passt. Jemand gähnt – wir gähnen gleich mit. Wir betreten einen Raum, in dem gelacht wird, und lachen mit, obwohl wir den vorangegangenen Witz gar nicht gehört haben.

Vielleicht kennen Sie dies aus Ihrem eigenen Leben: Sie kommen grantig nach Hause, doch Ihr Partner telefoniert gerade gut gelaunt – und schlagartig verändern sich Ihre Gesichtszüge zu einem Lächeln. Oder auch umgekehrt: Sie sind bester Laune und begegnen zu Hause einem mies gelaunten Partner – und bevor Sie es bemerken, entgleiten Ihnen die Gesichtszüge, es sei denn, Sie sind sich in dem betreffenden Augenblick Ihres Selbst bewusst.

Den Hang zur Imitation haben bereits Kleinkinder. Aus diesem Grund formen wir den Mund zu einem »o« wenn wir ein Baby füttern, damit es den Mund aufmacht. Ja, sogar Primaten können imitieren.

Verantwortlich für das Imitationsverhalten sind die bereits erwähnten *Spiegelneuronen*, die von dem Italiener Giacomo Rizzolatti bei Forschungen mit Makaken (einer Affenart) im Jahr 1992 entdeckt wurden. Spiegelneuronen sind Nervenzellen im Gehirn, die sich, während wir eine Handlung betrachten, so verhalten, als würden wir diese Handlung *selbst* ausführen. Mit Hilfe der Spiegelneuronen verstehen wir durch innere unbewusste Nachahmung, was andere denken oder tun, ohne dass dies weiter verbalisiert werden muss.

Das nachstehende Foto[22] zeigt, wie ein Affenbaby das Herausstrecken der Zunge imitiert.

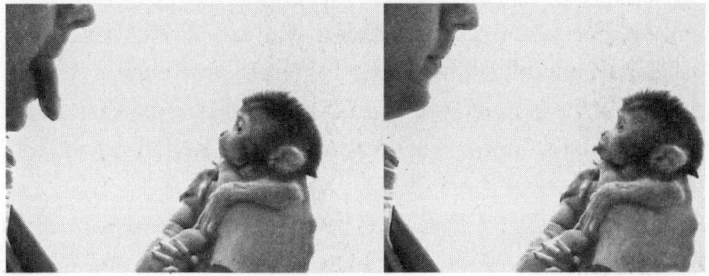

Mit Hilfe bildgebender Verfahren, die die Aktivität bestimmter Gehirnregionen anzeigen, fand Rizzolatti heraus, dass

22 Quelle: Wikipedia, Spiegelneuronen.

bei Makaken Neuronen in einem bestimmten Bereich des Großhirns feuerten, wenn er vor den Affen eine Nuss auf den Boden legte und der Affe nach der Nuss griff. Im nächsten Schritt setzte Rizzolatti den Affen hinter eine Glasscheibe. Dieser konnte nun nicht mehr selbst zugreifen, sondern musste mit ansehen, wie ein Assistent nach der Nuss griff. Dennoch wurden im Großhirn des Affen die gleichen Neuronen aktiviert, als wenn er selbst nach der Nuss gegriffen hätte. Einige Jahre nach Rizzolattis Experimenten mit Makaken konnte die Existenz von Spiegelneuronen auch beim Menschen nachgewiesen werden, allerdings in einem anderen Bereich des Gehirns.

Wie Spiegelneuronen funktionieren

Auch bei uns Menschen also werden Dinge, die wir lediglich beobachten und nicht selbst tun, im Gehirn gewissermaßen »nachgespielt«. Das gilt sogar dann, wenn wir die Aktion nicht sehen, sondern lediglich die damit verbundenen Geräusche hören oder wenn wir ein Geschehnis erzählt bekommen.

Wir wissen heute, dass die Spiegelneuronen sich im präfrontalen Kortex des Stirnlappens befinden, in einem Bereich, der »die Insel« genannt wird. Geräusche aktivieren deshalb besonders stark die Spiegelneuronen, weil das Gehörzentrum in der Nähe der »Insel« liegt. Doch es genügt sogar die Bitte, sich eine ganz bestimmte Handlung *vorzustellen*, damit die Spiegelneuronen mit der Nachahmung beginnen. Wie der Hirnforscher Gerald Hüther betont, ist die Macht der inneren Bilder entscheidend für unseren Lebenserfolg.[23]

Wir erkennen an dieser Stelle auch, auf welcher Basis Imaginationstechniken, Mentaltraining, Visualisation etc. funktionieren. Nach Ansicht des Psychologen und Hirnforschers Joachim Bauer »besteht [aus neurobiologischer Sicht] aller Grund zu der Annahme, dass kein Apparat und keine biochemische Methode den emotionalen Zustand eines Menschen jemals so erfassen und beeinflussen kann, wie es durch den Menschen selbst möglich ist«[24].

Spiegelneuronen ermöglichen uns, die Empfindungen eines anderen Menschen unmittelbar und ohne großes Nachdenken zu erfassen. Damit eröffnen sie uns einen überindividuellen, intuitiv verfügbaren, gemeinsamen Verständnisraum.[25]

Untersuchungen haben gezeigt, dass Angst, Anspannung und Stress die Aktivität der Spiegelneuronen deutlich reduzieren.[26] Auch bei autistischen Menschen werden die Spiegelneuronen nur sehr schwach aktiviert – es könnte sein, dass sie sich, bedingt durch Schocks oder Traumata, nicht richtig ausbilden konnten.

---

23 Gerald Hüther: Die Macht der inneren Bilder. Wie Visionen das Gehirn, den Menschen und die Welt verändern, Göttingen (Vandenhoeck & Ruprecht Verlag) 2004.
24 Joachim Bauer: Warum ich fühle, was du fühlst, München (Heyne) 2006.
25 Ebd., S. 106.
26 Ebd., S. 34.

Menschen, bei denen die Spiegelneuronen gut funktionieren, sind empfindsam gegenüber sich selbst und damit auch gegenüber anderen – wer mit sich selbst behutsam umgeht, kann auch sensibel für andere sein. Spiegelneuronen helfen uns dabei, altruistisch zu sein.

Freundliche Gesichter, Lachen oder eine herzliche Umarmung aktivieren unsere Spiegelneuronen und zudem die linke Amgydala-Region im Gehirn, die für Lustempfinden und gute Stimmung zuständig ist. Unfreundliche Gesichter, Kritik und Ärger aktivieren hingegen die rechte Amygdala, die mit Gefühlen der Furcht und Frustration verknüpft ist. Was wir »Altruismus« nennen, ist hirnphysiologisch übrigens Selbstbelohnung. Wie sagt bereits der Volksmund: »Denn die Freude, die wir geben, kehrt ins eigene Herz zurück!« Es macht uns selbst gute Laune, anderen Freude zu machen – wir sind von Natur aus auf Kooperation und Mitgefühl hin angelegt und können diese Anlage mit zunehmender Schärfung der Bewusstheit und Stimulierung der für sie zuständigen Gehirnregionen noch verfeinern.

Unsere natürliche Anlage zur Empathie zeigt sich auch darin, dass wir das, was als »Spiegeln« bezeichnet wird, oft ganz unmittelbar von selbst tun: Ohne es bewusst zu wollen, »imitieren« wir unser Gegenüber, indem wir uns fast gleichzeitig mit ihm oder ihr in unserem Stuhl zurücklehnen, unser Glas ergreifen, um daraus zu trinken usw. Dieses Resonanzphänomen tritt besonders im Umgang mit vertrauten Menschen auf, aber auch gegenüber Fremden.

Menschen, deren Spiegelneuronen besonders agil sind, die also »empathisch hochbegabt« sind, laufen mitunter Gefahr, sich im Mitschwingen mit anderen zu verlieren. Bei allem Mitgefühl ist es jedoch wichtig, dass wir eine eigene Identität ausbilden. Im Idealfall verfügen wir gleichermaßen über einen eigenen Standpunkt, den wir behaupten können, und über Empathiefähigkeit. Den eigenen Standpunkt benötigen wir auch und gerade, um uns zur »spiegelgleichen Weisheit« weiterzuentwickeln: Wir können nur übersteigen, was wir bereits haben.

Die soziale Komponente

Forschungen haben nachgewiesen, dass bei Menschen, die schwere und besonders brutale Straftaten begangen haben, die Spiegelneuronen häufig dezimiert oder dysfunktional sind. Nur weil wir in der Lage sind, die Gefühle eines anderen Menschen in uns gewissermaßen zu duplizieren, sind wir überhaupt zu einem sozialen Verhalten fähig.

Joachim Bauer beschreibt, was soziale Ausgrenzung für einen Menschen bedeuten kann: »[...] der Blick wird verweigert oder signalisiert Ausgrenzung. Der Gruß wird nicht mehr erwidert. Gesten stoßen auf eiskalte Reaktionslosigkeit. Hier finden Spiegelungen nicht mehr statt [...] Der gemeinsame Bedeutungsraum ist nicht nur eine psychologische Lebensbedingung, sondern wird auch vom Körper registriert, er schlägt sozusagen auf seine Biologie und die medizinische Gesundheit durch.«[27]

---

27 Ebd., S. 16.

Im Projizieren von Schuld auf andere, im Verurteilen und in der Aggression bleiben wir hinter dem zurück, was als evolutionäres Potenzial in uns angelegt ist. Die aus der darwinschen Evolutionslehre entwickelte Regel, nach der alle Lebewesen miteinander in ständigem Wettstreit stehen, gilt nur für die bisher untersuchten, noch nicht voll entwickelten Evolutionsstufen. Das Konkurrenzmotiv ist aus Sicht der Evolution demzufolge nicht Ausdruck der Bestimmung des Menschen, sondern im Gegenteil das Ergebnis einer Störung derselben. Wir können davon ausgehen, dass der »Homo sapiens«, so wie wir ihn heute kennen, ein *Übergangswesen* ist, ähnlich wie der Neandertaler. Noch einmal Joachim Bauer: »Kern aller menschlichen Motivation ist es, zwischenmenschliche Anerkennung, Wertschätzung, Zuwendung oder Zuneigung zu finden und zu geben [...] Wir sind nicht primär auf Egoismus und Konkurrenz eingestellt, sondern auf Kooperation und Resonanz. Das Gehirn belohnt gelungenes Miteinander durch Ausschüttung von Botenstoffen, die gute Gefühle und Gesundheit erzeugen. [...] Was wir im Alltag tun, wird meist direkt oder indirekt dadurch bestimmt, dass wir sozialen Kontakt gewinnen oder erhalten wollen. Bei dauerhaft gestörten Beziehungen oder dem Verlust von Bindungen kann es zu einem ›Absturz‹ der Motivationssysteme kommen.«[28]

Dann – und erst dann – setzen Aggressionen ein. Wenn wir jedoch lernen, mitzuschwingen und gleichzeitig die

---

28 Joachim Bauer: Prinzip Menschlichkeit. Warum wir von Natur aus kooperieren, München (Heyne Verlag) 2008.

eigene Bewusstheit zu wahren, heilen wir damit auch uns selbst.

Multiple Intelligenz

Dem Forscher Howard Gardner[29] verdanken wir den Begriff der multiplen Intelligenz. Demnach verfügen wir über verschiedene Ausprägungen von Intelligenz, mit denen wir die innere und äußere Welt erfassen können. Hierzu gehören laut Gardner:

- die sprachlich-linguistische Intelligenz: die Sensibilität für die gesprochene und die geschriebene Sprache, die Fähigkeit, Sprachen zu lernen und einzusetzen, z. B. als Politiker, Redner, Dichter etc. ,
- die logisch-mathematische Intelligenz, der Intellekt: die Fähigkeit, logisch und folgerichtig zu denken und Probleme zu analysieren, z. B. als Mathematiker, Wissenschaftler, ggf. auch als Philosoph,
- die musikalisch-rhythmische Intelligenz: die Gabe, Musik zu komponieren, auf einem Instrument zu spielen, aber auch die Feinwahrnehmung des Ohrs für Musik und Zwischentöne, z. B. als Komponist, Dirigent, Musiker, aber auch als Zuhörer,
- die bildlich-räumliche Intelligenz: das Erfassen von Räu-

---

29 Howard Gardner: Abschied vom IQ: Die Rahmen-Theorie der vielfachen Intelligenzen, Stuttgart (Klett-Cotta Verlag), 4. Aufl. 2005.

men und Raumfeldern, z. B. als Pilot, Weltumsegler, Schachspieler, Architekt, Maler, Bildhauer,

- die körperlich-kinästhetische Intelligenz: die Gabe, den Körper zur Erzielung von sportlichen, tänzerischen, handwerklichen oder schauspielerischen Leistungen einzusetzen, etwa als Choreografin, Ballerina, aber auch als Chirurg,

- die naturalistische Intelligenz: die Fähigkeit, aus der Naturbeobachtung Schlüsse zu ziehen, wie es beispielsweise Newton oder Darwin taten,

- die intrapersonale Intelligenz: die Fähigkeit, sich selbst als Persönlichkeit zu erfassen und dieses Wissen im Alltag zu nutzen, z. B. durch Lebensoptimierung, aber auch als Psychologe,

- die interpersonale Intelligenz: die Gabe, sich empathisch in die Absichten, Motive, Wünsche, das Seelenleben anderer Menschen hineinzuversetzen und dies z. B. als Verkäufer, Politiker, Sozialarbeiter, Seelsorger, Lebensberater zu nutzen,

- die spirituelle Intelligenz: die Fähigkeit, einen Sinn für die spirituellen Bereiche des Lebens zu haben und für das, was sich hinter den Spiegeln abspielt.

Zur spirituellen Intelligenz zählt insbesondere auch die Gabe, das Einheitsbewusstsein wahrzunehmen und als und für das Ganze zu denken. Diesem Thema wollen wir uns im nächsten Kapitel annähern.

Spiegelung und Einheitsbewusstsein

Wir denken nicht nur sozial, sondern sind sogar mit Menschen, an die wir denken, telepathisch verbunden; ja, man könnte fast sagen, wir bilden mit ihnen eine *Erfahrungseinheit*. Der Wissenschaftler Dean Radin[30] bat zwei Testpersonen während eines Experimentes, aneinander zu denken. Dann schickte er sie an verschiedene Orte. Mit einer Taschenlampe leuchtete er in das Auge der einen Testperson und schaute dann, ob sich im Gehirn der anderen Person, insbesondere im Hinterhauptslappen, eine Veränderung feststellen ließ. Er stellte fest: Das Gehirn der anderen Versuchsperson, die in einem dunklen Zimmer sitzt und nichts tut, reagiert auf das, was die andere Versuchsperson erlebt. Wenn den einen eine Biene anfliegt, zuckt der andere, weil dies in der gedanklichen Verbindung so erfahren wird, als würde er selbst (ohne es zu »wissen«) die Biene wahrnehmen. Erfahrung ist also, ob wir uns dessen bewusst sind oder nicht, mit den Bezugspersonen vernetzt, als die wir uns identifizieren oder an die wir denken: Eine Mutter erlebt (»ahnt«) unbewusst das Befinden ihres Kindes, das sich

---

30 Dean Radin: Entangled Minds: Extrasensory Experiences in a Quantum Reality, London (Pocket Books) 2006.

gerade in der Schule in einer schwierigen Prüfung befindet, und »weiß« instinktiv, ob das Kind die Prüfung bestanden hat. Die »vernetzte Erfahrung« erklärt übrigens auch die Wirksamkeit von schamanistischer Arbeit und systemischen Aufstellungen: Wenn ich mit einem Stellvertreter eine entsprechende Arbeit in einem wissenden Feld vollziehe, verändert dies die reale Person, für die der Stellvertreter steht.

Wenn Märchen berichten, dass die Königin im Schloss an der Befindlichkeit des Baumes im Garten, des Sees oder am Gesang der Raben erkennt, wie es ihrem König in der Ferne geht, dann ist dies keine Phantasterei, sondern die Beschreibung einer holistischen Wahrnehmung aus dem Einheitsbewusstsein heraus, das hinter allem steht. So künden viele Märchen von einer Wahrheit, die so lange von Generation zu Generation weitererzählt wird, bis wir erwacht genug sind, um ihren tieferen Sinn zu verstehen.

Es gibt keine wirkliche Trennung zwischen den Erfahrungen einzelner Menschen: Was wir einem anderen antun, das tun wir einem Aspekt in uns selbst an. Bereits Jesus lehrte: »Was ihr dem geringsten meiner Brüder getan habt, das habt ihr mir getan!« Er bekundete damit zugleich auch seine Zugehörigkeit zur menschlichen Erfahrung.

Nach dem ungarischen Wissenschaftsphilosophen Ervin Laszlo ist das Gehirn zugleich Sende- und Empfangsorgan für Quantenfelder. Die Quantenphysik geht davon aus, dass kleinste Teilchen – eben die Quanten –, die miteinander verschränkt sind, auf geheimnisvolle Weise miteinander in Kontakt stehen, selbst dann, wenn sie weit voneinander entfernt sind. Die Teilchen bilden miteinander Energiefelder, die sogenannten Quantenfelder. »[...] diese Felder verbinden das Gehirn und das Bewusstsein der Individuen mit der Welt um sie herum. Diese Zustände bilden die Essenz des ›Erwachens zur Einheit‹. Unsere Beziehung mit unserer Umwelt wiederzuentdecken ist wichtig für uns als Individuen: Es macht uns zu ganzheitlicheren, sensibleren und gleichzeitig ausgeglicheneren Menschen.«[31]

Die weltpolitische und weltwirtschaftliche Lösung, die wir suchen, besteht nicht darin, dass Einzelne ihre Schäflein ins Trockene bringen, sondern darin, dass wir unser natürlicherweise in uns angelegtes »soziales Gehirn« nutzen, um die nächste evolutionäre Stufe eines »holistischen Gehirns« zu erreichen. Wie aber kann das geschehen? Indem wir in *allem,* was uns begegnet, den Spiegel für eigene innere Themen sehen, die wir bearbeiten sollten, um nicht nur uns selbst zu heilen, sondern auch die äußere Welt positiv zu beeinflussen.

*Wie machen wir unser Heimatdorf zur saubersten
  Stadt der Welt?
Indem jeder vor seiner eigenen Türe kehrt!*

31 Ervin Laszlo, in: Arjuna Ardagh: Oneness: Erwachen zur Einheit, Bielefeld (Kamphausen Verlag) 2007.

Der Beobachter beeinflusst das Beobachtete

Wenn Sie eine Mücke töten,
denken Sie daran, dass Ihre Atome und
die der Mücke im Urknall einmal eins gewesen
und vor Jahrmillionen einmal zusammen in einem
Stern gewesen sind.

(VOLKER BECKER)

Zu Beginn des 20. Jahrhunderts lösten sich Wissenschaftler wie Albert Einstein, Niels Bohr, Werner Heisenberg und Erwin Schrödinger aus dem Würgegriff des newtonschen Weltbildes. Sie erkannten: Dringt man tief genug in die Materie ein, dann verschwindet sie und löst sich auf in unermessliche Energie. Das materielle Universum ist alles andere als materiell und könnte tatsächlich aus etwas hervorgehen, das noch weniger fassbar ist als die Energie selbst, etwas, das eher an Information oder Bewusstsein als an Materie erinnert.

»Die klassische Physik war deterministisch, die Quantenphysik ist probabilistisch, d. h., sie beschreibt Wahrscheinlichkeiten, aber man weiß nie genau, wie sich ein Zustand entwickelt. Die Quantenphysik sagt: Es ist nicht möglich,

Dinge passiv zu betrachten.«[32] Es hat den Anschein, dass die Modelle der größten Denker der Menschheit, angefangen beim Buddha, auf einen unsterblichen geistigen Holismus hindeuten. Aus diesem Wissen heraus hat Volker J. Becker die zehn Thesen des pantheistischen Idealismus entwickelt[33]:

1. Geist ist die Ursache für alle Manifestationen, die wir als Zeit, Raum, Materie ansehen.
2. Die Grundsubstanz allen Seins ist nicht materiell, sondern geistig.
3. Alle Manifestationen der Realität sind nur Illusion, geschaffen aus Geist, und ohne Geist nicht unabhängig existent.
4. Die Gesamtheit der manifestierenden Existenz stellt eine Einheit dar. Nichts existiert unabhängig vom Ganzen. Alles ist von allem durchdrungen.
5. Das individuelle Bewusstsein verschmilzt auf einer höheren Ebene zu einem kollektiven, holistischen Geist.
6. Alles, was gedacht werden kann, existiert überlagert in einer quantenphysikalischen Superposition.
7. Den schöpferischen Geist könnte man Gott nennen. Dieser Gott wäre in allen und erschaffte alles. Er ist zugleich die quantenphysikalische Superposition aller Möglichkeiten und der kollektive holistische Geist.

---

32 David Z. Albert: Quantum Mechanics and Experience, Cambridge/ Mass. (Harvard University Press) 1992.
33 Volker J. Becker: Gottes geheime Gedanken, München (Lotos Verlag) 2008.

8. Der Geist ist unsterblich, nicht physikalisch, sondern raum- und zeitlos und transzendent.

9. Es gibt keine Dichotomie zwischen Schöpfer und Schöpfung. Das eine ist das andere und bestimmt das andere.

10. Die Ursache allen Seins ist geistiger Natur, der Geist ist der Schöpfer, und der Schöpfer ist im Geist, alles ist Geist, alles ist Schöpfung.

Glaubte man bisher, dass Bewusstsein sich aus der materiellen Welt heraus entwickelt, so wissen wir heute, dass Bewusstsein ein grundlegender Bestandteil der Realität ist, dass die materielle Welt nichts anderes ist als *mögliche Bewegungen des Bewusstseins.* »Wir tendieren dazu zu denken, dass die Welt schon unabhängig von unserer Erfahrung da draußen existiert, aber das tut sie nicht. Atome sind keine Dinge, sondern nur Tendenzen. Anstatt in Dingen muss man also in Möglichkeiten denken. Es sind alles Möglichkeiten des Bewusstseins.«[34]

Aus Sicht der Quantenphysik verstehen wir »Karma »als kollektiven, nicht als individuellen, als resonanten, nicht als kausalen Prozess. Im Klartext: Gemäß dem alten newtonschen Weltbild von Ursache und Wirkung erfuhren wir ein gutes oder schlechtes Schicksal, weil wir vorher etwas Gutes oder Schlechtes getan hatten. Nach dem Weltbild der Quantenphysik kommt es nicht darauf an, jede einzelne Tat, jeden einzelnen Gedanken zu bewerten, sondern auf unsere *Resonanz* zu achten, über die wir mit dem gesamten morphi-

---

34 Dispenza/Goswami: Evolve Your Brain, a.a.O.

schen Feld verbunden sind. Alles, was »dort draußen« in der gleichen Frequenz schwingt wie ich selbst, wird aufgrund meiner Resonanz von mir angezogen und erlebt. Wir selbst sind wie ein Radio-Empfänger, der auf einen ganz bestimmten Sender eingestellt ist.

Arbeit mit der Vergangenheit, Verzeihensarbeit, mentales Umerleben, wie es in der Therapie stattfindet, hat nur insoweit einen Sinn, wie es unsere *gegenwärtige* Schwingung, unsere »energetische Signatur« verändert. Es gibt in diesem modernen Weltbild keinen strafenden Gott »da draußen«, der uns *für* unsere Sünden bestraft. »Bestrafung« erfahren wir vielmehr *durch* unsere Sünden, d. h., die *Störfrequenz im eigenen Bewusstsein* ist bereits die Strafe. Dies hat natürlich weitreichende Folgen für unsere Spiegelungsprozesse.

Wenn Sie Ihre Handschrift nicht kennen, dann schauen Sie auf das Papier, das von Ihnen beschrieben ist. Falls Sie Ihre energetische Signatur nicht kennen sollten, dann bietet Ihnen das »Blatt Ihres Lebens« die Möglichkeit, diese anzuschauen und zu verändern. Hierbei werden Ihnen Ihre unterdrückten und verborgenen Frequenzen ebenso zuverlässig widergespiegelt wie Ihre bewussten.

Indem Sie die Spiegel Ihres Lebens erkennen und daraufhin Ihre energetische Signatur verändern, haben Sie sich als Empfänger auf eine andere Frequenz eingestellt und empfangen daraufhin ein anderes »Programm«, wenngleich die bisherigen Frequenzen weiterhin im »Raum der Möglichkeiten« existieren, aber nicht widergespiegelt werden. Damit wir uns aus den Verkettungen mit bisherigen Frequenzen befreien können, ist jedoch therapeutische Arbeit vonnöten. Ist ein Lösungsschritt getan, kann forthin in dem betreffenden Frequenzbereich augenblicklich die Erfahrung verändert werden – fast so, als würden Sie die Fernbedienung Ihres Fernsehers betätigen. Der Schlüssel für die Veränderung ist der Wechsel in der Identität (z. B. mittels »Voice Dialogue« nach Hal & Sidra Stone oder im »Big Mind Prozess« nach Genpo Roshi). Damit diese Veränderung stabil bleibt, braucht es jedoch permanente Spiegel-Arbeit, im Wortsinne tätiges Mitgefühl. Und damit kommen wir zum praktischen Aspekt dieses Buches.

Spiegelungen bei Kindern und in der Therapie

Die Fähigkeit des Spiegelns und »Mitschwingens« wird bereits in der Kindheit ausgebildet. Forschungen zeigen, dass Neugeborene bereits wenige Stunden nach der Geburt damit beginnen, die Gesichtszüge ihrer Bezugspersonen zu imitieren.[35]

Das sogenannte Spiegelstadium (ca. 6. – 18. Lebensmonat) ist gemäß dem französischem Psychoanalytiker Jacques Lacan der Augenblick, zu dem ein Kind sich in einem Spiegel erstmals selbst als ungeteiltes Ganzes betrachtet. In diesem Moment überschreitet es die »Leib-Perspektive«, aus der heraus es die eigenen Gliedmaßen unzusammenhängend als »Partialobjekte« erfuhr. Das Kind begrüßt diesen Augenblick mit einer Geste des Jubels.[36]

Im Spiegelstadium konstituiert sich nach Lacan das psychische Ich (frz. »je«), das Bewusstsein von sich selbst. Das Kind erfährt sich zum ersten Mal als autonomes, kohärentes, vollständiges, von der Mutter und dem Ganzen getrenn-

---

35 Alison Gopnik/Patricia Kuhl/Andrew Meltzoff: Forschergeist in Windeln: Wie Ihr Kind die Welt begreift, München (Piper Verlag) 2003.

36 Vgl. dazu etwa das Video eines 14 Monate alten Kindes vor einem Spiegel unter http://www.archive.org/details/MatchbookFilmsMirror.

tes Lebewesen – »hier bin ich, und dort bin ich nicht«.[37]
Gleichzeitig wird es erst einmal von diesem Bild, das es im
Spiegel erblickt, beherrscht. Es entsteht ein selbstbesessener
Narzissmus, ein »Knoten imaginärer Knechtschaft, den die
Liebe immer neu lösen oder zerschneiden muss«.[38]

Lacan unterscheidet zwischen zwei Formen des Ichs: *Ich
(je)* und *Ich (moi)*.

- Ich (»je«): Man sieht sich im Spiegel, wie man ist, und erblickt dabei zugleich sich selbst als jemanden, der von anderen gesehen werden kann.
- Ich (»moi«): Man sieht das idealisierte Bild von sich.

Das »moi« und das »je« werden als getrennte Personen erfahren, wobei versucht wird, das »je« dem »moi«, das außerhalb des eigenen Körpers liegt, anzunähern. Durch den
Blick der Mutter entsteht eine erste duale Beziehung zwischen Ich und Nicht-Ich, welche die Grundlage aller weiteren zwischenmenschlichen Beziehungen bildet. Die Augen
der Mutter spiegeln den Blick des Kindes zurück und vermitteln so – im Idealfall – Geborgenheit, Zuwendung und
Akzeptanz. »Die Mutter schaut das Kind an, und wie sie
schaut, hängt davon ab, was sie selbst erblickt.«[39]

---

37 Gernot Leinert: Das Spiegelstadium als Bildner der Ichfunktion bzw.
Lacans Begriff des Imaginären: Versuch einer Bestimmung, München
(Grin Verlag) 1999, S. 64.
38 Ebd., S. 70.
39 Donald W. Winnicott: Vom Spiel zur Kreativität, Stuttgart (Klett-Cotta
Verlag), 11. Aufl. 2006, S. 129.

Narzisstische Störungen

Für den Psychologen Heinz Kohut[40] ist die Spiegelung der kindlichen Äußerungen durch die Mutter – also das Aufnehmen und die Imitation von Gestik und Mimik des Kindes, ihre sprachliche Umsetzung und ihre positiv emotionale Reaktion auf das Kind – sehr wichtig. Sie macht dem Kind deutlich, dass es in seinem Da-Sein, in seinem So-Sein und seinem Handeln gewollt ist. Kohut geht davon aus, dass Kinder den »Glanz im Auge der Mutter« brauchen, um sich angenommen zu fühlen.

Manchmal werden kindliche Lebensäußerungen nicht ausschließlich positiv widergespiegelt. Dies kommt vor, wenn das Kind nach der Geburt von der Mutter getrennt wird (z. B. wegen anstehender Operationen und schwerer Krankheit von Mutter oder Kind) oder auch, wenn das Kind aus irgendeinem Grund von der Mutter unerwünscht ist oder der Mutter durch sein So-Sein Schwierigkeiten bereitet. Derartige Erfahrungen führen beim Kind sehr leicht zu tief im Unbewussten verankerten Zweifeln an seinem Selbstwert. Ähnlich, aber nicht ganz so gravierend ist es, wenn das Kind von seinem Vater Ablehnung erfährt. Dies ist beispielsweise auch bei »soll-gestreichelten« Kindern der Fall, bei denen Streicheleinheiten – im Gegensatz zu den »ist-gestreichelten« Kindern – vom Verhalten und von der Leistung

---

40 Heinz Kohut: Narzissmus: Eine Theorie der psychoanalytischen Behandlung narzisstischer Persönlichkeitsstörung, Frankfurt a. M. (Suhrkamp Verlag), 14. Aufl. 2007.

abhängig gemacht werden. Bei extremen erzieherischen »Dressurakten« kann es hier zu schweren psychischen Störungen kommen. Im Kind verankert sich dann das Empfinden, dass es »nicht genügt«, egal, wie sehr es sich anstrengt.

Oftmals versucht ein solches Kind später den beeinträchtigten Selbstwert durch extreme Leistungsbeweise oder durch unrealistische Größenphantasien wieder ins Lot zu bringen. Das Leben erscheint nur lebens- und liebenswert, wenn es gelingt, ganz besondere Leistungen zu erbringen, für die man von anderen bewundert wird.

Andere Kinder resignieren angesichts unzureichender Spiegelungen. Sie empfinden sich als »Versager«, da sie die Normen von Mutter und/oder Vater nicht erfüllen konnten, und machen es sich in der Identität des Versagers so bequem wie möglich. Leistungsanforderungen und die Übernahme von Verantwortung lehnen solche Kinder ab, und spätestens im Erwachsenenalter wird es für diese Menschen schwierig bis unmöglich, das eigene Leben zu meistern.

Grundlage für solche narzisstischen Störungen ist oftmals die Tatsache, dass schon die Eltern der betreffenden Kinder in ihrer Kindheit nicht emotional genährt wurden. Der Vater war möglicherweise im Krieg, und die Mutter musste sich um das Überleben der Familie kümmern – es ging mehr um das bloße »Funktionieren« als um Zuwendung und Geborgenheit. In der therapeutischen Arbeit von einem systemischen Ansatz aus, der den einzelnen Menschen als Teil eines Systems begreift (das z. B. die Familie sein kann), ist es in solchen Fällen hilfreich, erst einmal die Eltern der Betroffenen (bzw. deren Stellvertreter) durch die Großeltern nachzunähren und anschließend die Betroffenen selbst von ihren Eltern (bzw. deren Stellvertretern) nachnähren und positiv spiegeln zu lassen.[41]

Wenn Sie wissen, dass Sie selbst in Ihrer Kindheit nicht immer optimal gespiegelt wurden, können Sie die folgende Übung ausprobieren: Machen Sie es sich einmal ganz bequem, und begeben Sie sich in eine Position, die sich gut anfühlt. Dann stellen Sie sich Ihre Mutter vor. Imaginieren Sie, dass Ihre Mutter von ihren eigenen Eltern, Ihren Großeltern, alle Zuwendung und positiven Spiegelungen erhalten hat, die sie in ihrer eigenen Kindheit gebraucht hätte. Stellen Sie sich vor, dass Ihre Mutter bei Ihrer Geburt alle nur möglichen Ressourcen und Kräfte zur Verfügung gehabt hätte. Und malen Sie sich aus, wie Sie nach einer optimalen Geburt den Glanz in den Augen Ihrer Mutter sehen, Ihrer Mutter, wie sie im Idealfall hätte sein können: emotional genährt, selbstsicher, in ihrer ganzen Kraft.

Dann stellen Sie sich Ihren Vater vor. Imaginieren Sie, dass Ihr Vater von seinen Eltern, Ihren Großeltern, die optimale Nährung und Zuwendung erhalten hat. Stellen Sie sich vor, dass Sie kurz nach Ihrer Geburt in die Augen Ihres Vaters sehen; Ihres Vater, der alle nur mögliche Weisheit, Liebe und Kraft in sich birgt. Imaginieren Sie, wie Sie all das Gute, das im Potenzial Ihres Vaters liegt, in sich aufnehmen. Und sollte es irgendetwas Ungutes gegeben haben damals – Ängste, Disharmonien –, dann geben Sie dies

---

41 Informationen über Nachnährungen erhalten Sie von Andreas Krüger, Berlin, www.andreaskruegerberlin.de oder von Layena Bassols Rheinfelder, www.praxis-bassols-rheinfelder.de.

nun an Mutter und Vater zurück, und halten Sie das heile Bild im Bewusstsein. Sagen Sie sich: »Das Alte wirkt nicht mehr – ich bin jetzt optimal genährt von der idealen Mutter und dem idealen Vater!«

Da das Unterbewusstsein nicht zwischen Imagination und »Realität« unterscheiden kann, wird sich das neue Bild in ihrem Zellbewusstsein verankern. Wie wir bereits gesehen haben, ist Vergangenheit keine feste Größe, sondern wird vom Bewusstsein regelmäßig neu erfunden.

Spiegeln in der Humanistischen Psychologie

Traumata und Kindheitsbelastungen blockieren das Mitschwingen mit anderen Menschen, z. B. dem Partner. Die Blockade, die in der Ursprungssituation einen sinnvollen Schutz gegen eine Überwältigung durch ungute neuronale Reaktionen darstellte, kann im späteren Leben unsere sozialen Fähigkeiten beeinträchtigen. Menschen, die nicht in der Lage sind, sich auf andere einzuschwingen, werden als kantig, dissonant, im Extremfall als autistisch empfunden.

Die Bereitschaft, sich auf einen anderen Menschen einzulassen, kann neuronale Blockaden lösen, aber auch alte Kindheitswunden und Traumata reaktivieren. Durch Therapie und Auflösung neuronaler Blockaden kann die Gabe des Mitschwingens in einem gewissen Maße nachträglich erlernt werden.

In der Humanistischen Psychologie nach Carl Rogers bezeichnet »Spiegeln« den Versuch einer Person, auf Verhaltensweisen ihres Gesprächspartners so zu reagieren, dass sie dessen Perspektive einnimmt und das Verstandene an ihn »zurückspiegelt«. Das heißt, die Person gibt in eigenen Worten das wieder, was sie von ihrem Gegenüber an Inhalten und Gefühlen verstanden hat. Respekt vor dem anderen, Kongruenz und Authentizität machen diese Form von Widerspiegelung zu einem wertvollen Instrument der Kommunikation. Durch sie kann der Betreffende sich selbst klar wahrnehmen.

Eine Klientin beschreibt diese Erfahrung wie folgt: »Nach der Sitzung hatte ich erstmals eine Wahrnehmung von geistiger Gesundheit. Ich nehme sie als ein Gefühl im Bauch wahr, eine Instanz, auf die ich zurückgreifen kann, wie einen Sensor, an dem ich mich ausrichten kann. Seitdem sind die Spiegelungen, die ich erfahre, viel klarer.«

Übertragung im Alltag und in der Therapie

Der Begriff der »Übertragung« stammt von Sigmund Freud und bedeutet, dass jemand frühere Gefühle, Glaubenssätze, Gedanken auf einen anderen Menschen bzw. eine neue Situation überträgt und sie ihm von dort aus gespiegelt werden.

Stellen wir uns einmal vor, eine Frau wird von ihrem Mann immer wieder abgewertet und kritisiert. Trotzdem bewundert sie ihn und versucht es ihm recht zu machen. Auch im Berufsleben trifft sie immer wieder auf dominante

Männer, denen sie zu gefallen sucht. In diesem Fall ist es möglich, dass die Frau ihre Gefühle, die ursprünglich ihrem dominanten, abweisenden Vater galten, auf die aktuellen Männer in ihrem Leben, insbesondere ihren Partner, überträgt. Indem sie nett ist, versucht sie vom anderen, der stellvertretend für den eigenen Vater steht, die Komplimente und Liebe zu erhalten, die sie als Kind nicht bekommen hat.

Natürlich kommt es auch vor, dass Männer oder Frauen sich aufgrund von unbewussten Übertragungen äußerst feindselig verhalten. Ein typisches Beispiel dafür ist der offene Männer- oder Frauenhass, der eigentlich gar nicht »den Männern« oder »den Frauen« gilt, sondern dem eigenen Vater, der eigenen Mutter oder dem ersten Liebhaber.

Die Psychologie unterscheidet allgemein zwischen positiver und negativer Übertragung. Bei der positiven Übertragung werden gute Anteile früherer Beziehungen (Geborgenheit, Wärme, Förderung etc.) übertragen, bei der negativen Übertragung ungute Anteile (Zorn, Isolation, Misstrauen etc.). Tatsächlich werden die aktuellen Situationen aber als Spiegel früherer Situationen erlebt, die mit dem »Hier und Jetzt« nichts zu tun haben.

In der Psychoanalyse nach Enid Balint lässt der Therapeut bewusst eine Übertragung von alten Gefühlen und Personen mit allen Konflikten auf sich bzw. die therapeutische Sitzung zu. Der Klient/Patient richtet – meist unbewusst – Gefühle, Erwartungen oder Wünsche aus früheren Beziehungen auf seinen Therapeuten und sieht in ihm einen Menschen, der ihm stellvertretend für die eigentliche Bezugsperson helfen kann, einen alten Konflikt zu lösen.

Der Therapeut nimmt dafür die Rolle des Vaters, der Mutter, des Partners an. Frühere Gefühle des Klienten/Patienten werden dabei in der Regel ebenfalls auf den Therapeuten übertragen, bewusst gemacht und gelöst, z. B.: alte Wut, Ohnmacht, Vorwürfe etc. Indem der Therapeut damit optimal umgeht, lösen sich beim Klienten die alten Verhaftungen und Verallgemeinerungen.

Natürlich kommt es immer wieder vor, dass der Therapeut eigene Themen auf den Klienten überträgt. Diesen Vorgang nennt man »Gegenübertragung«. Hierzu gehört unter anderem auch der unbewusste Wunsch der Therapeuten, der Klient möge ihm selbst gefallen. Spürt der Klient, dass bestimmte »Schokoladenseiten« an ihm mehr Anklang beim Therapeuten finden als seine »Schattenseiten«, wird er sich unbewusst darum bemühen, dass in der Therapie nur noch positive Übertragungen von Seiten des Therapeuten stattfinden und die negativen Übertragungen »vor der Tür« bleiben. Er wird sich beispielsweise in der Therapie freundlich und friedfertig geben und außerhalb der therapeutischen Situation aggressiv und unfreundlich auftreten. Es versteht sich, dass unter solchen Umständen ein bewusster Umgang mit negativen und/oder unerwünschten Gefühlen in der Therapie nicht oder nur schwer möglich ist.

Um dies zu vermeiden, begeben sich die meisten Therapeuten immer wieder zur sogenannten »Supervision« zu einem anderen Therapeuten, mit dem sie über ihre jeweils aktuellen Klienten sprechen. In der modernen Psychologie gibt es inzwischen auch Lehrmeinungen, die – bewusste – Gegenübertragungen als hilfreich für den Klienten erachten, da die therapeutische Beziehung dadurch an Menschlichkeit und Offenheit gewinnen kann – andere Lehrmeinungen lehnen diese Vorgehensweise hingegen rundweg ab.[42]

Da Heilung letztendlich stets durch Liebe erfolgt, ist es wichtig, dass der Klient beim Therapeuten alles, was ihn bewegt – negative wie positive Gefühle – äußern darf.

Wie viel Nähe zum Klienten ein Therapeut benötigt, um seine Arbeit optimal tun zu können, ist individuell verschieden: Beim einen Therapeuten beeinträchtigt, beim anderen fördert sie den Therapieerfolg.

Halten wir noch einmal fest: Durch gelingende Spiegelungen sind beim Patienten Erkenntnisprozesse möglich. Diese erfordern seitens des Therapeuten nicht nur ein intuitives Verstehen der dem Klienten bewussten Emotionen, Gedanken und Glaubensmuster, sondern auch die Gabe, innere Prozesse, die der Klient aufgrund von Angst oder Hemmung *nicht* fühlen, denken, aussprechen kann, anzustoßen und in Richtung einer Heilung zu begleiten.

Antisymmetrische Spiegelung

Die antisymmetrische Spiegelung wird in der provokativen Therapie nach Frank Farrelly verwendet. Die Grundidee der provokativen Therapie ist, dass der Therapeut durch eine

---

42 Allen, die sich tiefer gehend mit dem Phänomen der Übertragung und Gegenübertragung beschäftigen möchten, sei der spannende Roman »Die rote Couch« des Psychoanalytikers Irvin D. Yalom empfohlen, in deutscher Sprache erstmals erschienen 1998.

antisymmetrische Spiegelung die belastenden Muster des Klienten ausspricht, leicht überzieht, humorvoll auf die Schippe nimmt, so dass der Klient selbst über sein Verhalten lachen kann. Die antisymmetrische Spiegelung ist damit etwas Ähnliches wie ein homöopathisches Medikament: Es wird versucht, Gleiches mit Gleichem zu heilen. Die provokative Therapie steht und fällt mit der Empathie und dem nonverbal signalisierten Wohlwollen des Therapeuten.

Bei der antisymmetrischen Spiegelung greift der Therapeut die Negativität des Klienten auf und arbeitet bewusst mit ihr statt gegen sie. Hierzu ein Beispiel aus der Beraterpraxis des Psychologen Milton Erickson: Eine 31-jährige Frau kam zu ihm und klagte über ihre Hässlichkeit, fügte aber hinzu, sie wisse nicht, ob er ihr helfen könne. Erickson nahm kurz ihre Vorgeschichte auf und stellte dann die beiden entscheidenden Fragen: »Wie groß sind Sie?« und »Wie viel wiegen Sie?« Mit dem Ausdruck größter Scham antwortete sie: »Ich bin einen Meter fünfzig groß und wiege etwa zweieinhalb Zentner, ich bin potthässlich!« Erickson entgegnete provokativ: »Potthässlich ist gar kein Ausdruck – es ist widerlich, Sie überhaupt anschauen zu müssen. Mit schlichten Worten: Sie sind eine Katastrophe!«, während er gleichzeitig nonverbal Wohlwollen signalisierte. Die Klientin entgegnete: »Na ja, so schlimm ist es nun auch wieder nicht!«

Wenn ich antisymmetrisch spiegeln will, muss ich bereit sein, emotional unliebsame Reaktionen in Kauf zu nehmen und dabei gleichzeitig mitfühlend zu bleiben. Ich muss wissen, wo ich mit dem anderen hinwill, muss die positive Vision über den anderen im Bewusstsein halten. Auf diesem

Weg werden »psychologische Umkehrungen«, d. h. unbewusste Selbstsabotageprogramme des Patienten ausgehebelt.
Nachfolgend einige typische Vorgehensweisen des antisymmetrischen Spiegelns:

- Besonders stark wirkt antisymmetrische Spiegelung
  durch paradoxe Signale: Ich zeige durch nonverbale Gesten Achtung und Wohlwollen, widerspreche dem aber
  scheinbar verbal, so dass der andere mehr und mehr
  lernt, aus der »Wahrheit hinter dem Schein« heraus zu
  agieren.
- Durch Übertreibung des Negativen fordere ich den anderen zur Relativierung oder auch zum gesunden Widerspruch auf (rege also sein psychisches Immunsystem an).
- Humor ermöglicht dem anderen, über sein kleines Ich
  hinauszugehen. Damit der andere sich nicht ausgelacht
  fühlt, sollte ich sicherheitshalber immer erst nach dem
  Patienten lachen und auch weniger laut als dieser.
- Ich bewahre mich dadurch vor der Gefahr einer morali-
  schen Verurteilung, die, wenn sie einmal ausgesprochen
  ist, nur schwer überwunden werden kann.

Das provokative Verhalten des Therapeuten zeigt dem Klienten, dass dieser seine negativen Gefühle, Reaktionen etc. nicht
fürchtet. Als provokativ arbeitender Therapeut muss man
selbst das Thema des Klienten in sich bewältigt und trans-
formiert haben – ansonsten kann sich die provokative Therapie auch als Bumerang erweisen. Wenn Sie spüren, dass Sie
selbst zum Thema Ihres Gegenübers noch Ungelöstes in sich

tragen, sollten Sie auf eine antisymmetrische Spiegelung verzichten und lieber symmetrisch spiegeln, d. h. dem anderen
seine von Ihnen wahrgenommenen Wünsche, Bedürfnisse,
Gedanken und Gefühle authentisch wiedergeben.

Sich körperlich auf den anderen einschwingen, um Nähe zu schaffen

Wohlwollende Provokation, ob durch symmetrische oder antisymmetrische Spiegelung, wird Ihre Beziehungen, Ihren
Eros und auch Ihre Beratungen wesentlich inspirieren und
bereichern. Was in der Provokation hervorgerufen wird, ist
der Geist, die versteckte befreite Haltung, die hinter unseren
Spiegelfechtereien, Hemmungen und Blockaden verborgen
ist.[43]

Sie und Ihr Partner können einmal bewusst versuchen, einander zu spiegeln, indem Sie sich einander gegenüberset-
zen und sich in die Augen schauen. Folgen Sie nun abwech-
selnd den Augenbewegungen und der Mimik des anderen.
Bewegen Sie sich miteinander, ohne dass einer von Ihnen
beiden führt. Lassen Sie zu, dass auch Gesten entstehen,
und folgen Sie auch diesen wechselseitig. Fahren Sie so
lange mit dieser Übung fort, bis Sie sich als einen gemein-

---

43 Ein spannendes Lehrbuch zu diesem Thema ist »Provozieren erwünscht: Aber bitte mit Feingefühl« von Frank Wartenweiler, erschienen 2003 im Junfermann Verlag.

samen Körper erleben, der seinen eigenen Willen hat. Improvisieren Sie weiter. Und dann stehen Sie langsam auf, und beginnen Sie frei zu tanzen, langsam, weiterhin einander spiegelnd. Entdecken Sie dabei, wie leicht Sie über die Spiegelung Zugang zur Welt des anderen bekommen.

Spiegelungsprozesse in systemischen Aufstellungen

Vielleicht kennen Sie das Phänomen der »Familienaufstellungen«. »Aufstellungen« sind therapeutische Interventionen, bei denen ein Teilnehmer sich zusammen mit anderen, die als Stellvertreter für seine Bekannten/Angehörigen fungieren, in einer ihm intuitiv als stimmig erscheinenden Weise wie Figuren aufstellt. Das eigentliche Phänomen dieser Technik besteht darin, dass die Stellvertreter im offenen Raum beginnen, sich genauso wie die ursprüngliche Person (Vater, Mutter...) zu verhalten. Erst wenn die Stellvertreter aus ihrer Rolle entlassen sind und sich wieder setzen, sind sie wieder ganz »sie selbst«. Über Spiegelungsprozesse lässt sich inzwischen gut erklären, wie so etwas möglich ist: Die Stellvertreter in einer Aufstellung gehen über ihre Spiegelneuronen in Resonanz mit dem nachgestellten Geschehen und erhalten so Informationen über verdrängte Emotionen, Gedanken, aber auch Erkenntnisprozesse. Therapeutische Aufstellungen sind gewissermaßen ein »Spiegelneuronenlernen«, das intellektuelles Lernen in seiner Wirksamkeit um ein Vielfaches übersteigt. »Aufstellungen sind hoch-wirksame Verfahren. Solche Szenen rufen in allen Beteilig-ten eine intensive Resonanz hervor.«[44]

Nachnährungen

Nachnährungen sind ein therapeutisches Format, bei dem der Klient sich noch einmal in seine Kindrolle versetzt. Ihm zur Seite stehen unter Anleitung eines Therapeuten zwei weitere Personen, ein Mann und eine Frau. Der Mann über-nimmt die Rolle des »idealen Vaters«, die Frau die der »ide-alen Mutter«. Beide geben und sagen dem Klienten dann all das, was er in seiner Kindheit nicht bekommen hat, z. B., dass er geliebt ist, so wie er ist. Dadurch »lernt« der Orga-nismus des Klienten über die Spiegelneuronen, dass er auf dieser Erde erwünscht und genährt ist.

Warum ist es so wichtig, seine eigene Elternbeziehung und die Spiegelungsprozesse, die in ihr stattgefunden haben, nachzunähren? Menschen, die in ihrer Kindheit auf unbe-friedigende Weise gespiegelt wurden, versuchen die positi-ven Spiegelungen, die ihnen gefehlt haben, im Umgang ins-besondere mit ihrem Partner nachzuholen. Dieser ist damit jedoch überfordert, was in der Beziehung zu Konflikten füh-ren kann. Durch Nachnährungen können Menschen, die in ihrer Kindheit »zu kurz gekommen« sind, ihre Beziehungen leben, frei von unguten Verstrickungen und Abhängigkeiten.

---

44 Bauer: Warum ich fühle, was du fühlst, a. a. O., S. 142.

Schattenspiegelungen in der therapeutischen Arbeit

Eine spezielle Form der systemischen Aufstellung, in der mit einer besonders provokativen Form der antisymmetrischen Spiegelung gearbeitet wird, ist die sogenannte »schattenintegrierte Aufstellung« (SIA), wie sie von Andreas Krüger, Familienaufsteller und Leiter der Samuel Hahnemann Schule Berlin[45], in seinen Seminaren durchgeführt wird:

- Der Teilnehmer A berichtet über eine Sache, die ihn bei einem anderen Menschen B stört.
- Dann wählt der Teilnehmer aus dem Publikum einen Stellvertreter C für sich selbst aus, während er selbst in die Rolle des Menschen B geht.
- Während die beiden sich gegenüberstehen, spricht C aus, was ihn an B (dargestellt durch den Teilnehmer A) stört.
- Der Teilnehmer A fühlt dabei, was diese Aussagen in ihm bewirken, während gleichzeitig der Therapeut die Aussagen von C ins Gegenteil übersetzt.

In der Regel löst die SIA zunächst einmal heftige Emotionen und Gegenreaktionen aus, letztendlich aber bringt sie Erkenntnis, Auflösung und Erlösung des belastenden Musters.

Ein Beispiel: Der Teilnehmer Anton klagt über seine Freundin Berta, sie würde ihn immer bevormunden. Er wählt Christoph für seine eigene Position aus, während er

---

45   Mehr dazu unter www.andreaskruegerberlin.de.

selbst sich in die Rolle der Berta versetzt. (ginnt so zu reden, als sei er Anton: »Ich fir lich, dass du mir immer sagst, was ich tun ... schrecklich dominant. Ich ertrage das nicht, dass du ... wie meine Mutter verhältst...« Während Anton sich in Berta einfühlt, übersetzt der Therapeut diese Worte ins Gegenteil und sagt: »Ich finde es wunderbar, dass ich durch dich mehr darüber erfahre, was ich tun kann, um dich glücklich zu machen. Es ist beglückend für mich, dass du dominierst. Ich empfinde ein unglaubliches Wohlgefühl, wenn du dich wie meine Mutter verhältst...« – und Anton lässt (in der Rolle von Berta) die antisymmetrischen Aussagen des Therapeuten auf sich wirken. Anton spürt möglicherweise erst Wut, dann Trauer, später Angst, und letztendlich lässt etwas tief in ihm los, und er beginnt zu lächeln.

Unfreiwillige Aufstellungen lösen

Ohne dass uns dies bewusst ist, sind wir in unserem Alltag immer wieder in »unfreiwilligen Aufstellungen«. Wir verhalten uns im Umgang mit unserem Partner (oder auch mit Kollegen, Freunden) wie unsere Mutter bzw. unser Vater – in der Regel, ohne dies zu bemerken. Oder wir rutschen in die Rolle unserer eigenen Kindheit zurück und verhalten uns extrem infantil, emotional, besitzergreifend usw. Dabei kommt es immer wieder auch zu unbewussten Übertragungen von alten Konflikten beispielsweise mit Vater, Mutter oder früheren Partnern in die Gegenwart.

Wann immer Sie bemerken, dass Sie beispielsweise gegenüber Ihrem Partner, Vorgesetzten, Kollegen, Freund in einer »unfreiwilligen Aufstellung« sind, sollten Sie die Rolle, die Sie darin gerade spielen, loslassen. Dazu genügt es völlig wahrzunehmen, in welcher Rolle Sie gerade sind (Vater, Mutter, Kind o. ä.), zu sich selbst zu sagen: »Ich stehe jetzt dieser Aufstellung nicht mehr zur Verfügung« – und zu beobachten, wie sich dadurch die Situation und Ihr Verhalten verändert. In der Regel verschwinden im Zuge dieser Bewusstmachung alle Gefühle, die mit früheren Konflikten zu tun haben. Wenn wir bemerken, dass wir dabei sind, unsere eigenen Eltern – und deren Probleme – zu imitieren, können wir uns gedanklich vor unseren Eltern verbeugen und uns sagen: Liebe Mutter/lieber Vater, ich spiele jetzt in meinem Alltag für euch keine Aufstellungen mehr. Für das Spiegeln eurer Probleme/Spannungen/Themen stehe ich nicht mehr zur Verfügung. Ich achte euch und euer Schicksal und lasse es ganz bei euch. Ich belasse es bei euch und gebe euch die Ehre – ich bin jetzt frei davon – danke!«

Wenn wir bemerken, dass unser Partner, Freund, Kollege unter unserer Rolle leidet, können wir ihn dadurch erlösen, dass wir zu ihm sagen: »Ich bin gerade in einer früheren Rolle/habe gerade ein Problem – nicht du. Du brauchst dafür nicht zur Verfügung zu stehen!«

Haben wir selbst Kinder und bemerken wir, dass diese versuchen, uns etwas von unserer Last abzunehmen, indem sie uns spiegeln (»Mama/Papa, ich bin euch nah, ich habe die gleichen Probleme wie ihr!«) – was weder uns noch ihnen hilft –, lösen wir diese ungute Verstrickung, indem wir unseren Kindern erlauben, nicht weiter für unsere Probleme zur Verfügung stehen zu müssen: »Was ihr hier spiegelt, gehört zu uns, nicht zu euch. Es ist unsere Sache, und ihr braucht euch nicht länger darum zu kümmern – ich spreche euch davon frei!«

Manchmal verhält sich unser Partner uns gegenüber wie ein strafender Elternteil. Er stellt sich über uns und sagt uns, was an uns nicht richtig ist, was verändert, erzogen, verbessert werden muss. Hier können wir bekennen: »Wenn ich dies von dir höre, fühle ich mich wie ein kleines Kind und sehe in dir meinen Vater/meine Mutter. Danke, dass du diese Rolle für mich gespielt hast, aber ich bitte dich, diese jetzt wieder abzulegen, damit wir Mann und Frau füreinander sein können!«

Wenn unser Partner sich unter uns stellt und sich in die Kindrolle begibt, können wir dies auflösen, indem wir sagen: »Ich glaube, du verwechselst mich jetzt gerade mit deinem Vater/deiner Mutter. Ich bin aber dein Partner; für eine Rolle als Vater/Mutter stehe ich nicht zur Verfügung. Ist das in Ordnung für dich?«

Wie der Familienaufsteller Olaf Jacobsen betont, ist es wichtig, im Alltag zu beobachten, ob man sich in »unfreiwillige Aufstellungen« begibt, und sich und die anderen davon immer wieder freizusprechen. So können wir füreinander stets im Hier und Jetzt da sein, unbelastet von früheren Rollenspielen und Spiegelungen vergangener Konflikte.[46]

---

46 Olaf Jacobsen: Ich stehe nicht mehr zur Verfügung, Oberstdorf (Windpferd Verlag) 2008.

Spiegelung im Coaching

Gelungenes Spiegeln ist nicht nur ein wichtiger Bestandteil von Psychotherapie, sondern spielt auch im Coaching eine bedeutsame Rolle. Während der klassische Lebensberater Tipps und Ratschläge gibt und seinen Klienten darüber informiert, wie er sein Leben verbessern oder eine verbesserte Einstellung zu ihm gewinnen kann, bringt der Life Coach seinen Klienten in Resonanz mit der eigenen Stimmigkeit.

Häufig sind Klienten der Meinung, der Coach wisse besser über ihr Leben Bescheid als sie selbst. In einem guten Coaching enthält sich der Coach weitgehend seiner eigenen Meinung und wendet hochwirksame Interventionen an, die dem Klienten erlauben, die Lösung in sich selbst zu erfahren. Der Coach hält dem Klienten gewissermaßen einen Spiegel vor, der dessen blinde Flecken sichtbar macht. So kann der Klient seine eigenen Gedanken, Gefühle, Überzeugungen neu in den Blick nehmen, den Schleier lüften, der bisher seine klare Sicht behindert hatte, und blockierte Energien freisetzen. Der Klient ist der Spezialist, was das eigene Leben betrifft. Der Life Coach holt lediglich aus dem Klienten heraus, was in ihm bereits an Potenzial und Motivation angelegt ist.

Können wir uns über die Spiegelneuronen gegenseitig »anstecken«?

Emotionale Ansteckung

Jede *neuronale Reaktion* in unserem Gehirn wird verstärkt, wenn mit einer Handlung, die wir ausführen, starke Emotionen verbunden sind. Der schwedische Forscher Ulf Dimberg zeigte Probanden in einer Diashow lächelnde und ärgerliche Gesichter – dies jedoch so kurz, dass die Probanden bewusst gar nicht merkten, dass sie die Bilder sahen. Es zeigte sich, dass die Gesichtsmuskeln der Probanden auf den jeweiligen Gesichtsausdruck der gezeigten Personen reagierten, ohne dass die Probanden davon etwas bemerkten.

Auch Neugeborene (und Primatenjunge) imitieren spontan den Gesichtsausdruck ihres Gegenübers – man nennt dieses Phänomen »neonatale Imitation«. Beim Menschen werden dabei tiefliegende Gehirnbereiche aktiviert. Bildgebende Verfahren haben gezeigt, dass Fotos von Menschen, die sich ärgern, ekeln oder freuen, im Gehirn des Betrachters entsprechend das Ärger-, Ekel- oder Freudezentrum aktivieren.

In diesem Zusammenhang ist bedeutsam, in welchem Maße wir durch Fernsehen oder Internet etwa Darstellungen von Sexualität oder Gewalt ausgesetzt sind. Wir sind auch dabei nie wirklich unbeteiligte Beobachter. Der »Kick«, den uns unsere neuronalen Reaktionen vermitteln, kann süchtig machen.[47]

Glücklicherweise macht es für bestimmte Regionen unseres Gehirns einen Unterschied, ob wir etwas selbst tun oder nur intensiv beobachten. Unser Gehirn erzeugt sogenannte »neuronale Sperren«, so dass die neuronale Imitation bestimmter Handlungen nicht dazu führt, dass wir diese Handlungen auch unmittelbar selbst ausführen. Was aber geschieht mit Menschen, die täglich eine Vielzahl von Handlungen betrachten, die sie nicht selbst ausführen können, dürfen oder wollen? Spricht nicht einiges dafür, dass die ständige Aktivierung neuronaler Sperren bei ihnen letztlich zu Weltflucht und Antriebslosigkeit führt?

Man kann die Regungen, die die Bilderflut in uns aktiviert, auch als vitale Impulse verstehen. Um tatsächlich wieder Zugang zu blockierten Energien zu gewinnen, müssen wir jedoch lernen, positive Erregung und Begeisterung aus uns selbst heraus zu entwickeln, beispielsweise durch Atemtherapie, Dynamische Meditation, Psychotherapie (Schattenarbeit), Schamanische Arbeit (Kontakt mit dem eigenen Krafttier), Singen, Sport, Tanzen, Theaterspielen, Tantra etc. Bleiben in unserem Leben wichtige Lebensbereiche unterdrückt, besteht die Gefahr, dass wir entweder süchtig nach ganz bestimmten emotionalen Auslösern werden oder Teile

---

47 Candace B. Pert: Moleküle der Gefühle: Körper, Geist und Emotionen, Reinbek (Rowohlt Verlag) 2001.

unseres Organismus lahmlegen (z. B. unsere Vitalität, um sexuellen Themen aus dem Weg zu gehen). Wir müssen Lebensfreude wieder bewusst leben und feiern lernen, so dass unsere neuronalen Sperren abgebaut werden.

Die Übertragung von Emotionen auf andere wird in der Fachsprache »emotionale Ansteckung« (engl. »emotional contagion«) genannt. Sie zeigt sich auch in Massenphänomenen wie etwa in Fußballstadien, bei (Pop-)Konzerten oder politischen Demonstrationen. Auch für spirituelle Gemeinschaften ist die emotionale Ansteckung von Bedeutung. Sie ist biochemisch messbar und reicht von fanatischer Begeisterung bis hin zu gemeinsamer Betroffenheit. Unsere neurologische Resonanz geht sogar so weit, dass wir die inneren Organe und die emotionale Befindlichkeit unseres Gegenübers in uns abbilden (können).

Übertragung von Symptomen

Wir wissen heute, dass es nicht nur eine emotionale Ansteckung gibt, sondern auch eine physische und mentale. Vermutlich haben die Spiegelneuronen direkt damit zu tun, doch hier steht die Forschung noch ganz am Anfang.

Bekannt ist, dass Krankheiten »weitergegeben« werden. Hier geht es nicht um die klassische Ansteckung mit Krankheitserregern, sondern um die Übertragung von Krankheitssymptomen, ohne dass es dafür eine offenkundige Erklärung gäbe. Diese Art der Weitergabe von Krankheiten erfolgt üblicherweise hierarchisch: Jeweils das rangniederste

Lebewesen wird zum »Symptomträger«. Man hat dieses Phänomen zunächst bei Gruppen von Tieren beobachtet. Dann entdeckte man, dass diese Weitergabe auch zwischen Mensch und dem (in der Hierarchie tiefer stehenden) Tier erfolgt, dass beispielsweise Haustiere oftmals die Krankheiten ihrer Halter übernehmen. Tiere haben einen Instinkt für das Leiden und die Krankheit von Menschen. Immer wieder wurde beobachtet, dass beispielsweise Hauskatzen sich an die kranke Körperstelle eines Menschen legen und der Betreffende hinterher eine deutliche Linderung spürt. Manchmal gelingt es den Tieren aufgrund ihres stark entwickelten Milz- und Lymphsystems, den Menschen zu »reinigen«, ohne selbst zu erkranken. In vielen Fällen wissen wir gar nichts von dem Werk, das die Tiere für uns tun. Bekannt wurde aber etwa folgender Fall: In der Lüneburger Heide wurde ein Heiler gerufen, weil ein Pferd lahmte. Daraufhin behandelte der Heiler das Pferd, das anschließend wieder laufen konnte. Am nächsten Tag brach sich der Halter des Pferdes ein Bein und »lahmte« nun selbst. Weil nach und nach bekannt wird, dass die Krankheiten von Tieren oftmals in einem Zusammenhang mit denen »ihrer« Menschen stehen, raten immer mehr Tiertherapeuten dazu, dass mit dem Tier zugleich auch dessen Halter behandelt wird.

Die Übernahme von Krankheiten kommt auch unter Menschen vor, und zwar auf physischer wie auch mentaler Ebene. Kinder werden oftmals anstelle ihrer Eltern krank, nach dem Motto »Lieber ich als du«. Viele verhaltensgestörte Kinder haben lediglich die unter der gesellschaftlichen Maske versteckten Verhaltensstörungen ihrer Eltern übernommen und tragen sie für sie aus. Da dies von der Schöpfung nicht gewollt ist, ist es notwendig, diese Übernahmen zurückzugeben, wie es u. a. in systemischen Aufstellungsseminaren geschieht.

Die »Ansteckung« innerhalb von Familiensystemen gibt es selbst dann, wenn die Einzelpersonen weit entfernt voneinander leben oder teilweise schon verstorben sind. Familienaufsteller beobachten seit Jahrzehnten, dass viele körperliche oder geistige Krankheiten, die jemand erleidet, mit einem ungelösten Problem im Familiensystem zu tun haben, etwa einem Kriegstrauma, einer Abtreibung oder einer Gewalttat. Auf eine Art und Weise, die wir noch nicht genauer verstehen, »spiegelt« sich im Organismus des einzelnen Menschen offenbar die gesamte Befindlichkeit seiner Sippe. Wird das Problem im System beseitigt, wirkt die Linderung ebenfalls bei allen Beteiligten. Aus den Erfahrungen mit Familienaufstellungen wissen wir, dass es wertvoll ist, sich mit den anderen Mitgliedern der eigenen Sippe zu versöhnen und Ungeklärtes zu bereinigen, nach Möglichkeit, solange die anderen Familienmitglieder noch am Leben sind.

Es gibt auch Ansteckung durch Räume: In einem »Spukschloss« werden wir uns anders fühlen als an einem Wallfahrtsort. Menschen, die häufig reisen, erzählen, dass sie die erste Nacht im fremden Bett oftmals schlecht schlafen, weil sie die Räume, in denen sie zu Gast sind, erst einmal auf sich »einschwingen« müssen. Ein Klient berichtete nach seinem Umzug auf einen Bauernhof, dass er in seinem neuen Schlafzimmer regelmäßig Alpträume bekam. Später erfuhr er, dass in diesem Raum früher Tiere geschlachtet wurden. In einem Gebet verband er sich geistig mit den getöteten Tieren, bat um Vergebung, Gnade und Segen und war von Stund an von seinen Alpträumen befreit.

Ansteckung mit Emotionen

»Emotionale Ansteckung« erfahren wir täglich: Jemand, mit dem wir zu tun haben, ist wütend auf uns – und wir spüren die Wut augenblicklich in uns selbst. Doch es gibt auch »mentale Ansteckung«: Wir sind in der Nähe eines anderen Menschen und fühlen uns plötzlich negativ, verwirrt oder zerstreut. Physische Ansteckung erleben wir beispielsweise, wenn wir in der Nähe eines Menschen Kopfschmerzen bekommen – und später erfahren, dass dieser Mensch sich gerade mit zahlreichen Problemen herumschlägt oder suchtkrank ist.

Die Ansteckung im Positiven wie im Negativen geschieht nicht nur hierarchisch, sondern auch in ebenbürtigen Beziehungen. Das Zusammenleben mit einer Person, die »Störemotionen« aussendet, kann für einen einzelnen Menschen derart belastend sein, dass er vor der Wahl steht, selbst abzustumpfen (dann reduzieren die Spiegelneuronen ihre Tätigkeit auf das unbedingt Notwendige) oder psychosomatisch zu reagieren (z. B. mit Durchfall, Schweißausbrüchen etc.). Dieser Effekt verstärkt sich noch, wenn mehrere Personen beteiligt sind und/oder gar ein ganzes emotionales Feld im Spiel ist, wie wir es vom Mobbing oder auch von der Angst der Mitarbeiter bei einer Betriebsübernahme her kennen – da kann es sehr schnell zu Degenerationserscheinungen kommen.

Je sensitiver wir sind, umso stärker spüren wir das Wesen der anderen Menschen in uns selbst. Jemand besucht uns und übernachtet bei uns – und nachts spüren wir die Gedanken dieses Menschen in unserem Energiefeld. Für die Frage, inwieweit wir uns »anstecken«, ist stets die eigene Disposition entscheidend. Wenn wir mit einem Thema nichts zu tun haben, also nicht resonant sind, ist die Gefahr der »Ansteckung« relativ gering. Das ist ähnlich, wie wenn ein Mensch, der ein starkes Immunsystem hat, neben jemandem sitzt, der eine Grippe hat – er steckt sich höchstwahrscheinlich nicht an.

Viele Therapeuten arbeiten damit, dass sie die Fehlhaltung des Klienten spiegeln und wiedergeben. Sie imitieren beispielsweise Gestalt, Haltung, Stimme, Blick, Gestik des Klienten, der daraufhin erst erkennt, welchen Zwängen er ausgesetzt ist. Wie heißt es so schön: »Ehe du nicht weißt, was du tust, hast du keine andere Möglichkeit, als damit fortzufahren!«

Manche Heiler nehmen bewusst die Krankheiten anderer in ihr eigenes System auf, um sie dort zu transformieren und in der geheilten Form über ihre eigenen Spiegelneuronen an ihre Patienten zurückzugeben. Dazu sind jedoch eine sehr starke innere Kraft und Rückverbindung notwendig. Viele Heiler haben sich mit dieser Aufgabe schon selbst überfordert und sind dabei krank geworden. Auch stellt sich hier die Frage, inwieweit man in die innere Entwicklung eines Menschen eingreift, wenn man ihm seine Symptome – und damit möglicherweise eine Entwicklungsaufgabe – wegnimmt. Diese Frage muss von Einzelfall zu Einzelfall geprüft und beantwortet werden.

Um negativer Ansteckung vorzubeugen, empfehlen sich Meditation und Gebet. Meditation hilft uns, wertfrei wahrzunehmen, »was ist«. Indem wir zum neutralen Beobachter werden, lösen wir uns von den Ansteckungen und sind wieder ganz wir selbst. Indem wir im Gebet die höchste Energie bitten, uns zu durchdringen, reinigen und transformieren wir das Feld um uns. Mit fortlaufender Übung etabliert sich in uns eine Bewusstheit, ein Gewahrsein, das uns immer weniger anfällig für negative Ansteckungen macht.

Der Weg des Alchemisten

Der Weg des Alchemisten wird in diesem Buch gelehrt. Er zeigt, wie man durch Kenntnis und Anwendung der Spiegelgesetze emotionales Gift in emotionale Medizin umwandeln kann. Im Osten gibt es das Gleichnis des Pfaus, der sich von giftigen Schlangen ernährt und daraus wunderschöne Pfauenfedern wachsen lässt. Der Mythos sagt sogar: »Je giftiger die Nahrung, umso farbiger die Federn des Pfaus!« Um diese Transformation vornehmen zu können, müssen wir lernen, in uns hineinzuspüren und unsere emotionale Resonanz zu neutralisieren. Dies gelingt uns am besten, wenn wir erst einmal darauf achten, was wir fühlen, und uns dann uns mit dem Teil in uns identifizieren, der nicht von der

Emotion betroffen ist, dem Beobachter. Als solcher verharren wir in der Stille, gegebenenfalls laden wir uns mit einer Qualität auf, wie z. B. Liebe, Weisheit, Mitgefühl[48] oder mit der Energie eines Mantras oder eines göttlichen Namens. Von dort aus schauen wir auf die emotionale Resonanz – und erleben, wie sich diese löst, vergleichbar dem eingangs erwähnten Seidentuch, das wir vorsichtig aus einer Dornenhecke befreien.

Positive Ansteckung

Natürlich gibt es nicht nur negative, sondern auch positive Ansteckung. Ob wir in der Nähe eines spirituellen Meisters sitzen, einen Wallfahrtsort betreten oder uns an einem Kraftort in der Natur aufhalten – das, was wir um uns herum erleben, spiegelt sich in uns und kann uns zugutekommen.

Graue Mäuschen und Burschen vom Lande, die nach München-Schwabing ziehen oder nach Beverly Hills und sich binnen weniger Jahre zum Fotomodell, Partylöwen oder sogar zum Filmstar mausern, sind augenfällige Beispiele für die positive Seite des Gesetzes der Ansteckung. Es gibt offenbar ein »Wissen«, das wir nicht über den Verstand erwerben, von dem wir uns aber durch Übertragung »anstecken« lassen können. Das Ausmaß, in dem diese Ansteckung erfolgt, hängt von unserer Resonanz ab, die wie-

---

48 Wie man sich mit einer Qualität aufladen kann, wird in meinem Buch »Kausaltraining« gezeigt.

derum von zwei Faktoren beeinflusst wird: Empfänglichkeit und Liebe. Je mehr wir einen »Lehrer« lieben, umso lieber lernen wir von ihm, mehr noch, umso mehr von seinem Wissen und seinen Fertigkeiten übertragen sich über die Spiegelneuronen auf uns selbst.

Eine besonders starke Verankerung der neuronalen Reaktion beobachten Forscher in Versuchen immer dann, wenn die Versuchsperson gebeten wurde, eine beobachtete Handlung simultan *nachzuahmen*. Wenn wir also etwa ein Weltklasse-Tennis- oder Golfturnier anschauen und dabei gleichzeitig mit dem Tennis- oder Golfschläger in der Hand das Spiel nachahmen, trainieren wir unsere eigenen Fähigkeiten in überproportionalem Ausmaß.

Grundsätzlich ist es so, dass Angst die negative Ansteckung und Liebe die positive Ansteckung fördert. Darin liegt die Kraft der Idole. Doch auch wenn wir jemanden, der auf uns bisher negativ wirkte, selbstlos und bedingungslos lieben, wird die positive Ansteckung sich durchsetzen. Bedingungslos zu lieben bedeutet allerdings, dass wir in unserer Liebe frei von negativen Mustern sind, welche die Liebe einschränken. Wer ein Muster von Aufopferung oder Unterwerfung ausagiert, liebt nicht selbstlos. Er sollte sich – zum Selbstschutz – erst einmal von diesem Muster und allen damit zusammenhängenden dysfunktionalen Glaubenssätzen lösen, damit seine Liebe frei für das Wesentliche wird.

Ein Tipp: Üben Sie sich im »Probehandeln«. Stellen Sie sich immer wieder Szenen vor, in denen Sie das neue Verhalten, die neue Identität bereits leben, oder sehen Sie sich entsprechende Szenen auf einer DVD an und vollziehen

Sie die Bewegungen und das Verhalten mit, »als o
bereits als die neue Person auf die neue Weise han
Wichtig ist, dass Ihre Visionen Sie dort abholen, wo S ᵕ ᵕᵗᵉ-
hen, also realistisch sein sollten – ansonsten laufen Sie Gefahr, in einer realitätsfernen Utopie steckenzubleiben.

---

49 Die Idee des Handelns »als ob« stammt von dem genialen Psychologen
Paul Watzlawick.

Spiegelneuronen und Skripte

Spiegelneuronen ahmen nicht nur einzelne Handlungen, sondern sogar ganze Ereignisketten nach. So werden Anfang, Mitte und Ende von Prozessen nachgebildet, Skripte, die später durch Handlungsneuronen in die Umsetzung drängen. So kommt es dazu, dass Enttäuschungen, Versagen, aber auch Erfolge, die wir im Fernsehen, Internet oder real erleben, zum *Drehbuch* für unser eigenes Leben werden. Anhand der Skripte zeigt sich, wie wichtig es ist, in dem, was uns im Außen wahrnehmbar wird, den Spiegel für die eigene neuronale Struktur zu erkennen, unbrauchbare Muster zu durchbrechen, neue Handlungsmuster zu formen und die »Skripte« entsprechend umzuschreiben, so dass sich neue neuronale Strukturen bilden können. Wer einem Skript folgt, lebt nicht als er selbst und auch nicht im »Hier und Jetzt«, sondern folgt lediglich einem Schema. Nachfolgend ein Weg, wie Sie Skripte »umschreiben« können:

1. Zunächst einmal ist es wichtig, zu erkennen, welches Skript in Ihrem Leben sich regelmäßig wiederholt. Im Folgenden einige Beispiele:
   * »Immer wieder habe ich Beziehungen mit Männern, die vom Alkohol abhängig, Workaholics oder sonst wie nicht verfügbar sind.«

- »Immer wieder werde ich an meinem Arbeitspla mobbt.«
- »Immer wieder erlebe ich mich als Opfer meiner Lebensumstände.«

2. Im zweiten Schritt übernehmen Sie die Verantwortung dafür, dass sich diese Dinge in Ihrem Leben ereignen. Sie erkennen, dass diese Wiederholungen mit Ihnen zu tun haben müssen, auch wenn Sie noch nicht wissen, warum.

3. Im dritten Schritt machen Sie sich auf die Suche nach dem Ursprung all dessen in Ihnen selbst. Sie erkennen sich selbst als Schreiber des Lebensskriptes, das Sie in der Außenwelt ausagieren. Sie nutzen den Spiegel, um tiefer und tiefer in Ihr Inneres zu gehen, Ihren inneren Magneten ausfindig zu machen und den Magneten zu bereinigen.

4. Der vierte Schritt liegt dann darin, sich neue Rollenmodelle zu schaffen. Hierfür suchen Sie sich Vorbilder. Sie fragen sich:

- Welcher Mensch aus meinem Bekanntenkreis oder aus dem öffentlichen Leben hat dieses Problem bereits optimal gelöst? Wenn Sie sich z. B. als Frau von Ihrem Ehemann unterdrückt fühlen und nicht die Kraft für eine Trennung haben, könnte die Pop-Ikone Tina Turner Ihnen ein Vorbild sein. Wenn es Ihnen an liebevoller Zuwendung zu anderen mangelt, die Ihre Liebe brauchen, könnte es Albert Schweitzer sein. Studieren Sie das Leben dieser Menschen; sprechen Sie mit ihnen, wenn das möglich ist; oder hängen Sie sich ein Bild von ihnen auf.

- Welches Tier verkörpert weitgehend die Eigenschaften, die ich brauche? Wünsche ich mir die Freiheitsliebe einer Katze oder die Treue eines Hundes? Die Gabe eines Adlers, sich über die Welt zu erheben oder das Sich-Einschwingen auf den Fluss des Lebens wie ein Rochen? Beobachten Sie das entsprechende Tier. Nehmen Sie auf, was es Ihnen spiegelt. Schauen Sie sich Filme von diesem Tier an. Hängen Sie sich ein Bild dieses Tieres an die Wand. Schamanen gehen sogar so weit, den Geist dieses Tieres als »Krafttier« anzuerkennen.

- Stellen Sie sich ein »alternatives Ich« vor, das genauso aussieht wie Sie, Ihr unerwünschtes Skript aber bereits umgeschrieben hat. Wie lebt dieses alternative Ich? Schlüpfen Sie ganz in dieses Modell hinein. Wenn Sie möchten, schreiben Sie Geschichten oder einen Roman mit diesem alternativen Ich als Hauptperson. Führen Sie geistige Zwiegespräche mit ihm.

Wenn Sie nicht genau wissen, welches Skript Sie leben, prüfen Sie die 19 Schemata, die in der Schematherapie nach Jeffrey E. Young verwendet werden. Wir werden auf sie im Kapitel »Wie Sie unerwünschte Spiegelungen ›wegklopfen‹« noch detailliert eingehen. Dieses Kapitel ist auch dann sinnvoll, falls energetische Blockaden das Umschreiben Ihres Skriptes behindern sollten.

Spiegelung in der Partnerschaft

Die Fähigkeit, andere Menschen zu spiegeln – und mit ihnen zu »schwingen«

Wir haben bereits erfahren, dass die Spiegelneuronen eine soziale Aufgabe haben. Ihre Funktion ist ein »Mitschwingen« mit dem anderen, mit einer Situation. Wir selbst sind dankbar, wenn unser Gegenüber »mitschwingt«, wir fühlen uns in positiver Resonanz. Untersuchungen zeigen, dass wir gerade solche Menschen als sympathisch empfinden, die unsere Befindlichkeit *angemessen* spiegeln können, ohne dabei jedoch völlig im Mitleid zu zerfließen.[50] Dies erklärt u.a., warum *»joint attention«* – das gemeinsame Sich-Einschwingen auf einen Fokus – eine Grundlage von emotionaler Bindung und gelingender Partnerschaft ist, und auch, warum viele Patienten sich in ihre Therapeuten verlieben (»Endlich versteht mich einer!«).

So ziemlich das Frustrierendste, was man einem Menschen antun kann, ist, dass man ihn nicht oder nicht angemessen spiegelt. Menschen, die in ihrer Kindheit keine Spiegelung erhielten, d.h. keine Rezeptoren dafür entwi-

---

50 Decety/Batson, Interpersonal Sensitivity: A Special Issue of Social Neuroscience, Hove, East Sussex (Psychology Press) 2007.

…n, Spiegelungen zu empfangen und zu geben, …bei ihrem Gegenüber oftmals Unlust, Frustration …Streit, einfach weil sie nicht »mitschwingen«.

Fehlende Spiegelung sorgt dafür, dass man in der Beziehung einander fremd bleibt bzw. wird. Dies führt dazu, dass jeder der beiden Partner sich zurückzieht: »Lass mich in Ruhe, ich mache mir meine eigene Welt.« Man langweilt sich zunehmend miteinander, die Libido geht auf null zurück, man wird immer »sachlicher« miteinander. Am Schluss dieses Prozesses steht oft die Trennung.

Ge- oder misslingende Spiegelung beginnt bereits bei der einfachen Kommunikation. Was sind die häufigsten Fehler?

- Der eine erkennt die Realität des anderen nicht an, hat keinen Respekt vor der Wahrheit des anderen, sondern stülpt ihm die eigene Realität über. Beispiel: Er: »Ich bin müde!« – Sie: »Wie kann das sein; du warst doch gestern um zehn Uhr im Bett!« Oder auch: »Du bist doch auch ein Globetrotter – ich habe dich gleich bei der Kreuzfahrt zusammen mit meinen Skatbrüdern angemeldet, das wird dir doch gefallen!«
- Kolonialisierung: Man ist nicht bereit, die Wahrheit des anderen neben der eigenen bestehen zu lassen, sondern möchte das Gehirn des anderen erobern.
- Nicht eingehen auf den anderen. Beispiel: Sie: »Ich mag das Bild von Miró.« – Er: »Aha, und was hast du zum Essen gekocht?« Die Lösung bestünde darin, dass er in sich die Botschaft spiegelt, dass ihr das Bild von Miró gefällt, und ihr mitteilt, was in ihm dazu an Resonanz mit-

schwingt. Hat man nichts dazu zu sagen, kann man den Spiegelungsprozess dadurch aufrechterhalten, dass man fragt: »Was gefällt dir daran besonders?«, und sich auf die Antwort einlässt.

- Logik statt Mitempfinden: Beispiel: Sie: »Schau mal, der wunderschöne Vollmond!« Er: »Nein, Vollmond war bereits gestern, heute haben wir abnehmenden Mond!«

Erfahrungen in der Paartherapie zeigen, dass viele Ehen gerettet werden können, wenn die Partner lernen, einander zu spiegeln. Dies beinhaltet insbesondere die Wahrnehmung und Anerkennung der Bedürfnisse des anderen, denn sie gehören ebenso respektiert wie die eigenen Bedürfnisse. Das bedeutet nicht, dass sie ausnahmslos erfüllt werden müssen. Wenn Paare einander den Raum geben, ihre Bedürfnisse auszudrücken, wenn die Bedürfnisse im Bewusstsein des anderen nachvollzogen (gespiegelt) werden, dann nimmt dies bereits den größten Teil der Frustration, der Spannungen und der Vorwurfsenergie aus der Beziehung. Wenn dann noch Gewaltfreie Kommunikation nach Marshall Rosenberg oder das Zwiegespräch nach Lukas Moeller geübt wird, können sogar sehr unterschiedliche Partner miteinander Erfüllung erleben – weil gut gespiegelt wird.

Es gibt ein sehr interessantes Buch von Anatol Rapoport mit dem Titel »Fights, Games and Debates«.[51] In diesem

---

51 Die Originalausgabe erschien 1974, der Titel der deutschen Übersetzung lautet: »Wem nützt der permanente Kriegszustand?«, Darmstadt (Verlag Darmstädter Blätter) 1985.

Buch geht es vorwiegend um Politik, unter anderem um die Sinnlosigkeit vieler Debatten zwischen den Supermächten zur Zeit des Kalten Krieges. Anatol Rapoport schreibt gegen Ende des Buches eher beiläufig, dass der größte Teil der Probleme, die in den Debatten immer wieder auftauchten, bereits im Vorfeld hätte behoben werden können, wenn man die Regel eingeführt hätte, dass jede Partei zu Beginn der Debatte die Position der anderen in einer Weise spiegeln müsse, der die andere Partei zustimmt.

Natürlich kann man die Spiegelung auch als Erwiderung einbauen, nachdem Partei A ihren Monolog vorgetragen hat, z. B., indem Partei B aufgefordert wird, die Aussage von Partei A zu wiederholen: »Du sagst, dass ich ...«. Stimmt A dem zu, wird weiter über die Aussage gesprochen. Stimmt A nicht zu, modifiziert B so lange ihre Aussage, bis zwischen beiden Übereinstimmung herrscht. Dadurch werden innere und äußere Konfusionen aufgelöst.[52]

Gespiegelte Kommunikation ist wie ein Tanz mit Worten, ausbleibende Spiegelung ein Stellungskrieg. Die gegenseitige positive Spiegelung ist es, was unsere Lebendigkeit und die Vitalität all unserer Beziehungen ausmacht. Was ist »Flirten« anderes, als gekonnt zu spiegeln und »dem anderen die (neuronalen) Lichter anzuzünden«?

---

[52] Vgl. dazu auch Christiane und Alexander Sautter: Wege aus der Zwickmühle. Doublebinds verstehen und lösen, Paderborn (Junfermann Verlag) 2005.

Spiegelung mit vertauschten Rollen

Spiegelungen mit vertauschten Rollen wirken sich sehr belebend auf jede Form von Beziehung, insbesondere auf bestehende Partnerschaften aus und können unterhaltsamer sein als das beste Fernsehprogramm.

Beim »Zwiegespräch mit vertauschten Rollen« tut für die Zeitdauer des Rollenspiels jeder der beiden Partner so, als hätte er die Eigenarten des anderen – es darf auch karikiert werden, solange es einigermaßen realitätsnah ist. Wenn beispielsweise eine Sexbombe mit einem Asketen dieses Rollenspiel vollzieht, dann tut für die Dauer des Rollenspiels einmal die Sexbombe so, als würde sie es über alles lieben, von morgens bis abends zu beten und zu meditieren, und der Asket tut so, als würde er nichts mehr lieben, als erotische Abenteuer zu genießen. Ideal ist es, wenn beide Partner für diese Spiegelung mit vertauschten Rollen tatsächlich ein Kleidungsstück des anderen Partners anziehen, um sich noch stärker einfühlen zu können.

Nach der Spiegelung mit vertauschten Rollen gehen beide Partner in die Stille, öffnen ihr Herz in Liebe für alles und teilen einander mit, welches tiefer gehende Verständnis dieses Rollenspiel in ihnen ausgelöst hat und zu welchen neuen Erkenntnissen sie gekommen sind.

Verabreden Sie sich doch einmal mit Ihrem Partner zu einem Zwiegespräch mit vertauschten Rollen!

Das »Johari-Fenster«:
Selbstoffenbarung in der Partnerschaft

Blinde Flecken und Geheimnisse voreinander sind gut verteilt: Sie haben welche, Ihr Partner hat welche, und die anderen Menschen haben auch welche. Normalerweise können wir sie nicht erkennen, es sei denn, wir nutzen das Leben und einander bewusst als Spiegel zur Selbsterkenntnis. Mit den Geheimnissen, die wir voreinander verbergen, haben sich in den 1950er-Jahren zwei amerikanische Sozialpsychologen beschäftigt, Joseph Luft und Harry Ingham. Dabei fanden die beiden Forscher eine Struktur heraus, der sich Bekanntes, Geheimes, blinde Flecken und allgemein Unbekanntes zuordnen lassen. Nach den Vornamen der beiden Forscher erhielt diese Struktur den Namen »Johari-Fenster«. Dieses besteht aus vier verschiedenen Rubriken:

- *A: Was jeder weiß – das öffentliche Selbst*: Dies sind die Dinge, die Sie bewusst von sich preisgeben, Ihr »offizielles« Rollenverhalten in der Öffentlichkeit oder gegenüber Ihrem Partner. Im Feld des gemeinsamen Wissens erscheint Ihnen Ihr Handeln frei, unbeeinträchtigt von Ängsten und Vorbehalten. Wir wissen heute, dass der öffentliche Anteil nur einen Bruchteil der Gesamtinformation ausmacht und unsere Beziehungen vorwiegend von den anderen drei Anteilen gesteuert werden.
- *B: Was andere wissen – der blinde Fleck*: Hierzu zählt all das, was andere längst wissen, wovon Sie selbst aber keine Ahnung haben. Also möglicherweise die Tatsache, dass

Ihr Partner hinter Ihrem Rücken schlecht oder auch besonders gut über Sie redet, vielleicht auch, dass »man mit Ihnen alles machen kann«, kurzum: all das, was wir selbst wenig, die anderen dagegen stärker wahrnehmen: Ein blinder Fleck kann dazu führen, dass man sich zum Trottel macht oder auf Fehlwahrnehmungen hereinfällt.

- *C: Was nur man selbst weiß – das geheime Selbst*: In die Rubrik fällt, was Sie selbst wissen, aber andere nicht, vielleicht Ihre Schlafgewohnheiten, heimliche Vorlieben, Ihre geheimen Gedanken, Vorurteile, Abneigungen, Empfindlichkeiten – all das, was Sie zurückhalten.
- *D: Was keiner weiß – das große Unbekannte.* Dies ist alles, was möglicherweise existiert, aber niemandem derzeit bekannt ist.

	Mir bekannt	Mir unbekannt
anderen bekannt	Öffentliche Person	Blinder Fleck
anderen bekannt	Mein Geheimnis	Unbekanntes

Andere teilen mir über mich mit →

Ich gebe preis ↓

Ziel der Spiegelungsprozesse ist es, dass das erste Johari-Feld immer größer, die anderen immer kleiner werden, dass also Nichtwissen in Wissen und letztendlich in Weisheit überführt wird. Und doch wird es stets etwas Unerkennbares geben – das macht die Unbegreiflichkeit und das Wunder der Schöpfung aus.

Natürlich tragen wir in jedem gesellschaftlichen Umfeld ein anderes »Johari-Fenster« mit uns: In der Firma, in der wir arbeiten, ist es anders strukturiert als zu Hause mit unserer Familie und dort wieder anders als bei unserem besten Freund. Die Freiheit, uns auszudrücken, wie wir sind, haben wir leider nur im ersten, dem öffentlichen Quadranten. Was können wir tun, um im Spiegel unserer Beziehungen einen immer größeren Raum zu gewinnen?

- *A: Öffentliche Ergänzungsräume wählen,* in denen das, was Ihnen wichtig ist, offenbart werden kann. Dies ist der Grund, warum Männer ihren »besten Freund«, Frauen ihre »beste Freundin« haben, warum es Séparées, Kneipen, Kaffeekränzchen, Chatrooms mit anonymen Nutzernamen gibt.

- *B: Bewusste Spiegelung erlauben*: Dies erfordert im Rahmen Ihres gewohnten Umfeldes Ihrerseits erst einmal eine immer größer werdende Offenheit und Toleranz gegenüber Menschen, die Ihnen offen die Meinung sagen. Solange Sie Menschen, die Ihnen offen sagen, was sie über Sie denken, insgeheim verurteilen oder sogar rügen, werden Sie Ihre blinden Flecken behalten. Erst wenn Sie einen Rahmen finden, in dem andere Ihnen offen ihre Beobachtungen über Sie mitteilen können, ohne dafür von Ihnen »bestraft« zu werden, werden Ihre blinden Flecken kleiner. Die wachsende Selbsterkenntnis hilft, das eigene Sein und Wirken bewusster wahrzunehmen, zu verändern oder zu transzendieren.

Wenn Sie selbst einen blinden Fleck bei jemand anderem wahrnehmen, können Sie ihm einen Hinweis geben, wenn der Zeitpunkt und die Gelegenheit dazu stimmen. Sie sollten dabei respekt- und liebevoll vorgehen. Man sollte dem anderen die Wahrheit hinhalten wie einen Mantel, in den er hineinschlüpfen kann, und sie ihm nicht wie einen nassen Lappen um die Ohren schlagen.

- *C: Selbstoffenbarung*: Durch gezieltes Outing zur rechten Zeit am rechten Ort gegenüber den richtigen Personen verringert sich der Druck, der durch das Verbergen persönlicher Geheimnisse entsteht, und der Freiraum der eigenen Selbstdarstellung wächst.

Manche verhalten sich hier gemäß dem Motto: »Ist der Ruf erst ruiniert, lebt sich's gänzlich ungeniert!« Was in Therapiegruppen erwünscht ist, gehört jedoch nicht immer in die Öffentlichkeit. Weil nicht jeder Ihre Selbstoffenbarung vertragen kann und sie oftmals weder opportun noch hilfreich ist, gebietet es der Respekt, feinfühlig und respektvoll mit Ihrem Outing umzugehen. »Trau, schau, wem«, sagt der Volksmund. Je mehr Sie jemandem vertrauen, umso mehr können Sie ihm Ihr geheimes Selbst offenbaren. Umgekehrt gilt: Wenn Sie von jemand anderem mehr erfahren möchten, hat es keinen Sinn zu »bohren«. Den Zutritt zum geheimen Selbst des anderen gewinnen Sie stattdessen, indem Sie Vertrauen erzeugen und dem anderen die Gewissheit geben, dass Sie, was immer er Ihnen offenbart, weder bewerten noch gegen ihn verwenden werden.

- *D:* Durch Psychoanalyse, Selbsterforschung, Astrologie, Tarot[53], gegenseitiges einfühlsames Zuhören, Intuitionstechniken eröffnet sich Ihnen immer mehr Unbekanntes. Dies ist umso lohnender, insofern sich hier auch verborgene Potenziale und Begabungen verbergen. Allerdings kann man sich im Übersinnlichen und Unbekannten auch verlieren. Auch hier kommt es auf die Angemessenheit und das rechte Maß an.

A **Bereich freien Handelns** mir und anderen bekannt	**B** **Bereich des »Blinden Flecks«** anderen bekannt
C **Bereich des Verbergens** nur mir bekannt	**D** **Bereich des Unbewussten** mir und anderen nicht bekannt

---

53 Der Tarotexperte Hajo Banzhaf nutzt in Form der Methode »der blinde Fleck« das Johari-Fenster gezielt als Möglichkeit der Selbstoffenbarung.

Bitte wenden Sie das Johari-Fenster auch auf Ihr
zu Ihrem Partner an. Gesund ist Ihre Beziehun
Anfang Punkt A klein war, aber immer weiter
mit wächst ihre »kognitive Landkarte« über d~~ ~~~~~~~~
und zugleich die Fähigkeit, frei und ungehemmt zu agieren.

In vielen Beziehungen wird jedoch Fenster A nach an-
fänglicher Öffnung immer kleiner: Man hat sich offenbart,
ist enttäuscht oder verurteilt worden und beginnt nun immer mehr voreinander geheim zu halten. Dies führt dazu,
dass man in seinen Beziehungen »eine Rolle spielt«. Die
Vitalität ist zugunsten des »Verbergens« eingeschränkt.
Dann beklagen sich die Partner beieinander über die jeweilige »Verklemmtheit« des anderen und beschuldigen einander wechselseitig, die Ursache dafür zu sein.

Ein immer kleiner werdendes A-Fenster begünstigt
Fremdgehen, Entwöhnung, Trennung. Für die Vitalität und
das Intimleben einer Beziehung ist es unerlässlich, sich einander immer stärker zu öffnen und ein immer größer werdendes Feld A entstehen zu lassen, in dem beide Partner
sich frei bewegen können und die blinden Flecken und Geheimnisse zugunsten eines gemeinsamen öffentlichen Rau-
mes verschwinden. Gegenüber der »Öffentlichkeit« kann
man dann aus Sicherheitsgründen das Fenster A durchaus
weiterhin klein halten.

Im Spiegel Ihrer Beziehung sollten Sie stets prüfen, wie
groß das Maß an Intimität zwischen Ihnen ist. Ideal wäre
es, wenn Sie ein Intimitäts-Tagebuch führen und das von
Ihnen eingeschätzte Maß an Intimität und Nähe auf einer
Tabelle (z. B. als Kurve in einer Grafik) eintragen. Wenn das

ᴀ-Fenster sich ernsthaft zu verkleinern droht, sollten Sie unbedingt intervenieren, z. B., indem Sie einander mit Hilfe von Zwiegesprächen nach Moeller, Gewaltfreier Kommunikation nach Rosenberg oder einfühlsamem Zuhören nach Hwoschinsky bewusster offenbaren und spiegeln. Die wachsende Vitalität in Ihrer Beziehung wird es Ihnen danken.

Wenn Sie tiefer an der Wahrheit interessiert sind, ist jedoch die Selbst- und Fremdoffenbarung nur ein erster Schritt. Denn es gibt noch den vierten Quadranten – das, was uns und den anderen unbekannt ist. Hierzu zählt nicht nur das große Unbekannte der Schöpfung, sondern auch das, was wir selbst in den vierten Quadranten ausgelagert haben, unsere Projektionen. Um sie soll es in einem der nächsten Kapitel gehen.

Sagt – meint – hört – verste[he]
Spiegelung im Alltag

Zwischen dem was ich denke,
was ich sagen will, was ich zu sagen glaube,
was ich sage, was Sie hören möchten,
was Sie zu hören glauben, was Sie hören,
was Sie verstehen möchten, was Sie zu verstehen glauben,
und was Sie verstehen,
ist es hochwahrscheinlich, dass wir Probleme mit unserer
*   Verständigung bekommen.*
Aber lassen Sie es uns trotzdem versuchen.

(Jacques Salomé)

Im letzten Kapitel haben wir erfahren, dass in der zwischenmenschlichen Kommunikation Dissonanzen und Frustra-
tionen dadurch entstehen, dass nicht korrekt wiedergege-
ben, nicht korrekt gespiegelt wird. Man *sagt* etwas anderes,
als man *meint*, oder der andere *versteht* etwas anderes, als er
hört.

Angenommen, Ihr Partner *sagt* zu Ihnen: »Liebling, sitzt
du noch lange vor dem PC?«

Er *meint*: »Liebling, ich möchte mit dir kuscheln.«

Sie *hören*: »Du sitzt *zu viel* vor dem PC!«

Sie *verstehen:* »Du solltest eigentlich die Wohnung putzen, statt am PC zu sitzen.«

Sie *sagen:* »Du musst auch immer etwas zu meckern haben!«

Ihre Antwort auf »Liebling, sitzt du noch lange vor dem PC?« lautet in diesem Fall »Du musst auch immer etwas zu meckern haben!« Wenn Sie allerdings erkennen, was der andere wirklich gesagt hat, und sich der eigenen Projektionen und Vorstellungen im Kopf bewusst sind, können Sie gemeinsam herausfinden:

- warum der andere diese Frage gestellt hat,
- welches Bedürfnis er hat (und welches Sie haben),
- wie beide am besten mit der Situation umgehen.

Gerade bei Menschen, die als Kinder widersprüchlichen Botschaften (sogenannten »double binds«) ausgesetzt waren, entstehen diese Missverständnisse besonders schnell. Widersprüchliche Botschaften lagen vor,

- wenn nonverbal (durch Mimik, Gestik, Untertöne) etwas anderes ausgedrückt wurde als verbal,
- wenn Vater und Mutter dem Kind extrem widersprüchliche Botschaften über das Leben gegeben haben,
- wenn das, was bewusst und das, was unbewusst vermittelt wurde, extrem weit auseinanderklafften.

Wiederum zwei Beispiele:

- Die Mutter sagt mit frustrierter Stimme: »Wir sind doch eine tolle Familie!«, und am Unterton spürt das Kind, dass da etwas nicht stimmt.
- Der Vater sagt ärgerlich zum Kind: »Natürlich darfst du das letzte Stück Schokolade essen.« (das er selbst gerne gegessen hätte).

Ist ein Mensch erst einmal so gepolt, dass er hinter jeder Aussage widersprüchliche Botschaften vermutet, wird er das, was andere sagen, ständig argwöhnisch betrachten:

- Entweder er pocht auf den verbalen Inhalt der Botschaft, unterdrückt seine unbewussten Regungen und wird zum »Paragraphenreiter« und Rechthaber.
- Oder er reagiert nur auf die nonverbale, unterbewusste Botschaft. Dann wirkt er nach außen hin unzuverlässig, da für ihn das gesprochene Wort keine Kraft hat.
- Oder er versucht zwischen verbaler und nonverbaler Botschaft abzuwägen; dadurch wirkt er innerlich zerrissen, weil er ständig herauszufühlen versucht, was der andere denn wirklich gemeint haben könnte.

Tipp: Wann immer ein Gespräch etwas Unangenehmes in Ihnen auslöst, halten Sie inne und fragen Sie sich:

- Was hat der andere *wörtlich* gesagt?
- Was haben Sie gehört?
- Was haben Sie verstanden (gibt es Filter und Vorstellungen in Ihnen, die das, was Sie gehört haben, verzerren)?

- Fragen Sie den anderen ganz konkret, was er *gemeint* hat: »Meinst du, ich sollte den Fernseher ausschalten, weil noch viel im Haushalt zu tun ist?«
- Drücken Sie aus, was Sie *verstanden* haben, und fragen Sie, ob Sie richtig verstanden haben.
- Fragen Sie ganz konkret nach dem *Bedürfnis* und der unterschwelligen *Bitte* des anderen: »Was ist momentan dein Bedürfnis? Möchtest du mit mir kuscheln, oder ist dir an meiner Mithilfe im Haushalt gelegen?« Sie helfen dem anderen auf diese Weise, sich selbst auf die Spur zu kommen und auszudrücken, was ihm wichtig ist. Manchmal ist die stillschweigende Bitte auch nur eine Information, wenn z. B. der andere antwortet: »Ich wollte nur wissen, wie lange ich noch Zeit habe, um das Abendessen herzurichten.«
- Teilen Sie auch Ihr eigenes Bedürfnis mit: »Ich brauche gerade Entspannung, und der Film tut mir gut. Setz dich doch zu mir – oder würdest du gerne etwas anderes mit mir machen?«

Versteht man die eigenen Bedürfnisse und die des anderen, findet sich immer eine Lösung. Oft genug müssen wir jedoch raten, was die Bedürfnisse des anderen sind. Machen Sie es sich und dem anderen leichter, indem Sie einfach nachfragen.

Entscheidend für das Sich-Verstehen ist die Spiegelung, die in der Psychologie auch »Rapport« genannt wird.

Rapport – die Kunst, einander erfüllt zu spiegeln

Rapport ist ein Zustand verbaler und nonverbaler Bezogenheit von Menschen aufeinander. Er setzt voraus, dass man andere auf der »richtigen Wellenlänge« anspricht, dass man ihre Sprache verwendet. Rapport ist eine starke Form von Einfühlung. Die Psychologie hat herausgefunden, dass, wenn Menschen miteinander in Kontakt treten, sie bestrebt sind, Rapport herzustellen und sich bis zu einem gewissen Ausmaß aneinander anzupassen. Bei diesem Vorgang sind wiederum die Spiegelneuronen beteiligt.

Bis zu welchem Maß man bereit ist, sich an sein Gegenüber anzupassen, hängt davon ab, wie gut man sich beim anderen widergespiegelt erlebt. Umgekehrt gilt das Gleiche. Rapport können Sie herstellen oder verbessern, indem Sie sich etwa in Wortwahl, Sprechgeschwindigkeit, Tonlage, Lautstärke, Rhythmik, Gestik, Körperhaltung, Mimik und Atemfrequenz an Ihrem Gegenüber orientieren.

Um einen guten Rapport herzustellen, spiegeln Sie den anderen einfühlsam und respektvoll. Ein blindes Nachäffen würde eher Aggressionen erzeugen.

Ist der Rapport gut, bewertet man einander positiver, vertraut mehr, öffnet sich mehr. Rapport ist der Schlüssel, um Zugang zur Welt einer anderen Person zu erhalten und Brücken zwischen den Menschen zu bauen. Durch einen guten Rapport erzielen Sie Motivation, Unterstützung, Mitarbeit, Zustimmung. Nicht durch Druck, sondern durch einen guten Rapport bringen Sie Widerstände zum Schmelzen – sei es beim Partner oder beim Geschäftskollegen. Das Sich-aufeinander-Einstimmen geschieht teilweise unbewusst: Mit einem guten Rapport machen Sie sich gewissermaßen das Unbewusste des anderen zum Freund.

Der Begriff »Rapport« stammt aus dem Neurolinguistischen Programmieren, ebenso wie die Techniken des »Pacing«, des »Spiegelns«, des »Matching« und des »Leading«.

- »Pacing« (»Mitgehen«) bedeutet, sich in der Kommunikation dem Ausdrucksverhalten des anderen anzupassen und ihn dort abzuholen, wo er oder sie steht.
- »Spiegeln« bedeutet, sich dem anderen körperlich anzupassen – in Haltung, Gestik, Atmung, Mimik, Bewegungen, Gewichtsverlagerungen, An- oder Entspannung usw.
- »Matching« bedeutet, sich in Sprachstil, Sprechtempo, Rhythmus, Tonlage etc. anzupassen.

Nachdem Sie sich eine Weile Ihrem Gegenüber angeglichen und so den Rapport hergestellt haben, können Sie dazu übergehen, dem anderen Ihre Anliegen zu vermitteln. Übernehmen Sie dabei die Führung und gelingt es Ihnen, dass der andere sich auf Sie einlässt, spricht man vom »Leading«. Leading sollte jedoch stets auch die Interessen des anderen im Auge behalten.

Rapport in Beziehungen üben

Setzen Sie sich mit Ihrem Partner zusammen. Entscheiden Sie, wer A und wer B ist. A konzentriert sich auf einen Ausdruck, B macht A dezent und stimmig nach. Dann geht B langsam dazu über, eigenen Ausdruck hineinzubringen und zu führen, und A imitiert immer mehr. Üben Sie sich auf diese Weise drei Runden lang im »Rapport-Tanz«, und achten Sie darauf, wie eckig oder harmonisch er verläuft. Vergessen Sie dabei nicht, dass Sie Rapport nicht nur über Worte herstellen können, sondern auch auf nonverbale Weise, etwa durch kleine Bewegungen wie ein Wippen mit dem Fuß o. Ä. Im nächsten Schritt üben Sie das Überkreuzspiegeln. Folgen Sie hierfür beispielsweise dem Sprechrhythmus des anderen im Tempo Ihrer Kopfbewegungen (Nicken), und stellen Sie so eine noch dezentere Form von Rapport her.

Ihr Partner kann sich Ihnen leichter öffnen, wenn er spürt, dass Sie in der Lage sind, die Welt mit seinen Augen zu sehen, in seiner Sprache zu sprechen und seine Gedanken zu denken. Was ist eine gelingende Liebesbeziehung, ein erfüllter Liebesakt letztlich anderes als ein gelungenes »Pacing and Leading«, Mitgehen und Führen im stetigen Wechsel?

- Sich gut aufeinander einzustimmen trägt nicht nur zur Vertiefung von Liebesbeziehungen bei, sondern ist auch in anderen Bereichen des Lebens bedeutsam: in der Therapie, um den Klienten dazu zu bewegen, sich zu öffnen,

- in der Hypnose/Hypnotherapie, um das Unbewusste des Zuhörers zu beeinflussen,
- im Verkaufsgespräch, um tieferen Kontakt zum Kunden zu bekommen.

Die Fähigkeit, durch eine gute Spiegelung Rapport herzustellen, lässt sich leider auch zur Durchsetzung unguter Absichten missbrauchen. Wenn Rapport manipulativ eingesetzt oder abrupt durchbrochen wird (z. B. durch plötzliches Abwenden oder Fortgehen), sind beim anderen Schmerz und Enttäuschung doppelt groß. Deshalb sollte mit der Fähigkeit zum Rapport behutsam und stimmig umgegangen werden.

Je besser Ihre Empathiefähigkeit und Ihre Gabe der inneren Widerspiegelung entwickelt sind, umso leichter wird es Ihnen fallen, mit anderen in einen guten Kontakt zu kommen. Ihre Spiegelneuronen sind so gut trainiert, dass Sie sich wie von selbst auf Ihr Gegenüber einschwingen.

Der Spiegel der Projektion

Die Liebe ist die einzige Leidenschaft,
die mit einer Münze bezahlt wird, die sie selber prägt.

(Stendhal)

Als Projektion (von lat. proicere = von sich werfen) bezeichnet man in der Psychologie das Verlagern von Empfindungen, Gefühlen, Wünschen, Interessen, kurz: inneren Vorgängen in die Außenwelt. Projektion bedeutet: Der andere spiegelt mir etwas, aber ich tue so, als wäre etwas »da draußen« für das verantwortlich, was ich erlebe. Es handelt sich bei der Projektion um einen unbewussten psychischen Abwehrmechanismus. Häufig projizieren wir auch Dinge, die wir aus der Vergangenheit in uns tragen, auf die Gegenwart.

Warum projizieren wir überhaupt? Weil wir irgendetwas nicht bei uns selbst sehen wollen oder können. Also verbannen wir dieses »Etwas« aus unserem Bewusstsein. Häufig handelt es sich dabei um negative Eigenschaften wie Grobheit, manchmal jedoch auch um unerreichbar scheinende positive Eigenschaften wie Reichtum. Ein Sprichwort sagt: »Wie der Schelm (über andere) denkt, so ist er!« Oder auch: »Was man sagt, das ist man selber!« Andere Menschen,

Lebensumstände und Situationen spiegeln Ihren eigenen Geist wider.

Der Spiegel Ihrer Projektionen sagt sehr viel über Sie aus – und nur bedingt etwas über das Leben »da draußen« bzw. die anderen Menschen. Schauen Sie sich das, was Sie über andere sagen und denken, also ruhig ein zweites Mal an: In der Regel handelt es sich bei dem, was Sie an anderen umtreibt, um Ihre eigenen Themen – auch und gerade dann, wenn Sie bestimmte Dinge bei anderen vehement ablehnen.

Wenn Sie also Ihren Vorgesetzten als grob erleben, dann hängt dies möglicherweise damit zusammen, dass Sie selbst etwas Grobes in sich tragen, das Sie an sich nicht mögen. Vielleicht deklarieren Sie sich selbst auch als besonders nett und fein, um das Grobe, das Sie in sich tragen, vor sich und anderen zu verbergen. In diesem Fall betreiben Sie »Überkompensation«. Wir werden auf den »Spiegel der Kompensation« an späterer Stelle noch einmal eingehen.

Projektion ist ein natürlicher Schutzmechanismus und daher nichts »Böses« – man sollte sie nur erkennen. Es ist vorübergehend sinnvoll, innere Konflikte, die wir noch nicht aushalten können, nach außen zu projizieren.

Auf die Dauer jedoch ist Projizieren ungesund, weil wir damit Konflikte erzeugen, die zu Abwehr, Trennung und Schwierigkeiten führen und uns um Möglichkeiten des Miteinander-Lebens bringen.

Was Sie auf Ihre Mitmenschen projizieren, bestimmt nicht nur, wie Sie sie wahrnehmen, sondern auch, wie die anderen Sie sehen. Wenn Sie beispielsweise auf Ihren Partner projizieren, dass an ihm etwas nicht in Ordnung ist, dann wird dieser Sie als dominant oder kritisch wahrnehmen, vielleicht sogar mit seinem Vater/seiner Mutter »verwechseln« und in Ihnen immer weniger den oder die Geliebte(n) sehen.

Es ist nutzlos, an einem Spiegel herumzumalen, wenn uns unser Spiegelbild nicht gefällt. Und ebenso sinnlos ist es, »am Partner zu arbeiten«, statt unser Denken über ihn zu erlösen. Sie können andere Menschen nicht nach Ihren Vorstellungen »ummodeln«, und je mehr Sie dies versuchen, umso mehr Frustration und Enttäuschung werden Sie erleben. Der andere kann sein, wie er will – sobald Sie Ihre Projektion zurücknehmen, werden sich Ihre Beziehungen zum Vorteil entwickeln, mehr als in all den Jahren, in denen Sie projiziert haben. Denn durch eine Projektion halten Sie andere Menschen gedanklich in einem Negativbild fest.

Projektionen einfach nur zu ignorieren reicht nicht aus. Wenn wir unsere Projektionen vermeiden, indem wir uns z. B. mit bestimmten Themen einfach nicht mehr auseinandersetzen, frieren wir lediglich bestimmte Bereiche unseres Lebens ein und geben es auf zu wachsen. Wir müssen unsere Projektionen aktiv zurücknehmen, korrigieren. Dies ist wichtig für unsere innere Entwicklung. Wir verdrängen nämlich mit unseren Projektionen auch unsere eigenen Potenziale.

Sie werden freigesetzt, wenn wir den Mut, die Kraft und die Gelegenheit finden, das unangenehme Thema *in uns sel-*

ber anzugehen. Genau hier setzt der »Spiegel der Projektion« an. Er gibt Ihnen die Macht zurück, dort etwas zu ändern, wo Sie es können – in sich selbst. In Ihrer Beziehung zur Außenwelt und dem, was diese Ihnen spiegelt, können Sie also genau die Teile Ihrer selbst heilen, die Sie bisher abgelehnt haben. Dadurch wächst Ihre Selbstwahrnehmung. Sie erkennen mehr und mehr: Sie sind kein hautverkapseltes Ego, sondern Teil des großen Ganzen.

Bei chronischen Projektionen (z. B. »Männer/Frauen sind alle gleich«) ist es hilfreich, gedanklich zu dem Zeitpunkt zurückzugehen, an dem Sie den betreffenden Teil erstmals *in sich* abgelehnt oder verdrängt haben, und herauszufinden, wie die Projektion begann. Dies kann erleichtert werden, wenn Sie Zugang zu den verborgenen Schichten Ihres Bewusstseins finden.

Haben Sie die auslösenden ersten Prägungen und das Ursprungserlebnis Ihrer Projektion erkannt, können Sie sich in heilsamer Weise damit auseinandersetzen und die Projektion loslassen. Sie müssen das betreffende Thema nun nicht mehr fürchten. Sie sind dem großen Ganzen wieder ein Stück näher gekommen.

Eine erhöhte Sensibilität für die eigenen Projektionen führt auch dazu, dass Sie anderen Menschen ihre Projektionen leichter vergeben können. Indem Sie loslassen, was Ihren Blick auf die Welt und auf andere einschränkt, können Sie Segensreiches von anderen empfangen – und umgekehrt anderen etwas Wertvolles geben.

Machen Sie sich einen Menschen bewusst, auf den Sie etwas Negatives projizieren. Dann fragen Sie sich: Wenn ich meine Projektion losließe – was wäre das Segensreiche, das ich von diesem Menschen empfangen könnte?

Projektionen zurückzunehmen bedeutet auch, dass wir die Fähigkeit gewinnen, aktiv an einer Veränderung der Welt teilzuhaben. Der Beobachter bestimmt die Beobachtung. Wenn Sie Ihre Wahrnehmung verändern, verändert sich auch Ihre Welt.

Das bedeutet, *Sie selbst* besitzen die Fähigkeit und Macht, mit Ihrer Welt in positiver Resonanz zu leben. Sie »erinnern« Ihre Umwelt und auch sich an Ihr wahres Selbst, indem Sie für Ihr Erleben die Verantwortung übernehmen. Das Wunder der Wandlung geschieht also nicht, indem Sie an anderen herumbasteln. Es ist Ihre Akzeptanz dessen »was ist«, die heilt, nicht das Verurteilen.

Indem Sie Ihre Projektionen zurücknehmen, werden bisher unerlöste und verdrängte Teile in Ihnen einer Heilung zugeführt. Sie beenden damit das Schwarzweiß-Denken und den damit verbundenen inneren und äußeren Konflikt. Der »Mist« Ihrer bisherigen Projektionen wird dann zu einem »Dünger« für konstruktives, allverbundenes Wachstum an Lebenserfüllung.

Dazu ein Beispiel: Nehmen wir an, Sie sind mit einem Partner verheiratet, den Sie als »unattraktiv« einstufen. Solange Sie ihn für unattraktiv halten, fühlen Sie sich mit

Ihrem Partner gestraft: Sie zeigen sich mit ihm nicht gern in der Öffentlichkeit, und im Bett läuft schon lange nichts mehr. Tatsächlich aber handelt es sich bei Ihrem Urteil über Ihren Partner um die eigene Erfahrung, nicht attraktiv genug zu sein und abgelehnt zu werden, die Sie irgendwann einmal, vielleicht in Ihrer Kindheit, gemacht haben. Damals haben Sie sich unbewusst gemerkt: »Es ist wichtig, attraktiv zu sein! Unattraktive Menschen werden ausgegrenzt und verspottet!« Um diesen Schmerz nicht länger spüren zu müssen, haben Sie sich entschieden, das Urteil, das ursprünglich auf Sie gemünzt war, nach außen zu wenden und andere Menschen nach »attraktiv« und »unattraktiv« zu kategorisieren. »Attraktive« Menschen stellen von da an den Inbegriff Ihrer Sehnsucht dar, die Sie vielleicht als Kind erlebt hatten – aber nicht Ihrer wirklichen Sehnsucht. Und »unattraktive« Menschen stellen den Inbegriff der Abscheu dar, die Sie seinerzeit als Kind ertragen mussten. Indem Sie das Urteil »Attraktiv sein ist wichtig« aufheben und auch die Projektion »Mein Partner ist unattraktiv«, erleben Sie einen Zugewinn an Intimität, Lebensfreude und gemeinsamem Lebensausdruck. Der Belohnte sind Sie selbst.

Stellen Sie sich vor, der Teil, den Sie durch Projektion ausgelagert haben (z. B. der Arrogante, Hässliche, Sture …) lebt verlassen auf einer Insel. Imaginieren Sie, dass Sie über eine Brücke zu dieser Insel gehen, diesen Teil heimholen und dadurch selbst vollständiger, liebevoller und mitfühlender werden.

Wie Sie Projektionen über einen anderen Menschen erfolgreich zurücknehmen

Es gibt viele gute Methoden, Projektionen zu heilen. Nachfolgend möchte ich Ihnen die Methode der Projektionsrücknahme[54] vorstellen:

1. Machen Sie sich bewusst, um welchen Menschen es geht.
2. Was ist es genau, das Sie an dieser Person am meisten stört, das in Ihnen am meisten emotionale »Ladung« (Wut, Frust, Bitterkeit, Depression...) auslöst? Notieren Sie ein bis vier Eigenschaften, z. B.: »Mein Vorgesetzter ist arrogant!« Streichen Sie diese Eigenschaften dann durch.
3. Fühlen Sie tief in sich hinein: Wann und aus welcher Lebenssituation heraus kennen Sie genau das, was Sie verurteilen, von sich selbst? Manchmal müssen Sie länger suchen und dabei tief in sich hineintauchen, bis Sie die entsprechende Resonanz finden. Es genügt nicht, einfach nur zu denken, dass Sie selbst ja auch z. B. arrogant sein könnten. Finden Sie vielmehr eine Schlüsselsituation, in der Sie genau diesem Thema bei sich selbst auf die Spur kommen können. Sie können stets nur das Muster heilen, das aktiviert ist – darum ist es so wich-

---

54 Die hier dargestellte Methode der Projektionsrücknahme stammt von Andreas Krüger. Weitere Informationen unter www.andreaskrueger-berlin.de.

tig, den entsprechenden Punkt in sich selbst zu finden. Sobald Sie ihn haben, nehmen Sie diese ungeliebte Eigenschaft für sich selbst an. Beziehen Sie die Eigenschaft auf sich selbst und sagen Sie zur Projektionsrücknahme: »Ich nehme für mich an, ... (unerwünschte Eigenschaft) zu sein!« Bzw.: »Ich nehme in mir den Teil an, der ... (unerwünschte Eigenschaft) ist oder »Ich bin ...« (z. B. »Ich bin arrogant!«).

4. Wenden Sie sich diesem Teil voller Liebe zu und neutralisieren Sie ihn, indem Sie die Arme verschränken, sich mit beiden Händen gleichzeitig auf die Oberarme klopfen (sogenanntes »Schmetterlingsklopfen«) und dabei nacheinander die folgenden Formeln sprechen[55]:

a. »Auch wenn ich ... (negative Eigenschaft) bin, akzeptiere ich mich voll und ganz.«

b. »Auch wenn ich ... (negative Eigenschaft im Komparativ) bin, akzeptiere ich mich voll und ganz.«

c. »Auch wenn ich ... (negative Eigenschaft im Superlativ) bin, akzeptiere ich mich voll und ganz.«

d. »Auch wenn ich ... (positive Eigenschaft) bin, akzeptiere ich mich voll und ganz.«

e. »Auch wenn ich ... (positive Eigenschaft im Komparativ) bin, akzeptiere ich mich voll und ganz.«

f. »Auch wenn ich ... (positive Eigenschaft im Superlativ) bin, akzeptiere ich mich voll und ganz.«

---

55 Alternativ können Sie auch die »kausalen Wandlungspunkte« oder Punkte der Energiefeldtherapie EFT nach Gary Craig klopfen.

5. Sobald Sie spüren, dass Sie Ihre Projektion zurückgenommen/den projizierten Teil in sich angenommen haben, klopfen Sie wieder wie oben und sagen Sie sich: »Nun, wo ich angenommen habe, bin ich frei davon, ... (unerwünschte Eigenschaft) projizieren zu müssen/zu sein!«

6. Nun fragen Sie sich: Nehmen wir einmal an, es geschähe über Nacht ein Wunder, worin würde dieses Wunder bestehen? Spüren Sie Ihrer größten Sehnsucht – was das betreffende Thema anbetrifft – nach, denn Ihre Sehnsucht ist eine Energie, die Sie nutzen können. Folgen Sie der Spur Ihrer Sehnsucht. In unserem Beispiel könnte dies sein: »Mein Vorgesetzter behandelt mich zuvorkommend und respektvoll und bezieht mich in seine Entscheidungen mit ein.« Finden Sie ein Schlüsselwort, das die positive Qualität beschreibt (z. B. Respekt).

7. Klopfen Sie weiter und sagen Sie dabei: »Nach dem Wunder wird ... (negative Eigenschaft) zu ... (positive Eigenschaft).«

8. Klopfen Sie weiter und sagen Sie dabei: »Ich nehme an in Liebe meine ... (positive Eigenschaft, z. B.: meinen Respekt).«

9. Klopfen Sie weiter und sagen Sie dabei: »Ich nehme an ... (positive Eigenschaft) bei ... (andere Person)!« Diese Stufe nennen wir auch »Befähigen«: Sie »befähigen« z. B. Ihren Vorgesetzten dazu, dass er es fertigbringt, mit Ihnen respektvoll umzugehen.

10. Halten Sie im Alltag stets Ausschau nach dem »Wunder«.

Das Wunder, das Sie einklopfen, kann das Gegenteil der Projektion sein; es kann sich aber auch um eine andere positive Eigenschaft handeln. Ihr Wunsch sollte nach Ihren eigenen Maßstäben realistisch sein. Gegebenenfalls fragen Sie Ihre Intuition, um welche Eigenschaft es sich dabei handeln könnte. Zum Beispiel kann »Unberechenbarkeit« sich wandeln in »Beherrschung der eigenen Genialität«, (geistiges) »Kranksein« in »Einssein mit dem Heilsein«, »Kopflastigkeit« in »Integrationsfähigkeit«, »bizarr sein« in »wertvolle Einzigartigkeit« usw. Lassen Sie sich von Ihrer Sehnsucht steuern.

Lassen Sie uns das Vorgehen noch einmal am Beispiel des arroganten Vorgesetzten durchspielen:

1. Es geht um meinen Vorgesetzten.
2. Mein Vorgesetzter ist arrogant.
3. Ich nehme in mir den Teil an, der arrogant ist. Ich erinnere mich dabei genau an eine Situation, in der ich arrogant war und wie sich das angefühlt hat.
4. Auch wenn ich
   a. arrogant bin,
   b. noch arroganter bin (als mein Vorgesetzter),
   c. der arroganteste Mensch bin, den ich kenne,
   d. respektvoll und mitfühlend bin,
   e. respektvoller und mitfühlender bin (als bisher/als andere),
   f. der respektvollste und mitfühlendste Mensch bin, den ich kenne,
   akzeptiere ich mich voll und ganz!

5. Nun, wo ich meine eigene Arroganz angenommen habe, bin ich frei davon, Arroganz projizieren zu müssen.
6. Das Wunder wäre Respekt und Mitgefühl.
7. Nach dem Wunder wird Arroganz zu Respekt und Mitgefühl.
8. Ich nehme an in Liebe meinen Respekt und mein Mitgefühl.
9. Ich befähige meinen Vorgesetzten, respektvoll und mitfühlend zu mir zu sein!
10. Ich halte im Alltag stets Ausschau nach Respekt und Mitgefühl und nehme bewusst wahr, wenn ich sie erhalte.

Liebe im Denken ist Wahrheit.
Liebe im Handeln ist Rechtschaffenheit.
Liebe im Fühlen ist Frieden.
Liebe im Verstehen ist Gewaltlosigkeit.

(SATTYA SAI BABA)

Der Spiegel der Projektionen anderer Ihnen gegenüber

Die meisten Menschen leben für die Liebe und die
  Bewunderung,
doch wir sollten durch Liebe und Bewunderung leben.
(Oscar Wilde)

Wenn jemand anderer von außen etwas auf Sie projiziert – ganz gleich, ob positiv oder negativ –, erzeugt dies in Ihnen einen Projektionsdruck. Insbesondere wenn Sie die Projektion innerlich ablehnen, fühlen Sie sich möglicherweise erst einmal irritiert: Soll ich jetzt der Projektion entsprechen und dadurch in Verbundenheit mit der Wahrnehmung des anderen treten, in der Hoffnung, ihn dadurch gnädig zu stimmen, oder soll ich seiner Projektion widersprechen und dadurch in Konflikt mit ihm treten?

Nur selten gelingt uns die entwaffnende Schlagfertigkeit, die einmal Fritz, ein Klient in einer Paarberatung, seiner Frau gegenüber aufbrachte. Als diese sich lauthals beklagte, dass der neben ihr sitzende Ehemann Fritz impotent sei (»Nicht einmal das bringst du fertig«), lächelte er sie entwaffnend an und sagte: »Ich freue mich, dass du mich trotzdem liebst!«

Doch normalerweise fühlt man sich durch negative Projektionen wie z. B. »Nicht einmal das kannst du!« ent- statt befähigt. Man fühlt sich in der Rolle des Versagers wie festgenagelt. Festgenagelt aber sind wir nur, solange wir Widerstand dagegen leisten, dass jemand in uns etwas Negatives sieht. Es ist unsere eigene Verurteilung genau der Eigenschaft, die auf uns projiziert wird, die uns so wehtut. Die Fremdprojektion und der Schmerz, den sie auslöst, ist somit nichts anderes als ein Symptom für nicht aufgearbeitete Selbstverurteilungen und festgehaltene negative Erinnerungen.

Ein interessantes Beispiel dafür stammt von einem anderen Paar, das ich beriet. Petra, die halbtags als Ärztin in einer Klinik arbeitete, beklagte sich darüber, dass Peter, ihr Partner, sie als dumm und ungeschickt im Haushalt darstellte. Immer wieder verglich er sie mit seiner Mutter und befand, dass Petra zu tölpelhaft sei, um die ganz normalen Aufgaben, die eine Hausfrau eben zustande bringen sollte, zu bewältigen. Auf die Frage »Was ist denn so schlimm daran, dumm und ungeschickt zu sein«? antwortete Petra, dass sie sich immer damit identifiziert habe, alles zu wissen und alles zu können. Irgendwann hielt sie inne und erkannte: »Ja, manchmal stelle ich mich tatsächlich ein wenig doof an, aber eigentlich ist das gar nicht so schlimm!« In der darauffolgenden Sitzung berichtete sie, dass ihr Mann sie viel weniger kritisiert habe – und dass es ihr auch kaum noch etwas ausmache. Sie stehe nun eben »darüber«.

Wir erkennen am Beispiel der beiden geschilderten Paare, dass in vielen Fällen das Annehmen einer Projektion bereits die Lösung ist. Eine Projektion tut ja nur deshalb so weh, weil sie irgendwo in uns auf Ladungen trifft. Das bedeutet nicht, dass eine Projektion von außen in jedem Fall zutrifft. Es kann in unseren Beispielen durchaus sein, dass Fritz in Wirklichkeit potent und Petra klug und geschickt ist. Der Spiegel der Fremdprojektion sagt jedoch stets etwas über unser Urteil aus, das wir insgeheim in uns bergen. Wann immer eine Projektion uns wehtut, dann deshalb, weil wir eine Wertung in uns tragen. Sobald wir diese Wertung auflösen, sind wir auch nicht mehr resonant zu der Projektion.

Wenn also jemand »Sie Schwächling!« zu Ihnen sagt, dann halten Sie kurz inne. Spüren Sie nach, ob dies stimmt. Falls ja, können Sie sagen: »Ja, das stimmt, da fühle ich mich schwach – na und?« Falls die Fremdprojektion irgendwo stimmig ist, aber nicht den Kern trifft, antworten Sie vielleicht: »Schwach fühle ich mich nicht, aber feige – na und?« Ihre Ehrlichkeit wird den anderen entwaffnen. Warum lehnen wir es so vehement ab, ein Familientier, ein Depp, ein Supermann, eine Schlampe oder ein Dämchen zu sein? Möglicherweise gibt es hier Themen in uns, mit denen wir noch in Frieden kommen möchten.

Wenn Sie einen Schmerz angesichts von Fremdprojektionen spüren, dann bekennen Sie ruhig: »Das tut gerade weh!« Ehrlichkeit ist immer der beste Weg, mit so etwas umzugehen – sie mag dem anderen nicht gefallen, aber Sie bestehen zumindest vor sich selbst. Und wenn Sie dann wieder alleine mit sich im stillen Kämmerlein sind, dann spüren Sie nach, was da so wehgetan hat. Immer ist es ein Urteil. Vielleicht lediglich das Urteil »Der andere sollte mich sehen, so wie ich bin, und nicht sein eigenes Thema auf mich projizieren«. – Sollte er nicht? Offenbar schon, denn er ist so, wie er ist. Indem Sie Menschen, die projizieren, verzeihen, verzeihen Sie letztlich ein Stück weit auch sich selbst.

Auch positive Projektionen können belasten, wenn sie nicht zu Ihnen gehören. Wenn Ihr Partner Sie als »treues Familientier« bezeichnet und Sie als solches auffordert, mit ihm seine gesamte Verwandtschaft zu besuchen, Sie in Wahrheit aber lieber Ihre Ruhe haben wollen, fühlen Sie sich durch die unzutreffende »positive Projektion« verkannt und unter Erwartungsdruck gesetzt.

In diesem Fall ist es wichtig, dass Sie spüren, ob die Projektion für Sie stimmt, dass Sie zu sich selbst stehen und bekunden, dass Sie sich anders erleben: »Ich danke dir dafür, dass du glaubst, ich sei ein Familientier, aber ich mag es, ab und zu auch mal andere Dinge zu tun als Verwandte zu besuchen!« Wenn der andere daran interessiert ist, mehr über Sie zu erfahren, kann er seine Projektion – egal, ob positiv oder negativ – loslassen, und man kann gemeinsam untersuchen, wie man sich erlebt. Natürlich können Sie auch eine positive Projektion annehmen und das »Familientier« in sich entdecken, falls Sie dies möchten.

Fassen wir noch einmal zusammen: Wo immer Sie sich über die Projektion eines anderen Menschen aufregen, zeigt Ihnen der Spiegel der Fremdprojektion Ihre eigene Unfähigkeit, mit Projektionen umzugehen. Insbesondere dort, wo Sie sich nicht wehren können, wo Sie sich hilflos fühlen, haben Sie die Chance, Farbe zu bekennen.

Fremdprojektionen geben Ihnen auch die Möglichkeit, sich über ein Thema klar zu werden. Wenn Sie beispielsweise ein finanziell schwach gestellter Künstler sind und jemand kritisiert sie, weil Sie »arm« seien, können Sie diese Projektion nutzen, um dieses Thema in sich zu überprüfen. Vielleicht antworten Sie dann: »Ich habe weniger Erspartes als andere Menschen, aber ob ich deswegen arm oder reich bin, ist eine Frage der Betrachtungsweise!«

Den Widerstand gegen eine Projektion zu finden und aufzulösen und dem anderen zu sagen, was für Sie stimmt, sind zwei Seiten der gleichen Medaille. Je weniger »Ladung« Sie auf das haben, was auf Sie projiziert wird, umso leichter wird es Ihnen fallen, klar zu sagen, was Sache ist.

Dort, wo Sie die Projektion der anderen gelassen als solche anerkennen können, können Sie klarer sehen, dass das, was der andere projiziert, offenbar für *ihn* wichtig ist. Wenn also der andere Sie wegen »Armut« geringschätzt, dann hat *er* ein Problem mit Armut, und Sie können dafür Mitgefühl haben und ihm so von Ihrem emotionalen Reichtum etwas zukommen lassen.

Letztendlich ist also auch die Fremdprojektion ein Vorgang, der in Ihnen stattfindet. Der beste Weg, mit Fremdprojektionen umzugehen, besteht darin, das, was in ihnen gespiegelt wird, in sich zu heilen. Jede Fremdprojektion fordert zur Selbstreflektion auf – das ist das Gute daran. So bietet jede Außenprojektion die Chance, Rückgrat, Standfestigkeit sowie Mitgefühl mit sich selbst und dem anderen zu entwickeln.

Wenn Sie das nächste Mal mit einer von außen kommenden Projektion konfrontiert sind, können Sie sich entlang der folgenden Checkliste damit auseinandersetzen:

1. Wer projiziert?
2. Was projiziert er?
3. Was ist mein Widerstand dagegen, worin besteht er?
4. Inwieweit bezeichnet die Projektion meine innere Realität, inwieweit nicht?
5. Was passiert, wenn ich die Projektion umarme bzw. den Widerstand dagegen loslasse?
6. Ich lasse meinen Widerstand gegen die fremde Projektion los und spüre mich selbst, mein wahres unteilbares göttliches Selbst.
7. Ich sehe in dem Projizierenden, der Projektion und mir als Projektionsfläche das eine unteilbare Selbst und lasse Mitgefühl fließen.

Gehen Sie durch die Straßen und projizieren Sie nach Herzenslust – mehr noch: Belegen Sie alles, was Sie sehen, mit Bewertungen, und dies ganz bewusst. Sagen Sie beispielsweise: »Das ist ein dummer Baum, dieser Hund ist klug, die Apothekerin ist schön ...«
Indem Sie bewusst »etikettieren«, vollziehen Sie das nach, was Ihr Unbewusstes ohnehin den ganzen Tag tut. Wenn Sie dann das nächste Mal tatsächlich projizieren, werden Sie sich schneller dabei erwischen ... und Sie werden entdecken, dass es Ihnen leichter fällt, eine spielerische Distanz zu Ihren Bewertungen einzunehmen.

Nun gehen Sie durch die Straße und geben frei von Bewertung allem, was Ihnen begegnet, (s)einen Namen, aber keine Eigenschaften. Sie sehen einen Baum und sagen »Baum«, Sie sehen einen Hund und sagen »Hund«, Sie sehen eine Apothekerin und sagen »Apothekerin«. Dadurch kommen Sie mit dem Teil Ihres Gehirns in Kontakt, der für die Begriffsbildung zuständig ist. Eine kleine Lücke tut sich auf zwischen dem »Benamsen« von Dingen und dem »reinen Sein«. Diese Lücke sorgt dafür, dass die Dinge der Außenwelt nicht mehr von Ihnen Besitz ergreifen, sondern Sie frei sind, inmitten aller äußeren Geschehnisse sich selbst zu spüren.

Der Spiegel der Kompensation

Die Kompensation ist der Projektion sehr ähnlich. Bei der Projektion schreiben Sie anderen etwas zu, das Sie selbst leben, aber an sich nicht mögen. Sie verurteilen beispielsweise bei anderen Emotionalität, weil Sie selbst emotional sind. Bei der Kompensation gehen Sie dazu über, Themen, die Ihnen selbst (unbewusst) schmerzhaft sind, zu vermeiden, indem Sie den Mangel durch sein Gegenteil auffüllen. Bezüglich der Emotionalität würde dies bedeuten, dass Sie sich, was den Ausdruck Ihrer Gefühle angeht, extrem beherrschen und stets kühlen Kopf bewahren.

Wer sich minderwertig fühlt, fährt vielleicht ein besonders großes Auto oder möchte bei jedem Verein im Vorstand mitmischen. »Wer angibt, hat's nötig« – dieses Sprichwort drückt ebenfalls die Funktion der Kompensation aus. Kompensation ist in vielen Fällen gesund und sinnvoll. Dort, wo sie die Oberhand gewinnt, spricht man allerdings von Überkompensation.

Ein Beispiel: Jemand, der sich schwächlich fühlt, lernt Kampfsport. Wenn er aber nichts anderes mehr im Kopf hat als die nächste Kampfsportmeisterschaft und dabei Frau und Kinder vernachlässigt, dann liegt eine Überkompensation vor. Im Bestreben, sein Gefühl der Schwäche abzuwehren, verpasst der Betreffende andere Dimensionen seines Lebens.

Bei der Überkompensation ist die Abwehr so stark, dass Sie dies in der Regel gar nicht mehr bemerken. Um beim obigen Beispiel zu bleiben: Sie erringen in Ihrem Kampfsport einen Titel nach dem anderen und wissen gar nicht mehr, dass der Auslöser für Ihren Ehrgeiz ein kindliches Schwächegefühl ist.

Jede Kompensation basiert auf einer Leugnung. Wir versuchen uns selbst und anderen vorzumachen, dass wir eine bestimmte negative Eigenschaft nicht haben, indem wir uns auf gegensätzliche Weise verhalten. Dabei mögen sich andere Menschen durchaus über unsere verborgene Eigenschaft im Klaren sein. In diesem Fall handelt es sich um einen »blinden Fleck« im Sinne des Johari-Fensters. Unsere Leugnung kann aber auch so tief in uns vergraben liegen, dass sie tatsächlich niemand wahrnimmt.

Solange wir kompensieren, kann der Teil in uns, den wir abwehren und der in irgendeiner Weise ein äußeres Ereignis spiegelt, nicht entdeckt und geheilt werden. Dann werden wir auch nichts Gutes von der Welt empfangen können, weil unsere Kompensationsversuche uns gefangenhalten und wir uns in der Arroganz vermeintlicher Überlegenheit dem Zustrom der positiven Energie verschließen. Tatsächlich bestrafen wir uns durch Kompensation so sehr, als ob wir die negative Eigenschaft tatsächlich ausleben würden: Um unsere vitalen Impulse, die uns nicht einmal wirklich bewusst sind, zu unterdrücken, müssen wir eine beträchtliche Menge an Lebenskraft einsetzen.

Was wollen wir durch unsere Kompensationen vermeiden? Dass uns ein Thema leibhaftig berührt. Dort, wo wir an Kompensationen festhalten, beginnt unsere Beziehung zur Außenwelt zu stagnieren und läuft in eine Sackgasse. Wir drücken uns dadurch vor dem fälligen nächsten Entwicklungsschritt.

Um eine Kompensation zu erkennen und aufzulösen, gibt es verschiedene gute Methoden. Ich möchte Ihnen nachfolgend die Ursprungserlebnismethode vorstellen.

Kompensationen zurücknehmen durch die Ursprungserlebnismethode

1. Fragen Sie sich: Um welche Person geht es? Welcher Mensch beschäftigt Sie momentan am meisten? Ist es Ihr Partner, ein Kollege, ein Nachbar? Oder sind es Mutter oder Vater, ein Politiker oder Ihr Vorgesetzter, die Sie aufregen?
2. Stellen Sie sich vor, die betreffende Person stünde Ihnen gegenüber. Was sollte er oder sie idealerweise anders machen, wie sollte diese Person anders sein? Was genau ärgert Sie an dieser Person? Notieren Sie ein bis vier negative Eigenschaften.
3. Machen Sie sich bewusst, dass Sie genau diese Eigenschaften wahrscheinlich selbst haben, aber nicht wahrnehmen können, weil Sie sie kompensieren. Überlegen Sie: Durch welche Verhaltensweisen kompensieren Sie diese Eigenschaften?
4. Machen Sie sich die Eigenschaften, die Sie am anderen nicht mögen, wieder zu eigen. Akzeptieren Sie sie als Teil

von sich. Dies bedeutet nicht, dass sie *nur* so sind, sondern dass Sie erkennen, dass das Projizierte *auch* zu Ihnen gehört. Sie sollten die Eigenschaften, die Sie am anderen so stören, in sich finden, ohne sie dabei zu bewerten oder auszuagieren. Halten Sie inne, gehen Sie nach innen; warten Sie, bis Sie etwas erkennen können. Lassen Sie den Moment kommen, in dem es bei Ihnen »Klick« macht. Es genügt nicht, einfach nur generell zuzugestehen, dass Sie möglicherweise etwas kompensieren, sondern es geht darum, den inneren Ort zu »treffen«, an dem sich der Ursprung der Kompensation, Ihre Resonanz befindet. Es ist Ihre Offenheit des Herzens, die diese Einsicht aufleuchten lässt. Sobald Sie das Verurteilte in sich selbst gefunden haben, stellen Sie wertfrei fest: »Ja, ich kann es in mir finden!« Sie sollen sich mit dieser Übung nicht selbst »fertigmachen«, sondern sie soll Ihnen dabei helfen, etwas, das in Ihnen lange Zeit ungelöst und abgespalten war, in der Weite Ihres eigenen Herzens aufzulösen.

5. Finden Sie zu dem Zeitpunkt zurück, zu dem Sie erstmals oder besonders heftig mit einer oder mehreren unangenehmen Eigenschaften konfrontiert wurden und sich entschieden haben, diese zu kompensieren, indem Sie das Gegenteil davon tun. Falls Sie die Ursprungssituation nicht mehr genau erinnern können, fragen Sie Ihre Intuition:

- »Wenn ich es wüsste, wann ist es geschehen und wie alt war ich, als ich diese Eigenschaft verurteilt habe?«
- »Wenn ich es wüsste, was ist damals passiert, dass ich zu dieser Überzeugung gekommen bin?«

- »Was habe ich damals in Bezug auf diese Eigenschaft beschlossen?«
- »Wann habe ich diese Eigenschaft erstmals projiziert bzw. an mir selbst erlebt?«

6. Nutzen Sie Ihre Erinnerung, gegebenenfalls auch Ihre Intuition, um den entscheidenden Zeitpunkt, das entscheidende Erlebnis aufzuspüren, bei dem Sie *sich selbst* in der unguten Situation, also behaftet mit der kompensierten Eigenschaft, erlebt haben. Welche Emotionen sind mit der damaligen Erfahrung verbunden bzw. an sie gebunden? Gehen Sie emotional in die damaligen Situationen hinein, und fühlen Sie, welche Emotionen Sie *jetzt* empfinden, wenn Sie an die damalige Situation denken, z. B. Scham, Trauer, Ärger... Es geht in dieser Phase des Heilungsprozesses darum, tief wahrzunehmen, was Sie fühlen – und es erst dann zu benennen.

7. Entladen Sie den Stress, der mit der Emotion verbunden ist, zusätzlich durch Augenbewegungen: Bewegen Sie dabei ihre Pupillen relativ schnell von ganz rechts nach ganz links, bis Sie in sich ein tiefes Gefühl von Entspannung und Aufatmen spüren.[56]

8. Erkennen Sie, dass Sie in sich selbst um diese Eigenschaft herum eine Blockade errichtet haben, damit andere Menschen diese Eigenschaft nicht in Ihnen sehen können.

---

56 Diese Technik ist Bestandteil von EMDR (Eye Movement Desensitization and Reprocessing), einer Methode, die aus der Traumatherapie nach Francine Shapiro entstanden ist. Mehr dazu in: Francine Shapiro/ Margot Silk Forrest: EMDR in Aktion: Die neue Kurzzeit-Therapie in der Praxis, Paderborn (Junfermann Verlag) 1998.

Fragen Sie sich: Welche Gefühle sind hinter der Kompensation verborgen und möchten wertfrei empfunden und losgelassen werden? Was würde ich erleben (müssen), wenn ich nicht mehr kompensiere?

9. Verzeihen Sie den damaligen Beteiligten ihr Verhalten, und verzeihen Sie auch sich selbst, diese Mauer errichtet zu haben. Fragen Sie sich hierfür: Wem muss ich verzeihen? Wen muss ich aus meinen Urteilen entlassen? Für was muss ich mir selbst verzeihen?

Indem wir die emotionalen Wunden heilen, aufgrund derer wir angefangen haben zu kompensieren, werden wir ganz neue, positive Seiten an uns entdecken, innerlich geistige Gesundheit spüren und erleben, wie sich die Menschen in unserer Nähe und die Welt zum Positiven verändern.

Der Spiegel der Sucht

Stellen Sie sich vor, Sie wären Ihr Leben lang mit Handschellen an eine Person gefesselt, die Ähnlichkeit mit Ihnen selbst hat. Diese Person ist das eigene süchtige kleine »Ich«.

Wie das Wort bereits sagt, handelt es sich bei der Sucht um eine Suche, die jedoch nicht zum Ziel geführt hat, also irgendwo steckengeblieben ist. Sucht ist Suche an der falschen Stelle.

Es gibt viele Arten von Sucht: Arbeitssucht, Geltungssucht, Alkoholsucht, Drogensucht, Spielsucht, Sexsucht, die Sucht nach Stress, ja sogar »verdrehte« Süchte wie die Sucht nach Streit, Demütigung oder Versagen.

Es ist aber nicht das Suchtmittel, das seinen so starken Magnetismus auf uns ausübt – auch wenn uns dies so scheinen mag –, sondern es ist unsere eigene Schwäche, die sich das Suchtmittel sucht. Heinz-Peter Röhr schreibt über die Sucht zutreffend: »Sucht ist eine Hungerkrankheit!«[57]

Der Magnet für die Sucht liegt in unserer Fehlidentifikation mit unserem »kleinen Ich«. Die äußere Sucht ist lediglich ein Spiegel, der uns auf etwas hinweisen möchte. Insoweit hat eine Sucht auch ihr Gutes, weil sie uns zwingt, uns

---

57 Heinz-Peter Röhr: Sucht – Hintergründe und Heilung, Düsseldorf (Patmos Verlag) 2008.

auf den Weg zu uns selbst zu begeben. Und weil der Wechsel von der Sucht über die Suche zum Finden der Weg jedes Menschen ist, sollten wir uns diesem Spiegel Sucht in aller Achtung und Bewusstheit nähern. Auch Menschen, die sich für »suchtfrei« halten, sind an irgendeiner Stelle süchtig, z. B. nach ihren Bewertungen, Urteilen, Bequemlichkeiten – sie sind sich dessen nur weniger bewusst.

Wenn wir uns selbst oder andere wegen einer Sucht verurteilen, tun wir damit weder uns noch anderen etwas Gutes. Im Gegenteil: Das Urteil versperrt die klare Sicht auf das, was in der Sucht gesucht wird. Nur wenn wir uns dem Suchtthema vorurteilsfrei nähern, können wir die Antwort auf essentielle Fragen entdecken: Wonach hungere ich? Was suche ich wirklich?

Das, wonach Sie hungern, ist etwas sehr Schönes in Ihnen selbst, das Sie jedoch ablehnen und das Ihnen aus diesem Grund in seiner negativen Form – als *Vorstellung* – entgegentritt. Es ist etwas in Ihnen, das hinter der Schale der Sucht verborgen ist und irgendwann einmal von Ihnen – oder anderen – zurückgewiesen wurde.

Eine negative Überzeugung über sich selbst, letztendlich über *das* Selbst, ist der Kern jener Abhängigkeitsillusion, die wir Sucht nennen und die manchmal auch als Zwanghaftigkeit, Hemmung, Blockade, Unzufriedenheit in Erscheinung tritt. Letztlich ist es nicht nur die Zurückweisung des Selbst, sondern die Zurückweisung durch das Leben, »wie es ist«, die in die Sucht führt. Um den Schmerz dieser Zurückweisung zu kompensieren, wählten wir irgendwann einmal ein Suchtmittel und damit verbunden eine Fixierung, vergleichbar einem Baby, das zu seiner Beruhigung nach einem Schnuller greift.

Sucht ist ein Versuch, unliebsame Emotionen nicht spüren zu müssen, eine künstliche Vermittlung von »Lust auf Leben«. Gemäß der Schematherapie von Jeffrey E. Young[58] gibt es unter den vielen Verhaltensschemata vier Dispositionen, die sich möglicherweise besonders stark auf unsere Fähigkeit auswirken, das Leben zu genießen. Die nachfolgende Tabelle zeigt die Problematik und auch Ansätze zur Lösung:

Schema	Negativität	Hemmung	hohe Standards	Bestrafung
Thema	Negatives hervorhebend, pessimistisch	Emotional gehemmt	Überkritisch, starre Regeln, unerbittliche Ansprüche	Bestrafungsneigung
Kindheitserfahrung	Überängstliche, katastrophisierende Eltern	Emotionsvermeidende, lustfeindlich-angespannte Eltern	Liebe für Leistung, immer war es zu wenig, was man leistete.	Strafe ist wichtig und richtig; wer sein Kind liebt, der straft es.
Kognition	Wenn es mal gut geht, kommt bald ein Übel.	Wenn ich meine Gefühle zeige, werde ich bestraft.	Nur wenn ich gut bin, bin ich etwas wert.	Liebe und Strafe sind das Gleiche.
Projektion auf das Leben	Das Leben ist ein Dschungelcamp, bereitet Last, Plage und Probleme.	Das Leben ist eine Fußfessel, die beschneidet und reglementiert.	Das Leben ist eine Besserungsanstalt, und man ist nie gut genug.	Das Leben ist ein Gerichtshof.

58 Jeffrey E. Young: Schematherapie. Ein praxisorientiertes Handbuch, Paderborn (Junfermann Verlag) 2008.

Schema	Negativität	Hemmung	hohe Standards	Bestrafung
Bedürfnis	Neutralität bzw. Klarheit	Selbst-Befreiung bzw. Toleranz	Vollkommenheit bzw. Anerkennung	Urteilsfreiheit bzw. Vergebung
Lösung des gesunden Erwachsenen	Za-Zen: Von allem beide Seiten, die positive wie die negative, sehen und ausgewogen urteilen, ggf. ein Naikan-Retreat besuchen.	Tantra: Gefühle und Bedürfnisse zeigen, Spontaneität, Impulse, Trieb, Erregung, Verletzbarkeit, Gefühle ausdrücken.	Freitänzer: Das Leben eher spielerisch angehen und genießen, frei von Perfektionismus. Die Dinge nicht so eng sehen, Unvollkommenheiten ehren.	Bhakti: Milde, Verständnis entwickeln, radikale Vergebung praktizieren.

Fast immer finden wir dort, wo eine Sucht besteht, auch eines der oben genannten vier Themen. Das Suchtmittel vermittelt anfangs die Illusion von Beschwerdefreiheit, zumindest der Erleichterung, später zwingt es zur Fortsetzung. Sobald wir uns von der Sucht lösen wollen, steigen jedoch all die unliebsamen Emotionen, die wir durch die Sucht unterdrücken wollten, wieder auf, auf der tiefsten Ebene nackte Angst. Die Bereitschaft, die verdrängten Emotionen spontan wahrzunehmen, sie willkommen zu heißen, weist den Weg aus der Sucht.

Um eine Sucht zu lösen, sollten Sie erst einmal der positiven Absicht auf die Spur kommen, die hinter ihr steckt. Was soll das Suchtmittel – günstigstenfalls – für mich tun? Bei einem Alkoholiker könnte die Antwort beispielsweise lauten: »Der Alkohol hilft mir dabei, Konflikte vorübergehend erträglicher zu machen.« Um den Spiegel der Sucht klarer zu erkennen, können Sie sich folgende Fragen stellen:[59]

- Was ist die positive Deutung der Sucht?
- Welcher Leidensdruck führt(e ursprünglich) zum Suchtverhalten?
- Wie stehe ich dazu, dass im Suchtangebot Wünsche geweckt, aber negative Nebenwirkungen verschwiegen werden?
- Verspricht das Suchtmittel ein Eintauchen in eine glücklichere Welt? Welche?
- Welche negativen Gefühle verspüre ich gegenüber meiner Abhängigkeit?
- Was genau sagen diese Gefühle über mich aus?
- Welches Urteil über mich selbst ist darin verborgen?
- Was ist mein stärkstes negatives Gefühl?
- Wann hatte ich dieses Gefühl erstmals?
- Welche Ängste habe ich davor, meine Abhängigkeit zu beenden?
- Welche negativen Glaubenssätze liegen unter der Sucht verborgen? (»Ich bin...« bzw. »Das Leben ist...«)
- Was ist die »Sprache des Fehlenden«, auf welche die Sucht hinweist? Was fehlt? (Bei Nikotinsucht kann das beispielsweise das Empfinden von oralem Genährt-Sein durch die Welt sein. Das Fehlende entdecken Sie am leichtesten, wenn Sie sich fragen: »Was würde passieren,

---

59 Die Fragenliste ist inspiriert von Nossrat Peseschkian: Psychosomatik und Positive Psychotherapie, Frankfurt a. M. (S. Fischer Verlag) 1993.

wenn ich auf das Suchtmittel augenblicklich verzichten würde?«)

- Welche Konsequenzen sind daraus zu ziehen?
- Was wird ohne die Sucht möglich, was bisher durch die Sucht bedingt nicht möglich war? (Hier ist Ihre Vision gefragt, die Sie zu einem veränderten Verhalten motivieren kann.)
- Bin ich bereit, mich für einen Weg zu öffnen, der mir die Sehnsüchte, die hinter meiner Sucht stecken, ohne die negativen Nebenwirkungen erfüllt? (Möchte ich beispielsweise den »Duft der großen weiten Welt« *ohne* Nikotin wahrnehmen, Entspannung *ohne* Alkohol, Anregung *ohne* Horrorfilme?)

Nachfolgend eine Reihe von Süchten und mögliche Spiegelbilder, auf die sie hinweisen:[60]

- *Alkohol:* Die Welt ist zu hart, sich die Welt weich trinken, frei werden von der moralisch-überkorrekten inneren Stimme, vom inneren »Kontrolleur«.
- *Beziehungen:* Grundgefühl von Einsamkeit; hinter den Mauern der eigenen Identität verschlossen sein, sich selbst zurückweisen.
- *Drogen:* Die Welt ist unerträglich.
- *Fernsehen:* Gefühl innerer Leere, Wunsch nach inneren und äußeren Bildern.

---

60 Vgl. Jan Geurtz/Eva Treutlein: Suchtfrei: die Illusion durchschauen, Aachen (Omega Verlag) 2007.

- *Glücksspiel:* Adrenalin-Rausch; Zwiespalt zwischen der Angst zu verlieren und starkem Verlangen nach Erfüllung eines Wunschtraums. Man fühlt sich vom Leben betrogen und ist überzeugt, deshalb »etwas gut zu haben«.
- *Internetsucht:* Sich-Ausleben in der Anonymität; eigene Verschlossenheit und Gehemmtheit im direkten Umgang mit anderen kompensieren. »Andere wollen nur mit mir kommunizieren, wenn sie mich nicht sehen, nicht wirklich kennen.«
- *Medikamente:* »Belohnung« durch Unterdrücken von Beschwerden.
- *PC-Spiele:* Unzufriedenheit mit der eigenen Identität; Identifikation mit der starken Idolfigur des Spiels.
- *Sex:* Lust an der Eroberung, sexuelle Erregung als Kompensation eines Minderwertigkeitsgefühls, Kompensation der Reizlosigkeit des Lebens durch sexuelle Stimulation.
- *Zigaretten:* Illusion von Selbstständigkeit, Freiheit, orale Befriedigung.

Jede Lösung einer Sucht durchläuft fünf Phasen:

1. *Verleugnung:* Ein Durchbruch ist erst möglich, wenn man bereit ist, die eigene Sucht zu verantworten. Man ist nicht schuld, aber verantwortlich.
2. *Schmerz, Verzweiflung, Wut:* In dieser Phase können unliebsame Emotionen, Selbstvorwürfe, Vorwürfe gegenüber anderen und auch die Vorwürfe anderer gegen einen selbst auftauchen. Wichtig ist es, all dies zunächst einmal einfach zu akzeptieren.

3. *Trauerarbeit/Suchtlösung:* In dieser Phase erkennt man, dass in der Sucht etwas Ungelöstes steckt, das geheilt werden möchte. Der Schmerz des Ungelösten wird im Herzen als Mitgefühl erlebt und ist mit Trauer und Reue verbunden.

4. *Integration/Selbst-Akzeptanz:* Man erarbeitet sich ein realistisches Bild der eigenen Person, das frei ist von Grandiosität und Größenwahn. Im Rahmen zunehmender Selbstdistanzierung können die eigenen Muster wertfrei beobachtet werden. In dieser Phase kann man sich den eigenen Emotionen liebevoll zuwenden und Mitgefühl dorthin fließen lassen. Willkommen im Menschsein!

5. Mitgefühl und Ausrichtung auf die Vision: Man erkennt immer mehr, was jetzt neuerdings möglich ist. Wie eine Morgenröte tauchen von selbst allmählich erste Potenziale auf, die über die bisherigen Muster hinausgehen (bei einem Workaholic beispielsweise entsteht nun Freude daran, den Feierabend mit der Familie zu verbringen).

Gemäß Heinz-Peter Röhr[61] finden wir im Spiegel der Sucht sechs verschiedene Suchttypen. Viele von ihnen führen ein heimliches »zweites Leben«, vergleichbar der Hauptfigur in Stevensons Novelle »Der seltsame Fall des Dr. Jekyll und Mr. Hyde«. Die nachfolgende Aufzählung soll dabei helfen, Licht ins Dunkel zu bringen und die Spiegelung klarer zu erkennen – bei sich selbst und anderen:

---

61 Röhr: Sucht, a.a.O.

- Der *Borderline*-Typ: Er ist ein Grenzgänger, der stets für Aufregung sorgt. Für ihn ist das Leben entweder schwarz oder weiß, himmelhochjauchzend oder zu Tode betrübend. Sein Partner wird entweder idealisiert oder entwertet. Hinter seiner Polarisierung steckt ein fehlender innerer Halt. Der Borderliner ruht nicht in sich, hat weder ein stabiles Gleichgewicht noch ein Empfinden von Geborgenheit. Das Suchtmittel des Borderliners soll die innere Leere füllen, zugleich entspannen und die Langeweile bekämpfen. Seine *Heilung* besteht darin, sich – trotz Langeweile – in ein möglichst stabiles Umfeld zu begeben und sein Leben durch einen geordneten Tagesablauf und das Einhalten von Regeln zu ordnen. Nach möglichen anfänglichen Wutattacken beginnt der Borderliner sich für das Leben, so wie es ist, zu interessieren und es als bunt und facettenreich statt nur als schwarz-weiß zu erleben. Die klärende Frage an den Borderliner lautet: »Was würdest du fühlen, wenn du beginnen würdest, dein Leben und deine Emotionen Regeln unterzuordnen?«

- Der *dependente* (abhängige) Typ: Er passt sich in übertriebener Weise an, weil er sich mit seinen Bedürfnissen nicht durchsetzen kann. Er erwartet, dass man ihm sagt, was er tun soll und ist abhängig von Lob. Bezüglich seiner wahren Bedürfnisse hat er eine Tarnkappe auf, die ihn unsichtbar macht. Das Suchtmittel des Dependenten soll Defizite ausgleichen und Spannung besänftigen. Seine *Heilung* liegt darin, die Angst, die zu der Abhängigkeit geführt hat, zu konfrontieren, Aggressionsblockaden aufzudecken, die eigenen Bedürfnisse zu spüren und zu artikulieren und dabei den Weg in ein neues, unabhängiges Leben zu gehen. Die klärende Frage an den Dependenten lautet: »Was würdest du fühlen, wenn du beginnen würdest, deine eigenen Bedürfnisse stärker zu spüren und auszudrücken?«

- Der *hysterische* Typ: Er ist ein Selbstdarsteller, der sich über die anderen erhebt. Er dramatisiert, inszeniert und tut alles, um im Mittelpunkt zu stehen. Stets geht es nur um ihn. Er ist ein brillanter Redner, aber ein miserabler Zuhörer. Dahinter steckt das tiefe Gefühl der eigenen Beziehungsschwäche. Das Suchtmittel des Hysterikers soll die eigene Wut und den eigenen Trotz erträglich machen. Manchmal benutzt der Hysteriker seine Sucht als Druckmittel gegen andere: »Wenn du nicht tust, was ich will, fange ich wieder mit dem Glücksspiel an.« Die *Heilung* des Hysterikers besteht darin, klare Regeln und Grenzen zu respektieren, auf das Drama, das sein Leben interessant gemacht hat, zu verzichten und sich *anderen* und deren Bedürfnissen zu öffnen. Die klärende Frage an den Hysteriker lautet: »Was würdest du fühlen, wenn du dich anderen und deren Bedürfnissen öffnest?«

- Der *narzisstische* Typ: Hinter seiner grandiosen Fassade verbirgt sich ein brüchiges Selbst, oftmals auch nicht verarbeitete Kränkungen. Aufgrund seiner mangelnden Empathiefähigkeit ist er nur eingeschränkt beziehungsfähig. Häufig missbraucht er Beziehungen, um die eigene Grandiosität zu leben und »tut so, als ob«, um Beifall zu ernten. Das Suchtmittel des Narzissten soll die innere Unzufriedenheit besänftigen, die Größenphantasien aufrechterhalten und ihm weiterhin erlauben, in einer Scheinwelt zu schwelgen. Seine *Heilung* liegt darin, echt zu werden, vom Thron des übersteigerten Selbstbildes herabzusteigen und Angemessenheit zu erlernen. Die klärende Frage an den Narzissten lautet: »Was würdest du fühlen, wenn du dich auf das normale Leben einlassen würdest?«

- Der *schizoide* Typ: Er hat Angst vor Nähe und möchte in Ruhe gelassen werden. Gleichzeitig sehnt er sich nach Intimität. Zwischenmenschliche Kontakte werden als gefährlich, oft als übergriffig erlebt. Der Schizoide lebt deshalb, geschützt durch eine Tarnkappe, hinter einer Glaswand, die ihn vor Zudringlichkeiten anderer schützt. Das Suchtmittel soll seine starre Fassade lockern, Hemmungen beseitigen, ihn aus seinem inneren Gefängnis herausführen und für Begegnungen öffnen. Die *Heilung* des Schizoiden liegt darin, dass er eine angstfreie und warme Atmosphäre schafft, in der er seine Sehnsüchte nach Respekt, Freiheit und Geborgenheit gleichermaßen erfüllen kann. Im Eingeständnis der eigenen Ängste vor Nähe wandelt sich sein Erleben der Welt: Der Schizoide lernt, sich in einem für ihn fremden Land – dem des Bezogenseins auf andere – zu bewegen und wohlzufühlen. Die klärende Frage an den Schizoiden lautet: »Was würdest du fühlen, wenn du dich tiefen, dauerhaften Begegnungen öffnest?«

- Der *zwanghafte* Typ: Er hat Angst, die Kontrolle zu verlieren und ist deshalb oft perfektionistisch. Er verlangt von anderen, dass sie sich seinen Gewohnheiten unterordnen, damit er seine Zwänge beibehalten kann, und ist deshalb oft in Auseinandersetzungen verstrickt. Das Suchtmittel des Zwanghaften soll ihm helfen, fünf gerade sein zu lassen, Zwänge und Hemmungen abzubauen, sich Menschen zu öffnen, beunruhigende Gedanken zu stoppen, ein wenig Vergnügen zu finden. Die *Heilung* des Zwanghaften besteht darin zu lernen, die Angst vor dem Chaos zu bearbeiten, das Leben mehr zu genießen, Lebensfreude zu entwickeln und allgemein milder zu werden. Die klärende Frage an den Zwanghaften lautet: »Was würdest du fühlen, wenn du deine Zwangshandlungen unterlassen würdest?«

Was wir in einem früheren Kapitel über den Spiegel der Kompensation gelernt haben, lässt sich auch auf den Spiegel der Sucht übertragen. Wie Susanne Marx[62] zutreffend beschreibt, basiert Sucht auf einer Fehlidentifikation mit etwas anderem als dem wahren Selbst. Dieser Idee folgt auch Geurtz[63], wenn er die verschiedenen suchtbringenden Kompensationsstrategien der Verleugnung des wahren Selbst beschreibt:

---

62 Susanne Marx: Neun Wege zur Freiheit: Persönliche Entwicklung mit Enneagramm und EFT, Kirchzarten (VAK-Verlag) 2006.
63 Geurtz/Treutlein: Suchtfrei, a. a. O.

Seinsqualität: In meinem Kern bin ich ...	Falscher Glaube über sich: Ich glaube aber ... zu sein	Kompensation: Deshalb gebe ich mich, um meinen falschen Glauben zu verbergen, ...
ehrlich	korrupt/unehrlich	förmlich/steif
stark	lasch	angeberisch
schlau	dumm	besserwisserisch, altklug oder auch: unintellektuell
spontan	seltsam	als ob ich alles unter Kontrolle hätte
gut/liebevoll	schuldig/schlecht	immer freundlich und darauf bedacht, niemanden zu verletzen; als liebes Mädchen/lieber Junge
sozial/altruistisch	asozial/egoistisch	hilfsbereit, zwanghaft-sozial,
einmalig/kreativ	mittelmäßig	auffallend, um jeden Preis anders als meine Umgebung
sanft	schwach	unverwundbar, distanziert, selbstsicher

Indem der versteckte falsche Glaube aufgedeckt wird, da sein darf und anschließend losgelassen wird, kann das wahre Selbst hindurchscheinen.[64]

Halten wir noch einmal fest: Das Objekt der Begierde, egal, um was es sich dabei handelt, ist lediglich das passende Gegenstück zu etwas Ungelöstem in uns – es passt zu etwas in uns, so wie Haken und Flausch bei einem Klettverschluss. Wenn wir die Haken im Inneren lösen, kann sich im Außen kein Flausch festmachen. Im Grunde genommen können wir froh darüber sein, dass wir den Schmerz des

---

64 Dazu eignet sich die bereits erwähnte Methode von Andreas Krüger zum Loslassen von Projektionen. Vgl. www.andreaskruegerberlin.de.

Suchthaften spüren, weil er uns immer tiefer dazu drängt, das wahre Selbst, das wahre Sein zu ergründen, das, was wir eingangs die »spiegelgleiche Weisheit« genannt haben. Ergründen wir diese – und fallen wir nicht auf die Illusion der Sucht herein!

Was für die Sucht gilt, gilt übrigens auch für die Dinge, die wir leidenschaftlich ablehnen oder gar befürchten. Sie haben weniger mit den Gegebenheiten im Außen zu tun, sondern sind ebenfalls Spiegel für etwas Ungelöstes in uns. Auch hier können wir durch Veränderung unserer inneren Magneten unsere Abwehrmechanismen überwinden und auf diese Weise freier werden. Insoweit können wir uns an die buddhistische Maxime halten: Nichts begehren, nichts zurückweisen – das ist der Weg in die Freiheit, die wir suchen!

Unsere Angst ist wie ein Drache,
der unseren größten Schatz bewacht.

(RAINER MARIA RILKE)

Wie Sie unerwünschte Spiegelungen »wegklopfen«

Ganz gleich, ob es sich um Projektionen, Kompensationen, Süchte oder Ängste handelt – der Spiegel verweist immer auf *Sie*. Alles, was Sie erleben und was unangenehm in Erscheinung tritt, ist Ausdruck eines dysfunktionalen »inneren Programms«. Dieses Programm kann zu einer bestimmten Zeit Ihres Lebens sinnvoll gewesen sein, ist aber inzwischen überholt. Es kann auch sein, dass das Programm niemals sinnvoll war, dass es einfach auf einer Fehlwahrnehmung beruhte.

Ein Beispiel: Ein Kind wird mit einem Geburtsfehler geboren, deshalb direkt nach der Entbindung von der Mutter getrennt und in die Obhut der Ärzte gegeben. In dieser Zeit bildete sich beim Kind das Programm »Ich werde verlassen«. Später, schon längst erwachsen, traut sich dieser Mensch nicht, in enge Beziehungen zu anderen zu treten, in dem (unbewussten) Glauben, ja doch wieder verlassen zu werden.

Gemäß der zuvor erwähnten Schematherapie gibt es prinzipiell 19 solcher Fehlprogramme[65]:

---

65 Die Checkliste stammt von Klaus Jürgen Becker; inspiriert von nachfolgenden Büchern: Erfinde dich neu; Jeffrey E. Young: Schematherapie, a.a.O.; Eckhard Roediger: Praxis der Schematherapie, Stuttgart/New York (Schattauer Verlag) 2008.

Schema	Fehlprogramm	Gesundes Programm
A. abgetrennt, abgelehnt	So wie ich bin, werde ich abgelehnt.	Meine Beziehung/mein Partner will mich so, wie ich bin. Bedürfnis: Verbundenheit/ Annahme.
1. emotional vernachlässigt	Das Leben sorgt nicht für meine Bedürfnisse.	Das Leben kümmert sich um alle meine Bedürfnisse.
2. *verlassen und instabil*	Das Leben ist emotional instabil, und seine Fürsorge ist unberechenbar.	Ich erlebe Stabilität und Zuverlässigkeit im Leben.
3. *misstrauisch*, Missbrauch	Leben ist Betrug. Ich werde vom Leben betrogen und missbraucht.	Das Leben spiegelt die Wahrheit. Das Leben ist ehrlich zu mir und setzt mich optimal ein.
4. emotional *entbehrend*	Das Leben sieht nicht, was ich brauche. Leben bedeutet Verzicht.	Das Leben antwortet auf das, was ich brauche auf allen Ebenen, emotional, physisch.
5. a. *unzulänglich*, defective[66]	Ich bin nicht in der Lage, dem Leben zu genügen.	Ich genüge dem Leben, und das Leben genügt mir vollkommen.
5 b. unattraktiv	Ich bin/das Leben ist hässlich/abstoßend.	Ich bin schön, so wie ich bin, und das Leben antwortet mir in Schönheit.
6. sozial *isoliert*	Das Leben befremdet mich, ich kann/will nicht dazugehören.	Ich bin sozial integriert und freue mich dazuzugehören.
B. unselbstständig, lebensuntüchtig	Ich bin im Selbstvertrauen / in der Selbstständigkeit beeinträchtigt.	Ich bin frei, unabhängig, selbstständig. Ich reiche dem Leben die Hand, und das Leben reicht mir die Hand. Bedürfnis: Kontrolle im Außen.

Schema	Fehlprogramm	Gesundes Programm
7. *abhängig/inkompetent*	Ich bin dem Leben/meinen Beziehungen ausgeliefert.	Ich bin erwachsen und unabhängig – und meine Beziehungen auch!
8. *verletzbar*, bedroht	Das Leben ist/meine Beziehungen sind verletzend/bedrohlich.	Das Leben/meine Beziehungen sind heilend und machen Mut.
9. *verstrickt*[67], Schuldgefühle	Das Leben ist/Beziehungen sind belastend. Ich muss »zur Verfügung« stehen. Ich habe Schuldgefühle, wenn ich die Bande, die mich fesseln, kappen will.	Ich gebe andere frei und bin selbst frei. Ich darf mein Leben leben und andere das ihrige – wo es sich berührt, ist es schön und freiwillig. Ich kann und darf sein, was ich sein will. Ich bin wie ein Baum, der mit eigenen Wurzeln und eigener Krone neben anderen Bäumen steht.
10. *Versager*, Selbstsabotage	Immer, wenn ich etwas Gutes will, geschieht das Gegenteil. Das Leben versagt/ ich versage.	Erfolge sind gut für mich. Ich habe die Kraft, Klarheit und Stabilität für Erfolg.
C. beeinträchtigt im Umgang mit Grenzen	Ich kann/will kein Unbehagen ertragen, um zum Ziel zu kommen.	Ich spüre die Ordnung in mir, gehe liebevoll mit ihr um, drücke sie aus, so gut ich kann. Bedürfnis: Kontrolle im Innen.
11. *besonders sein*, Anspruchshaltung	Ich muss dominieren, um meine Bedürfnisse durchzusetzen.	Ich füge mich in die Gleichheit und Verbundenheit aller, und das macht mich froh.

Schema	Fehlprogramm	Gesundes Programm
12. bequem, unkontrolliert	Frustrationen, Schmerz, Konflikte, Verantwortlichkeiten, unangenehme Situationen ertrage ich nicht.	Ich lebe aus meinem wahren Selbst und entdecke die Quelle gesunder Selbst-Regulation.
D. angepasst, fremdbezogen	Ich muss meine eigenen Gefühle und Bedürfnisse unterdrücken, um Liebe und Anerkennung zu bekommen und Vergeltung zu vermeiden.	Ich spüre meine Gefühle, Bedürfnisse, Ziele und Wegweisungen und achte sie. Bedürfnis: Selbstwerterhöhung.
13. Unterwerfung, sich unterordnen	Ich muss mich dem Leben/in meinen Beziehungen unterordnen und meine Bedürfnisse unterwerfen.	Ich hinterfrage Autoritäten, Regeln und Selbstverständlichkeiten und stehe für mich und meine Bedürfnisse ein.
14. sich aufopfernd, co-abhängig	Es ist gut für mich/den anderen, wenn ich mich aufopfere. Leben/ Beziehungen sind ein einziges Sich-Opfern. Mein eigenes Leben zählt nicht. Ich habe Schuldgefühle, wenn ich mich selbst in die Mitte stelle.	Ich »opfere« mein kleines Ich zugunsten einer freieren Wahrnehmung. Ich erkenne klar, wo die Verstrickung liegt, löse sie auf und bin frei von ihr. Es ist gut, dass ich unabhängig bin von dem, was jemand anderer tut oder fordert. Ich erfahre mich in der Mitte meines Lebenskreises. Autonomie.
15. Beachtung suchend	Das Leben/mein Partner sind politische Veranstaltungen. Man versagt mir die Anerkennung. Ich verdiene keine Anerkennung.	Ich beachte mich selbst und das, was sich durch mich ausdrücken möchte. Ich danke Gott für das Gute, mit dem er mich ausgestattet hat.

Schema	Fehlprogramm	Gesundes Programm
E. übertrieben wachsam und gehemmt	Leben besteht aus Kontrolle, Regeln, Gesetzen, Pflicht, Perfektionismus, für persönliches Glück und Lebenslust ist kein Platz.	Ich spüre meine Lebenslust und habe Wertschätzung für sie, pflege sie. Bedürfnis: Lust!
16. *Negatives hervorhebend*, pessimistisch	Das Negative überwiegt das Positive im Lebensgefühl, in den Situationen, Leben ist Plage.	Leben ist Freude. Das Positive überwiegt stets.
17. emotional gehemmt	Das Leben hemmt mich/meine Beziehungen hemmen mich.	Das Leben/meine Beziehungen sorgen dafür, dass mein Wachstum sprießt.
18. überkritisch, *unerbittliche Ansprüche*	Ich muss mich anstrengen, um hohe Ziele zu erreichen und perfekt zu werden. Nur das zählt.	Ich nehme Vollkommenes wie Unvollkommenes vollkommen an. Ich lasse meine unerbittlichen Ansprüche los.
19. strafend, punitiveness[68]	Ich habe Strafe verdient. Leben/meine Beziehungen sind Strafe.	Ich habe Erfüllung verdient. Leben/meine Beziehungen sind Belohnung.

---

66 Dieser von Young geprägte Begriff lässt sich nur unzureichend ins Deutsche übersetzen.

67 Wenn Sie sich noch weiter mit dem Thema »Verstrickungen lösen« beschäftigen möchten, können Sie dies tun mit Hilfe des Buches von Phyllis Krystall: Die inneren Fesseln sprengen, Berlin (Ullstein Verlag) 2004.

68 Auch dieses englische Substantiv lässt sich schwer ins Deutsche übertragen.

Das Unterbewusstsein wird ein einmal installiertes Fehlprogramm so lange getreulich wiederholen, bis dieses gelöscht wird und es ein neues Programm erhält. Prüfen Sie deshalb anhand Ihres Erlebens oder, wenn Sie möchten, auch mit Hilfe von Pendel oder Einhandrute immer wieder, ob gerade eines der oben beschriebenen 19 Fehlerprogramme aktiviert ist und um welches es sich handelt. Erst dann können Sie es löschen.

Die energetischen Wandlungspunkte

Wenn Sie Ihr Erleben ändern möchten, aber ein dysfunktionales Programm im Unterbewusstsein bestehen lassen, müssen Sie ständig bewusst gegen Ihr eigenes Unterbewusstsein ankämpfen – und weil Ihr Unterbewusstsein unermüdlich ist, können Sie diesen Kampf gar nicht gewinnen.

Deshalb: Wann immer Ihnen Ihr Spiegel des Lebens irgendetwas Unangenehmes zeigt, das in eines der 19 Schemata passt, sollten Sie es beseitigen. Das können Sie tun, indem Sie es »wegklopfen«, und zwar mit Hilfe des sogenannten »kausalen Wandlungspunktes 1«. Was das ist, wird im Folgenden beschrieben. Die »Klopftherapie« wirkt direkt auf das Energiesystem Ihres Körpers.

Kausaler Wandlungspunkt 1: Sie löschen ein unerwünschtes Programm, indem Sie zwei Energiepunkte an der Schädelspitze und die beiden Augenbrauenpunkte gleichzeitig klopfen. Die beiden Energiepunkte am Schädel finden Sie unmittelbar vor und hinter dem höchsten Punkt Ihres Kopfes. Die Augenbrauenpunkte befinden sich jeweils in der Mitte der Augenbrauen.

Wie wenden Sie die Klopftherapie konkret an? Denken Sie an das Fehlerprogramm. Wenn Sie möchten, fassen Sie es in einem Wort zusammen, z. B. »Aufopferung«. Wiederholen Sie die Formulierung, die mit dem Fehlerprogramm zusammenhängt, immer wieder. Währenddessen klopfen Sie mit zwei Fingern der linken Hand die beiden Punkte auf Ihrem Kopf, während Sie gleichzeitig mit zwei Fingern der rechten Hand die beiden Punkte in der Mitte der Augenbrauen klopfen. Richten Sie dabei Ihre Aufmerksamkeit auf das zu löschende Programm, und erleben Sie, wie es sich innerhalb von 30 Sekunden auflöst. In der Regel bemerken Sie in dem Augenblick, in dem Sie genug geklopft haben, ein Umschalten der Energie, gekennzeichnet durch ein tiefes, entspanntes Aufatmen.

Einige Anwender haben berichtet, dass sich beim Durchführen dieser Übung ihr »drittes Auge« öffnet (nach fernöstlichem Verständnis das »Auge der Weisheit«, ein zwischen den Augenbrauen angesiedeltes Energiezentrum), sie eine klare Sicht auf die Dinge erleben oder sich einfach befreit fühlen.

Sollte dieses befreite Gefühl ausbleiben, gehen Sie einen Schritt zurück, indem Sie die Stärke Ihres Fehlerprogramms auf einer Skala von 0–10 einzuschätzen versuchen (sogenanntes »Skalieren«): Wie stark ist das Fehlerprogramm bei Ihnen wirksam? Notieren oder merken Sie sich die Ziffer. Dann führen Sie Ihre Klopfsequenz durch und skalieren erneut, bis Sie bei 0 angekommen sind. Indem Sie immer wieder von Neuem hinspüren, stimmen Sie mentale Wahrnehmung und Körperempfindung miteinander ab. Sie erleben Ihren Fortschritt in genau definierbaren kleinen Schritten.

Selbstsabotageprogramme löschen

Manchmal aktiviert das Klopfen eher mehr Widerstände, als dass es welche löst. In diesem Fall liegt ein sogenanntes »Selbstsabotageprogramm vor«, das zuerst gelöscht werden muss. Dafür klopfen Sie mit den Fingern der einen Hand auf die Handkante (Karatepunkt) der anderen Hand und verwenden die Versöhnungsformel der Selbstakzeptanz. Diese lautet: »Obwohl ich... (Problem), akzeptiere ich mich voll und ganz!« Z. B.: »Obwohl ich mich aufopfern muss, akzeptiere ich mich voll und ganz!«, »Obwohl ich Bestrafung verdient habe, akzeptiere ich mich voll und ganz!«, »Obwohl ich immer perfekt sein muss, akzeptiere ich mich voll und ganz!« Wie wir bereits wissen, können wir nichts loslassen, was wir nicht vorher akzeptiert haben. Durch die Akzeptanz dessen, was sich wandeln soll, lösen Sie das Sabotageprogamm aus seinem destruktiven Zusammenhang, denn aktiv sein kann es nur, solange Sie sich selbst ablehnen. Weil unser Organismus von Natur aus die Tendenz hat, Disbalancen aufzulösen, wird durch die Klopfsequenz mit der »Versöh-nungsformel« das Fehlprogramm automatisch gelöscht.[69] Danach können Sie mit dem kausalen Wandlungspunkt 1 weiterarbeiten.

Ersetzen Sie jedes gelöschte Programm durch ein neues, besseres Programm

Da unsere Natur kein Vakuum kennt, ist es sinnvoll, nach dem Löschen eines dysfunktionalen Programms das zu dem Thema gehörige positive, funktionale Programm mittels kausalem Wandlungspunkt 2 einzuklopfen. Dies ist wichtig, damit Sie nicht versehentlich in das alte, bereits gelöschte Programm zurückfallen.

Zur Vorbereitung machen Sie sich das entsprechende positive Programm bewusst. Dies ist in der Regel das Ge-genprogramm zu dem dysfunktionalen Programm, das Sie soeben weggeklopft haben. Beispielsweise lautet das Gegen-programm zu »Ich muss mich aufopfern«: »Ich erlebe mich in der Mitte meines Lebenskreises« oder, auf einen Begriff gebracht, einfach nur »Autonomie« oder »Freiheit«. Wäh-len Sie den Ausdruck, der in Ihnen am meisten positive Re-sonanz auslöst. Wenn Sie möchten, unterstützen Sie Ihr »Einklopfen« durch ein klares Bild des erwünschten Erle-bens, der Eigenschaft oder Überzeugung, denn unser Unter-

---

69 Weitere Versöhnungsformeln finden Sie in: Kurt Tepperwein: Von Angst zur Lebensfreude, München (Goldmann Verlag) 2006, S. 325.

bewusstsein spricht in Bildern. Wenn Sie Ihrem Unterbewusstsein in seiner ureigenen Sprache einen Auftrag geben, können Sie sicher sein, dass Sie verstanden werden.

Kausaler Wandlungspunkt 2 (Gammutpunkt): Er liegt zwischen dem kleinen und dem Ringfinger, etwa drei Zentimeter vom Grundgelenk entfernt. Am besten klopfen sie diesen Punkt mit drei Fingerspitzen gleichzeitig, um sicherzugehen, dass Sie ihn treffen. Während Sie sich das erwünschte Erleben oder Verhalten ganz lebendig vorstellen, klopfen Sie ständig den Wandlungspunkt 2 auf Ihrem Handrücken. Spüren Sie nach etwa 30 Sekunden nach, ob Ihr neues Programm sich verankert hat. Falls ja, müsste nun ein Gefühl von Freude, Dankbarkeit und wohltuender Begeisterung in Ihnen aufsteigen.

Damit Ihr Klopfen wirksam ist, sollte Ihr Bewusstsein klar sein und die Vorstellung des erwünschten Endzustandes deutlich. Wichtig ist, dass Sie beim Klopfen fühlen, was Sie denken, d.h. Ihre Gedanken innerlich vollziehen. Sie sollten das, was Sie sich wünschen, vor Ihrem inneren Auge ganz lebendig erleben und durch Identifikation in Besitz nehmen. Die Klopfgeschwindigkeit liegt erfahrungsgemäß bei ein bis zwei Mal pro Sekunde – wie schnell Sie klopfen, ist jedoch unerheblich. Es ist der *gleichmäßige* Rhythmus, der das Unterbewusstsein beeindruckt. Probieren Sie beispielsweise einmal den Walzertakt aus: ein Schlag fester, dann zweimal leicht. Wiederholen Sie die Vorstellung des erwünschten Verhaltens, bis Sie ein starkes Gefühl der

Freude und Dankbarkeit erfüllt als Bestätigung dafür, dass Ihr Unterbewusstsein den Auftrag erhalten, verstanden und angenommen hat.

Was tun, wenn Sie nach dem Einklopfen nichts spüren?

Sollten Sie nach dem Einklopfen keine oder nur wenig Freude, Dankbarkeit, Begeisterung oder Erfüllung empfinden, skalieren Sie wieder von 0–10, wie sehr Sie das neue Programm in Besitz nehmen können (0 = gar nicht, 10 = vollendet in Besitz genommen). Machen Sie mehrere Klopfrunden und spüren Sie nach jeder Klopfrunde nach. Dieses Mal sollte mit fortwährendem Klopfen der Wert steigen, bis Sie bei 10 angekommen sind.

Sollte Ihr Empfinden durch das Klopfen eher schlechter als besser werden, klopfen Sie wieder die Handkante (Karatepunkt) und arbeiten mit der Versöhnungsformel: »Auch wenn ich keine Freude, Dankbarkeit, Begeisterung empfinden kann, akzeptiere ich mich voll und ganz!« Spüren Sie danach, ob eventuell noch Widerstände oder negative Gefühle hochkommen. Wenden Sie die Versöhnungsformel auch auf diese aufkommenden Widerstände und Gefühle an, und klopfen Sie dabei den Handkantenpunkt, bis sich keine Widerstände und Gefühle mehr melden.[70] Dann machen Sie weiter mit dem kausalen Wandlungspunkt 2 und

---

70 Vgl. auch dazu Tepperwein, Von Angst zur Lebensfreude, a.a.O., S. 325.

klopfen sich dort hoch bis 10. Erst wenn Sie wirklich überzeugt davon sind, dort angekommen zu sein, ist auch Ihr
Unterbewusstsein überzeugt.

Ihr Unterbewusstsein ist jederzeit bereit, ein neues, erwünschtes Programm anzunehmen, wenn Sie das neue Programm verankern und das bisherige Programm löschen. Es
wird dieses neue Programm so lange getreulich befolgen,
bis es wiederum ein neues Programm bekommt: Das Unterbewusstsein urteilt und bewertet nicht, sondern folgt einfach seinen Programmen. Darum sollten Sie immer wieder
einmal Ihr Verhalten und Ihre Gewohnheiten – und damit
Ihre unbewussten Programme – überprüfen. Dabei können
Sie die 19 Schemata aus der Tabelle auf S. 190 ff. zu Hilfe
nehmen. Vergessen Sie nicht, dass für jedes unerwünschte,
gelöschte Programm ein neues, hilfreiches Programm (beispielsweise aus der rechten Spalte der erwähnten Tabelle)
eingeklopft werden sollte.

Wegklopfen von Überzeugungen, die Erfolg verhindern

Es nützt nichts, wenn Sie sich ein erwünschtes Programm
einklopfen, daran aber nicht glauben können, weil es in
Ihnen eine entgegengesetzte Überzeugung gibt, die die Verankerung des neuen Programms verhindert.

Erfolg verhindernde Überzeugungen können Sie auf die
gleiche Weise löschen wie unerwünschte Programme, um
sie dann im nächsten Schritt gegen Erfolg verursachende

Überzeugungen austauschen. Denn auch Überzeugungen sind nur ein Programm im Unterbewusstsein, das jederzeit ausgetauscht werden kann. Wenn also bei einer erwünschten Wandlung der Erfolg nicht gleich in Erscheinung tritt, überprüfen Sie noch einmal Ihre damit zusammenhängenden Überzeugungen, oder ersetzen Sie sie einfach gleich durch erwünschte.

Wann immer Sie also mit den bisher beschriebenen Interventionen nicht weiterkommen, sollten Sie Ihre Überzeugungen überprüfen. Fragen Sie sich dazu: »Gibt es in meinem Unterbewusstsein eine Überzeugung, welche dem Erfolg entgegensteht? Und falls ja: Wie lautet sie?« Bitten Sie Ihre Intuition, Ihnen diese Überzeugung mitzuteilen. Prüfen Sie, beispielsweise durch das Wahrnehmen von Energieveränderungen, ob die hinderliche Überzeugung, die Ihnen Ihre Intuition gegeben hat, genau den Kern des Themas trifft. Modifizieren Sie die Überzeugung so lange, bis Sie spüren: »Aha, dies ist die hinderliche Überzeugung.« Lösen Sie dann diese Überzeugung auf, indem Sie sie mit Hilfe der kausalen Wandlungspunkte gegen eine hilfreiche, ebenso realistische Überzeugung austauschen.

Im Idealfall nutzen Sie dann die Macht der Wiederholung, und wiederholen Sie die Vorstellung des erwünschten Verhaltens 21-mal, beispielsweise jeden Morgen vor dem Aufstehen und/oder jeden Abend vor dem Schlafengehen. Hierfür notieren Sie die wegzuklopfende/einzuklopfende Überzeugung jeweils auf ein Kärtchen und stellen dieses zur Erinnerung senkrecht auf Ihr Nachttischchen. Diese Wiederholung gibt Ihrem Unterbewusstsein die Sicherheit, dass Sie es wirklich ernst meinen und an einer dauerhaften Veränderung interessiert sind. Es bleibt Ihnen bzw. Ihrer Intuition überlassen, ob Sie zuerst elf Tage lang nur das unliebsame Programm wegklopfen und dann zehn Tage lang nur das positive neue Programm einklopfen oder ob Sie das Löschen und Neuprogrammieren mischen, indem Sie z. B. abends wegklopfen und morgens einklopfen.

Die Klopftherapie wirkt erfahrungsgemäß besonders stark, wenn Sie sie vor dem Spiegel anwenden (z. B. nach dem Zähneputzen), dabei Ihrem Spiegelbild in die Augen schauen und zu sich selbst sprechen. Der Spiegel wird die durch Sie ausgesandte Schöpfungsenergie auf Sie reflektieren, was die Wirkung der Klopftherapie enorm verstärkt.

Erweiterte Klopftherapie

Um Ihre Klopftherapie noch wirkungsvoller zu machen, können Sie zusätzlich weitere Punkte klopfen. Die nachfolgenden Punkte gelten sowohl für das »Wegklopfen« wie für das »Einklopfen«:

- Der erste Klopfpunkt umfasst die gesamte Scheitellinie. Dabei sind beide Hände nebeneinander auf der Scheitellinie und klopfen.
- Der nächste Klopfpunkt sind die Augenbrauen, insbesondere deren Mitte.
- Dann die Schläfen.
- Dann hinter dem Ohr, dort, wo der Schädel in die Hals-

muskulatur übergeht. Klopfen Sie dort, wo es im Ohr am lautesten wirkt.

- Dann die Knochenleiste unter den Augen (Jochbein), insbesondere deren Mitte.
- Dann unmittelbar unter der Nase in der Mitte klopfen.
- Der nächste Punkt liegt zwischen Kinn und Unterlippe.

Durch die Klopftherapie fördern Sie vor allem Veränderungen im »Energiekörper«, also in den Meridianen Ihres Energiesystems.

Der Spiegel Ihrer Ablehnung

Alles, was Sie leidenschaftlich ablehnen, erzeugt in Ihnen einen intensiven Magnetismus. Insbesondere jede Angst zieht geradezu magisch das an, was Sie befürchten. Ihr innerer Magnet kann nämlich nicht zwischen »gewollt« und »ungewollt« unterscheiden. Er ist Ausdruck von »inneren Ladungen«. Der »Spiegel der Ablehnung« zeigt Ihnen ganz getreulich, wogegen Sie allergisch sind und wo Sie dringend eine Ablehnung lösen müssen, damit sich Ihnen eines Tages die spiegelgleiche Weisheit auftut und Sie als ein »zu Lebzeiten Befreiter« durchs Leben gehen können.

Wenn Sie also herausfinden wollen, welche negativen inneren Ladungen sich in Ihrem inneren Magneten befinden und darauf warten, von Ihnen gelöscht zu werden, dann schauen Sie sich ihr Leben an:

- Was erleben Sie gerade, was Sie überhaupt nicht leiden können?
- Was von dem, was Sie erleben, löst in Ihnen heftige Niedergeschlagenheit, Ärger, Ängste, Schmerzen aus?
- Wen oder was in Ihrem Leben lehnen Sie heftig ab?

Seien Sie ehrlich zu sich selbst, denn wenn Sie sich hier etwas vormachen, hilft Ihnen dies nicht. Spüren Sie vielmehr in sich hinein und bekennen Sie sich zu dem, was noch nicht optimal ist. Dies kann die Tatsache sein,

- dass etwas, das Sie sich dringend ersehnen, nicht eintrifft, z. B. ein beruflicher Erfolg,
- dass etwas, das Sie dringend loswerden wollen, nicht weggeht, z. B. eine Krankheit,
- dass etwas Gutes, das einmal war, verschwunden ist,
- dass Ihre Aussichten auf die Zukunft nicht optimal sind,
- dass Sie etwas tun müssen bzw. glauben tun zu müssen, das Ihnen zuwider ist,
- dass Sie etwas nicht tun können oder dürfen, das Sie gerne täten.

Bei alledem kann es sich jeweils um einen ganz bestimmten Menschen, einen Lebensumstand oder ein ganz bestimmtes Verhalten handeln.

Alles Negative wird nur dadurch aufrechterhalten, dass wir es ablehnen. Wenn wir jedoch das, was wir erleben, bejahen, können wir mit dem »Negativen« in einen Rapport treten, können wir es verändern. In dem Moment, in dem wir eine Sache als unsere eigene Schöpfung bejahen, können wir diese verändern. »Akzeptieren« bedeutet:

- Ich akzeptiere jetzt, dass es das Unerwünschte in meinem Leben gibt.
- Ich habe es kreiert, es muss offenbar mit mir zu tun haben.
- Ich akzeptiere voll und ganz, dass ich genau diese Situa-

tion, die ich jetzt erlebe, in meinem Leben brauche, um vollständig zu sein.

- Ich akzeptiere genau diesen Menschen, dieses Symptom, diesen Umstand als mein eigenes abgelehntes Selbst.
- Das, was ich erlebe, hat offenbar mit mir zu tun, auch wenn ich nicht verstehe, warum.
- Ich übernehme jetzt die Verantwortung dafür: Ich selbst bin es, der die Situation hervorgerufen hat.
- Ich akzeptiere voll und ganz, dass ich die unerwünschte Situation kreiert habe und in meinem Leben haben will, z. B. weil sie mir einen Wachstumsschritt ermöglichen, mir etwas zeigen kann.
- Bewusst oder unbewusst habe ich genau diese Situation erzeugt oder jenen bestimmten Menschen in mein Leben gezogen, um besser zu verstehen, was mit mir los ist.
- Ich selbst habe all das geschaffen, um einen wichtigen Bereich in mir zu heilen.

Es ist wichtig, diese Gedanken nicht nur im Verstand zu bewegen, sondern sie innerlich zu empfinden und zu »vollziehen«. Um eine Tatsache zu akzeptieren, müssen Sie diese nicht verstehen. Das Verstehen kommt später. Jetzt geht es erst einmal darum zu akzeptieren, dass sie da ist.

Wie Sie »Spiegel der Ablehnung« auflösen

Bei jedem der nachfolgenden acht Punkte können Sie, sobald sich dysfunktionale Programme melden, diese mit den kausalen Wandlungspunkten in der Weise bearbeiten, die im vorangegangenen Kapitel beschrieben wurde. Alternativ können Sie sich diese Programme auch erst einmal nur notieren, während Sie die nachfolgenden acht Punkte vollziehen, und sie erst danach bearbeiten:

1. Denken Sie an das Unangenehme, das in Ihnen heftige Gefühle der Ablehnung auslöst.

2. Fragen Sie sich: »Was fühle ich, wenn ich an... (Thema) denke?« Machen Sie sich Ihr Gefühl und die Stärke des Gefühls (0 = nicht vorhanden, 10 = ganz stark) bewusst.

3. Akzeptieren Sie das »Unerwünschte«, die Tatsache, dass es vorhanden ist. Lassen Sie ganz bewusst jeden Widerstand dagegen los.

4. Nehmen Sie bewusst Ihr Urteil so weit zurück, bis Sie innerlich spüren: Es ist völlig okay, dass ich dies erlebe! Vollziehen Sie diesen Satz innerlich nach.

5. Nehmen Sie ganz bewusst das leidvolle Muster wahr, das mit dem Unangenehmen zusammenhängt. Lösen Sie sich von ihm, indem Sie es von außen betrachten. Falls Ihnen dies schwerfällt, stellen Sie sich vor, ein anderer Mensch würde dieses Muster leben. Nehmen Sie die Energie des Musters ganz bewusst wahr. Dann gehen Sie wieder ganz bewusst in das Muster hinein und dehnen sich in ihm aus. Erleben Sie ganz bewusst, dass das Muster sich auflöst. Spüren Sie dafür immer wieder hin, bis das Muster komplett gelöst ist.

6. Nun stellen Sie sich vor, Sie hätten dieses Muster überhaupt nicht, Sie würden das Gegenteil des belastenden

Musters leben und erleben. Was wäre das »stimmige Gegenteil«? Wie würde es aussehen? Kennen Sie jemanden, der dieses gegenteilige Muster schon lebt, oder handelt es sich eher um eine Phantasieperson? Was ist an dieser Person anders als an der Person, welche das Muster lebt? In welchem Körperbereich fühlt diese Person anders? Scannen Sie dafür gedanklich Ihren Körper. Was ist anders am Emotional- oder Mentalkörper dieser Person? Welcher Glaubenssatz ist anders? Welches Gefühl und welche Gedanken hat diese andere Person, wenn sie an das Thema denkt, um das es geht? Bitten Sie Ihre Intuition, Ihnen dabei zu helfen, Antworten auf diese Fragen zu finden. Notieren Sie diese Antworten.

7. Füllen Sie sich nun mit der erlösten Qualität auf, den stimmigen Empfindungen und Glaubenssätzen. Sehen Sie sich immer wieder in der entsprechenden Situation handeln. Laden Sie sich mit den Qualitäten auf, die Sie brauchen, und fühlen Sie erneut. Schlüpfen Sie immer mehr in diese Person hinein, die in dem jeweiligen Bereich Erfüllung erlebt. Werden Sie zu dieser Person.

8. Dann beginnen Sie mit dem Probehandeln. Sprechen Sie als diese erlöste Person. Bewegen Sie sich als sie. Üben Sie dies immer wieder, wie ein Schauspieler, bis Sie merken, dass das neue Programm in der für Sie stimmigen Form »sitzt«.

Mit Hilfe dieser acht Punkte lässt sich das meiste von dem auflösen, was sich im »Spiegel der Ablehnung« zeigt. Sollten Sie an dieser Stelle wider Erwarten Schwierigkeiten haben, arbeiten Sie am besten mit dem nächsten Kapitel »Reframing« weiter – dort erhalten Sie eine wichtige, ergänzende Hilfe.

Wenn Sie es bereits können, lieben Sie einfach alles, was Ihnen begegnet. Wie betonte schon Osho immer wieder: »Wenn du etwas liebst und es ist schlecht, wird es verschwinden. Wenn du etwas liebst und es ist gut, wird es sich durch deine Liebe verstärken. So kannst du erkennen, ob etwas gut ist: Liebe es – wenn es gut ist, wird es dir bleiben!«

Das Wunder der Wandlung – die Kunst des Reframings

Es sind nicht die Dinge, die uns beunruhigen,
sondern die Bedeutungen, die wir ihnen geben.

EPIKTET

Wir Menschen neigen zu Wertungen und Beurteilungen dessen, was wir erleben. Diese quasi automatisch ablaufenden, unbewussten Interpretationen bestimmen, was wir fühlen und wie wir unser Leben erleben und halten uns in der Illusion gefangen, dass unser Ich etwas sei, das vom Ganzen getrennt existiert. Dabei wäre es, verbunden mit ein wenig Großhirnaktivität, möglich, die Welt wesentlich freundlicher wahrzunehmen, als wir es gemeinhin tun. Wir sind der Art und Weise, wie wir »Realität« erleben, nämlich nur ausgeliefert, solange wir unbewusst sind. Halten wir inne und wechseln die Perspektive, so verändert sich auch unser Erleben der Welt.

Vielleicht kennen Sie die Vexierbilder, wie Sie u. a. von Salvador Dalí gemalt wurden? Je nachdem, wie Sie ein Vexierbild anschauen, sehen Sie jeweils etwas völlig anderes: Eine Frau am Fenster beispielsweise oder Präsident Lincoln. Oder, wie nachstehend gezeigt: eine alte Hexe oder eine junge Frau.

Wir haben bereits in den ersten Kapiteln des vorliegenden Buches gelernt, dass der Beobachter die Beobachtung bestimmt. Diesem Sachverhalt wollen wir uns nun noch einmal näher zuwenden. Wenn wir schon durch die Art und Weise, wie wir die Welt sehen, unser Welterleben beeinflussen können, dann stellt sich doch die Frage, wie wir es fertigbringen, unsere Welt so zu sehen, dass wir uns der spiegelgleichen Weisheit nähern, dem großen Einklang mit der Schöpfung.

Nun wissen wir, dass jede Betrachtungsweise, die uns dysfunktional, negativ, schmerzhaft und sinnlos erscheint, uns in der Illusion des Getrenntseins festhält. Um unseren Blick zu weiten und alle Umrisse unseres Spiegels sehen zu können, brauchen wir eine Betrachtungsweise, die funktional, positiv, wohltuend und sinnvoll auf uns wirkt. Um sie zu erlangen, reicht es jedoch nicht aus, von nun an stets zu denken »Alles ist gut« und das Negative, das in uns nach Erlösung bzw. nach Einlösung schreit, zu leugnen. Dies wäre genauso unsinnig, als würden wir, wenn wir in der obigen Abbildung eine alte Frau erkennen, dennoch behaupten, es sei »sicher etwas ganz Schönes« in dem Bild verborgen – ohne das Schöne wirklich sehen, ohne mit ihm in Resonanz gehen zu können.

»Reframing« (»Umdeuten«) heißt nicht, alles durch eine rosarote Brille zu sehen. Es hat umgekehrt auch nichts mit einem resignativen Sich-Zurücklehnen zu tun. Vielmehr sollen durch eine neue Sichtweise die Lebensbejahung und die positive Kraft in uns aktiviert werden. Reframing dient so auch dazu, verborgene Ressourcen zu wecken. Mit anderen Worten: Was den einen nervt, freut den anderen, der man selbst sein kann.

Beim Reframing wird einem Geschehen, einem Problem oder einem Verhalten dadurch ein anderer Sinn gegeben, dass man es in einen anderen Rahmen (»frame«) stellt. Dadurch kann sich die Bedeutung des Geschehens komplett zum Positiven verändern.

Bisher haben Sie etwas nur von einer bestimmten Seite gesehen, jetzt können Sie es auch von einer anderen Seite betrachten. Die eingeengte »egoistische« und festgefahrene Sichtweise wird aufgelockert. Man versteift sich nicht mehr darauf, ein Problem zu haben oder gar ein »Problemfall« zu sein. Durch Reframing lässt sich auch der Vergangenheitsballast auflösen, den jeder von uns mit sich herumträgt – der eine mehr, der andere weniger. Die Vergangenheit erhält durch einen neuen Rahmen einen befreienden Glanz. In vielen Fällen wird das Problem deutlich kleiner – Elefanten werden zu Mücken. Manchmal wird mit dem Reframing sogar schon eine Lösung unmittelbar erkennbar.

Ein Geschehen in einem neuen Rahmen zu sehen, so

dass man in einem festgefügt scheinenden Bild plötzlich etwas anderes erkennt und der Horizont sich weitet, ist eine Kunst. Sie wurde entwickelt von Psychologen des 20. Jahrhunderts, insbesondere von Virginia Satir. Der Begriff »Reframing« bedeutet wörtlich übersetzt »Neurahmung«. Die Idee des Reframing geht davon aus, dass der richtige Bilderrahmen entscheidend dafür sein kann, ob ein Gemälde uns als gelungen erscheint, ob wir es lieben, es anzusehen, und welche Aspekte des Bildes besonders betont werden. Durch eine gute Rahmung verändert sich der »Blickwinkel« des Betrachters, und hilfreiche Perspektiven, die bisher nicht gesehen werden konnten, werden deutlich. »Rahmen« steht metaphorisch für den Denkrahmen, den Kontext oder das Konzept, das unsere Sicht eingrenzt oder neue Horizonte andeutet.

Reframing beinhaltet noch mehr als nur die Annahme, dass das Wechseln des Betrachtungsrahmens uns dabei hilft, unsere Wahrnehmung einer Situation, eines Verhaltens oder Problems zu erweitern:

- Jedem Verhalten, jeder Empfindung liegt eine (verborgene) positive Bedeutung/Absicht/ein Wert zugrunde.
- Jedes Verhalten ist in mindestens einem Kontext angemessen.
- Jedes Verhalten hat einen Sinn für das Überleben des Gesamtsystems.
- Eine Person hat keine von einem Kontext losgelösten Eigenschaften.
- Es gibt nur Fähigkeiten. Probleme ergeben sich nur dann,

wenn der Kontext und die Fähigkeiten nicht optimal zu-
einander passen (z. B., weil jemand ein Muster lebt, das
in der Vergangenheit sinnvoll war, in der Gegenwart aber
keinen Sinn mehr hat).

- Jeder Nachteil oder jede schwache Eigenschaft auf der einen Seite erweist sich in einer anderen Hinsicht als Vorteil oder Stärke. Regen kann ein Segen für den Bauern,
aber eine Plage für den Spaziergänger sein.
- Die Bedeutung jedes Ereignisses hängt von dem Rahmen
ab, in den Sie es stellen. [71]

Aus diesen Vorannahmen ergeben sich verschiedene Arten
des Reframings:

Bewertungsreframing: Wie kann man ein und dieselbe
negative Eigenschaft positiv ausdrücken? Indem wir für
scheinbar Negatives positive Neubewertungen finden, verändert sich unsere Perspektive. Ein »geschwätziger« Mensch
beispielsweise verfügt über die Fähigkeit »Kontaktfreude«.

Mit einer solchen Umdeutung wird es einfacher, anderen
Menschen ihr Verhalten zu spiegeln bzw. es zu kommentie-
ren: »Ich habe beobachtet, dass Sie sehr kontaktfreudig sind.
Dies ist sicherlich wichtig in unserer Zeit, aber mir liegt daran, dass die Diktate, die ich für heute in Auftrag gegeben
habe, nicht darunter leiden.«

---

71 Arist von Schlippe/Jochen Schweitzer: Lehrbuch der systemischen
Therapie und Beratung, Göttingen (Vandenhoeck & Ruprecht Verlag),
10. Aufl. 2003.

Bewertungsreframing vollziehen wir in drei Schritten:

1. Ich mache mir bewusst, was ich erlebe, und zwar so wertneutral wie möglich.
2. Ich mache mir meine blockierende, d. h. »negative« Bewertung/Interpretation/Beurteilung bewusst.
3. Ich finde eine auflösende »positive« Bewertung, die ich ab sofort statt der bisherigen verwende.

Bedeutungsreframing: Welche andere positive Bedeutung/Absicht/welchen Wert könnte das, was ich erlebe, haben? Dazu zwei Beispiele:

- Vom Opfer zum Täter: Klient: »Ich bin meinem Vorgesetzten ausgeliefert!« – Reframe des Lebensberaters: »Welche Vorteile nutzen Sie, wenn Sie sich dafür entscheiden, Ihrem Vorgesetzten nachzugeben?« Die ursprüngliche Bedeutung »nachgiebig« wird von einer Schwäche in eine Stärke umgedeutet.
- Von negativ zu positiv: Klient: »Mein Partner sagt mir dauernd, was ich tun soll!« – Lebensberater: »Aha, Ihr Partner tut alles, um Sie zu optimieren!«

Das Bedeutungsreframing können Sie jederzeit bei sich selbst anwenden, wenn Sie mit den Spiegeln des Lebens konfrontiert werden.

Kontextreframing: In welchem Zusammenhang/Kontext würde ich wissen, dass das (scheinbar Negative), das ich er-

lebe, etwas sehr Sinnvolles/Positives ist? Wieder ein Beispiel:

- Ein Klient sagt: »Ich war als Kind immer so alleine.« –
  Das Kontext-Reframe des Lebensberaters: »Kann es sein,
  dass du dadurch sehr früh ein selbstständiger Mensch
  wurdest?«

Im nächsten Kapitel werden wir Verschiedenes von dem,
was wir bisher gelernt haben, mit dem Reframing kombi-
nieren, um mit Hilfe der »Spiegelumwandlungsmethode«
durch die Spiegel, die uns präsentiert werden, hindurchzu-
steigen in eine »bessere Welt«.

Die Spiegelumwandlungsmethode – sieben goldene Schritte

Für die im Folgenden beschriebene »Spiegelumwandlungs-methode«[72] ist es notwendig, dass Sie in den Spiegel hineinschauen, dass Sie sich mit dem konfrontieren, was Sie im Spiegel Ihres Lebens wahrnehmen. Alles beginnt damit, dass Sie Ihren Ist-Zustand wahrnehmen und beschreiben, insbesondere die Dinge, die gerade nicht optimal für Sie sind.

1. Schritt: Negative Eigenschaft/Verhalten (NE)

An dieser Stelle dürfen Sie erst einmal hemmungslos bewerten. Beschreiben Sie, *wie* Sie einen Menschen, eine Situation, ein Symptom, einen Umstand (»MSU«) erleben. Es geht hierbei also um das Wie, nicht um das Warum.

---

72 Dieses Kapitel wurde inspiriert durch die Spiegelgesetz-Methode® von Christa Kössner, benutzt aber einen etwas anderen Aufbau. Ergänzend zu diesem Kapitel kann ich die Bücher von Christa Kössner wärmstens empfehlen – dort finden Sie auch wertvolle Vorschläge zur Neubewertung aktueller Themen. Vgl. etwa Christa Kössner: Die Spiegelgesetz-Methode®, Steyr (Ennsthaler Verlag), 7. Aufl. 2008.

Beispiele:

- Mein Nachbar ist laut!
- Die Beziehung zu meinen Kindern erlebe ich als frustrierend!
- Mein Auto springt nicht richtig an, ständig stottert der Motor!

Wenn Sie nicht sofort eine gute Definition des Themas finden, das Sie gerade beschäftigt, nutzen Sie die folgenden Fragen, um MSU zu beschreiben:

- Was ist los?
- Was stört mich an …?
- Womit bin ich unzufrieden?
- Was macht mir unangenehme Gefühle?
- Welche Bewertungen habe ich über …
- Welche Analogie/welches Bild passt zu dem, was ich erlebe (z. B. »Sie ist dumm wie eine Kuh«, »Ich stecke fest wie in einem Tunnel«).

2. Schritt: Bewertungsreframing – positive Eigenschaft (PE)

Erkennen Sie: Die Natur des Lebens ist immer vollständig. Daraus folgt: »Ich *brauche* etwas von dem, was mir … (die Situation/das Symptom/der Umstand) spiegelt, damit ich vollkommen bin.«

Das *Bewertungsreframing* hilft Ihnen, die positive Seite von dem zu erkennen, was Sie erleben. Es gestattet Ihnen, das, was Sie im Spiegel sehen zu bewundern, und hilft Ihnen beim Annehmen dessen, was Sie erleben. Je mehr Sie es bewundern können, umso mehr können Sie es als Bestandteil Ihres Innenlebens integrieren. Manchmal müssen Sie ein wenig nachsinnen, um den positiven Aspekt, die positive Eigenschaft zu finden, doch es lohnt sich. Sie werden durch den Aha-Effekt, die dauerhafte Erleichterung belohnt. Gehen Sie deshalb an dieser Stelle in sich und bitten Sie Ihre Intuition, Ihnen zu helfen. Es geht dabei nicht darum, was diese Eigenschaft in Ihnen auslöst, sondern lediglich darum, für die negative Eigenschaft eine positive Eigenschaft zu finden. Sie drehen quasi die Münze herum. Prüfen Sie an den »Energieveränderungen«, ob Sie den »positiven Punkt« gefunden haben.[73]

- »Was wäre das positive Gegenteil der negativen Eigenschaft, die ich beklage?« Dieses Gegenteil passt nicht immer genau, kann aber in die richtige Richtung weisen. Spüren Sie genau hin, um die Qualität zu finden, die in Ihnen ein Gefühl von Wandlung auslöst.
- »Was kann jemand besonders gut, den ich als ... (negative Eigenschaft) bezeichne?«
- »Welche positive Eigenschaft verkörpern der Mensch, mit

---

73 Wer Focusing nach Eugene Gendlin gelernt hat, kann es an dieser Stelle einsetzen, also in den Körper hineinspüren und warten, was einem von dort entgegenkommt: Verändert sich mit dem Reframing etwas an der körperlichen Wahrnehmung?

dem ich zu tun habe, und das, was er tut oder mir sagt, im besten Fall?«

- »Was will mir die Situation günstigstenfalls zeigen?«
- »Was kann ich günstigstenfalls aus der Situation lernen?«
- »Falls ich ein Tier, Symbol oder ein Bild zur Beschreibung verwendet habe: Was kann das Tier/Symbol besonders gut?« (Z. B. »Meine Chefin ist eine dumme Kuh!« – »Kühe kauen gründlich und verdauen die Dinge sehr gut!«)
- Falls es sich um ein »Symptom« handelt: Was ist die »Aktualfähigkeit« dieses Symptoms?

Der Begriff »Aktualfähigkeit« wurde von dem genialen Psychologen Nossrat Peseschkian gebildet. Er geht davon aus, dass jedes Symptom eine solche Fähigkeit versteckt. Um sie zu finden, fragen Sie sich: »Was würde verlorengehen, wenn der Körper nicht in der Lage wäre, dieses Symptom abzubilden?« Ein Beispiel: »Frigidität ist die Fähigkeit, mit dem Körper ›nein‹ zu sagen!« Weitere Beispiele von Aktualfähigkeiten finden Sie am Schluss dieses Kapitels.

Er- und bekennen Sie:

- ... (die negative Eigenschaft) ist nur in meinen Augen etwas Schlechtes!
- Hinter ... (negative Eigenschaft) steckt etwas Positives, das ich bisher nicht erkannt habe, eine positive Botschaft!

Die Neubewertung sollte realistisch und wahrheitsgetreu sein. Wenn ich die bestmögliche positive Bewertung gefunden habe, erkenne ich dies daran, dass sich mein Organismus entspannt und ich mich im Einklang mit mir und meiner Umgebung fühle, dass ich das »Hier und Jetzt«, das, was momentan stattfindet, willkommen heißen kann und dem Leben positiv und aufgeschlossen gegenüberstehe.

Der Trick besteht darin, dass Sie die einstmals negative Eigenschaft in ihrer positiven Kehrseite jetzt als zu Ihnen gehörig annehmen können. Dadurch finden Sie die verborgene Botschaft, die hinter der scheinbar negativen Eigenschaft verkleidet ist, Ihren Schatz.

Im Folgenden noch einige Beispiele für ein Bewertungsreframing:

- Der cholerische (negative Eigenschaft) Chef ist durchsetzungsstark (positive Eigenschaft). Erkenntnis: Der Chef spiegelt mir meine eigene Durchsetzungsstärke.
- Mein reglementierender (negative Eigenschaft) Partner ist gut strukturiert (positive Eigenschaft). Erkenntnis: Mein Partner spiegelt mir meine eigene gute Strukturierung.
- Mein aufdringlicher (negative Eigenschaft) Kollege ist engagiert. Er spiegelt mir mein eigenes Engagement.

3. Schritt: Bedeutungs- und Kontextreframing – positiver Sinnzusammenhang (PS)

Beziehen Sie die nachfolgenden Fragen wieder auf die entsprechenden Menschen, Situationen, Symptome, Verhalten, Umstände:

- Welche positive Bedeutung könnte die Situation noch haben?
- In welchem Zusammenhang würde ich wissen und anerkennen, dass das, was ich bezüglich ... erlebe, etwas sehr Sinnvolles (positiv, wichtig, hilfreich, angemessen, stimmig, die beste Lösung) ist?
- In welchem Zusammenhang wäre es Gold wert?
- Inwieweit könnte das, was mir gerade passiert oder passiert ist, stimmig, ja, *genau richtig* für mich sein?
- Welche *Chancen* könnten mir daraus entstehen?
- Was könnte ich daraus *lernen* bzw. gelernt haben?
- Wie könnte ich das Problem auch *noch* sehen?
- Gibt es einen oder mehrere Situationen oder Kontexte, in denen ich das Problem noch *brauchen* könnte?
- Wenn ich in fünf Jahren zurückschaue: Wozu könnte das Ganze nachträglich betrachtet *gut* gewesen sein?
- Wenn ich das Problem nie gehabt hätte: Gibt es Ereignisse, Situationen, Personen, für die ich dankbar bin, die ich aber ohne das Problem nie kennen gelernt hätte?
- Für welches Problem war das heutige Problem früher einmal die Lösung?[74]

---

74 Die Fragen zum Bedeutungsreframing sind inspiriert durch das Buch von Christian Reiland: LOA – das Gesetz der Anziehung, München (Goldmann Verlag) 2008.

4. Schritt: Den negativen, bewertenden, dysfunktionalen Kernglaubenssatz aufdecken (NK):

Das, was Sie erleben, ist nur deshalb so unangenehm, weil sich dahinter ein *Urteil* verbirgt: Sie finden, dass irgendetwas an dem, was Ihnen widerfährt, böse, schlecht, unethisch ist, also einfach nicht sein darf. Mit dem Urteil verbunden sind eine Reihe von nicht hinterfragten, dysfunktionalen, kontraproduktiven Glaubenssätzen, fast immer aber ein ganz bestimmter zentraler »Kernglaubenssatz«, der Kummer bereitet. In der Regel gilt der negative Kernglaubenssatz sowohl für den negativen wie auch für den positiven Aspekt des anderen Menschen/der Situation/des Symptoms/der Umstände. Da wir uns aber den Stärken nähern wollen, die wir in uns vergraben haben, ist es sinnvoll, den negativen Glaubenssatz für die positive Eigenschaft zu finden.

Gibt es mehrere Glaubenssätze, ist es notwendig, einen Glaubenssatz nach dem anderen aufzuschreiben, bis Sie denjenigen erkennen, der, wie ein »heißer Draht« am meisten emotionale Ladung trägt. Folgen Sie hierfür – wie beim Topfschlagen – Ihrer heißen Spur, und verwenden Sie dabei folgende Fragen, bezogen auf die in Schritt 2 festgestellten positiven Eigenschaften. Gehen Sie dabei weg vom Einzelfall. Versuchen Sie so stark wie möglich zu verallgemeinern, um Ihren negativen Kernglaubenssatz zu finden:

- Was ist *generell* schlecht daran/stört mich daran, wenn Menschen/Situationen/Symptome/Umstände sich so verhalten/so sind? Was passiert, wenn dies der Fall ist?

- Welcher (unerlöste) Kernglaubenssatz drückt sich in meiner Abneigung/dem Thema aus?
- Falls es sich nicht um einen Menschen handelt: Welche »Übersetzung« finde ich von einer Situation, einem Symptom, Umstand auf einen Menschen?

5. Schritt: Inneres Verbot aufdecken (IV)

Jeder negative Glaubenssatz wirkt nicht nur gegen andere, sondern führt zu einem »inneren Verbot«. Indem Sie dieses innere Verbot aufdecken, weitet sich Ihr Erlebnishorizont: Sobald Sie Ihren negativen Kernglaubenssatz entdeckt haben, können Sie Ihrem Vermeidungsverhalten auf die Spur kommen. Da wir in der Konfrontation mit ungelösten eigenen Themen oftmals die Tendenz haben, uns zu verschließen, hilft es zu erkennen, dass Sie mit dem negativen Thema nicht alleine dastehen:

- Weil ich davon überzeugt bin, dass... (Glaubenssatz aus Schritt 4), verbiete ich mir... (positive Eigenschaft aus Schritt 2).
- Ich selbst bin es offenbar, der... (MSU) angezogen hat, weil ich... über... negativ/lieblos denke. Für jemand anderen, der diese Bewertung nicht hat, würde dieses Erleben weitaus erträglicher sein.
- Ich bin mit diesem Thema nicht alleine und verbinde mich mit allen, denen es ähnlich geht. Wenn ich schon unter dem Thema leide, mögen andere frei davon sein.

- Ich folgte damit einem kollektiven/familiären/kulturel-
  len/spirituellen ... fehlgeleiteten Glaubenssatz, der viele
  Menschen unglücklich macht/gemacht hat.

6. Schritt: Neue losgelöste Identität ohne den Glaubenssatz finden (Ohne-Identität – OI)

An dieser Stelle gilt es für Sie zu entscheiden: Will ich meinen negativen Kernglaubenssatz aufgeben oder behalten?
Dabei helfen Ihnen die folgenden Fragen:

- Wer bin ich, wenn ich an dem negativen Kernglaubenssatz festhalte? Wie würde ich mich fühlen und mit anderen umgehen? Welche Schwierigkeiten hat mir bisher
  schon der negative Kernglaubenssatz gemacht (und wird
  er mir weiter machen)?
- Ist der negative Kernglaubenssatz heute noch sinnvoll? –
  An dieser Stelle befragen Sie »erwachsenes Ich«. Treffen
  Sie eine ehrliche und zugleich liebevolle Entscheidung,
  und folgen Sie der Energie, die mit ihr verbunden ist. Sie
  können Ihr Loslassen durch die Worte »Ich lasse los ...
  (negativer Kernglaubenssatz aus Schritt 4)« unterstützen.[75]
- Wer wäre ich ohne den negativen Kernglaubenssatz bzw.

75 Wenn Sie in Releasing nach Doc Lindwal ausgebildet sind, können
Sie an dieser Stelle damit arbeiten. Vgl. Markus Langholf (Hg.): Relea-
sing – Frei sein durch Loslassen: Ein Workshop mit Isa und Yolanda,
Wasserburg/Inn (Sheema Medien Verlag) 2003.

wenn ich den negativen Kernglaubenssatz losgelassen habe? Wie würde ich mich dann in der gleichen Situation fühlen und mit anderen umgehen? Spüren Sie für diese Frage tief in Ihr Herz hinein und lassen Sie Ihr Herz die Antwort geben. Prüfen Sie durch das Wahrnehmen von Energieveränderungen[76], ob Sie die stimmige Antwort gefunden haben.

Falls Sie sich schwertun, die bisherige Haltung loszulassen, fragen Sie sich:

- Was ist mein »sekundärer Gewinn«, wenn ich weitermache wie bisher? Welche heimlichen Vorteile erhoffe ich mir, wenn ich den alten, negativen Kernglaubenssatz beibehalte?
- Was kommt heraus, wenn ich meinen sekundären Gewinn mit meinem neuen Gewinn vergleiche?

7. Schritt: Positive Kognition (PK)

Die positive Kognition hat immer mit einer neuen Öffnung zu tun, die Sie erleben. Auch hier sollten Sie darauf achten, dass Sie mit Hilfe der Wahrnehmung von Energieveränderungen stets die stimmige Kognition finden. Wichtig ist es auch hier, jeden Satz erlebend nachzuvollziehen.

---

76 An dieser Stelle können Sie das Focusing zu Hilfe nehmen.

- Es kann sich hierbei um einen neuen, positiven Kernglaubenssatz handeln, den Sie statt des alten für »mindestens ebenso wahr« annehmen: »*Es gehört zu meinem Wesen, ...*«

- Auch kann es sich um eine Erlaubnis handeln, die Sie sich selbst geben, beginnend mit: »Ich darf ... (sein/tun)«, »Ich muss nicht ...« oder »Ich spüre die Erlaubnis, die positive Eigenschaft zu leben, die mir durch die Situation gespiegelt wird!«

- Sie können auch ganz gezielt das Thema Ganzsein oder Heilsein ansprechen: »Was es zu meinem Ganzsein braucht, ist ...«, »Die heilende Erkenntnis ist ...«

- Sie können auch eine positive Zukunftsperspektive entwerfen, indem Sie beschreiben, was möglich ist, sobald Sie die verborgene positive Eigenschaft leben: »Wenn ich ... annehme, dann könnte sich dadurch ... ereignen!«

- Nicht die Umstände machen Sie unzufrieden, sondern weil Sie an diese Umstände glauben, sind sie da! Prüfen Sie den folgenden Satz mit Hilfe Ihrer Intuition, und wenn er stimmt, sprechen Sie ihn laut aus: »Nun brauche ich ... (negative MSU) nicht mehr, weil ich meine negative Überzeugung darüber aufgelöst habe.«

Die sieben Schritte im Überblick

1. Negative Eigenschaft/Verhalten (NE)
2. Positive Eigenschaft (PE)
3. Positiver Sinnzusammenhang (PS)
4. Negativer, dysfunktionaler Kernglaubenssatz (NK)

5. Inneres Verbot (IV)
6. Neue losgelöste Identität ohne den Glaubenssatz finden (Ohne-Identität – OI)
7. Positive Kognition (PK)

Lassen Sie uns die sieben Schritte einmal an einer Reihe von Beispielen durchspielen. Nehmen wir als Erstes einmal an, Sie leiden unter Schnupfen:

1. NE: Meine Nase ist verstopft.
2. PE: Mein Symptom kann ein Hinweis darauf sein, dass ich von etwas die Nase voll habe.
3. PS: Im Hinblick auf meine blockierte Situation am Arbeitsplatz kann es sehr wichtig sein, mir bewusst zu machen und auszudrücken, wo ich mich blockiert und »verschnupft« fühle.
4. NK: Menschen, die zeigen können, dass sie von etwas die Nase voll haben, werden gefeuert.
5. IV: Weil ich glaube, dass Menschen, die zeigen können, dass sie die Nase voll haben, gefeuert werden, verbiete ich mir mitzuteilen, wovon ich die Nase voll habe.
6. OI: Wenn ich den Glaubenssatz nicht hätte, dass Menschen, die ausdrücken können, dass sie die Nase voll haben, gefeuert werden, wäre ich jemand, der die Dinge frühzeitig auf eine Weise klärt, die für alle Beteiligten gut ist.
7. PK: Für meine Heilung brauche ich es, frühzeitig wahrzunehmen, wo ich »verschnupft« bin und dies angemessen mitzuteilen.

Nehmen wir im nächsten Beispiel einmal an, Sie leiden unter einem Vorgesetzten, der Sie mobbt:

1. NE: Mein Vorgesetzter ist tyrannisch, dominant und reglementierend.
2. PE: Mein Vorgesetzter weiß, was er will, steht zu sich selbst und hält Ordnung.
3. PS: Wenn ich weiter Karriere machen möchte, ist es sehr sinnvoll, wenn ich frühzeitig lerne, mich mit solchen Menschen auseinanderzusetzen.
4. NK: Menschen, die wissen, was sie wollen, zu sich selbst stehen und Ordnung halten, verdrängen ihre Gefühle und haben ein armseliges Gemüt.
5. IV: Weil ich glaube, dass Menschen, die wissen, was sie wollen, zu sich selbst stehen und Ordnung halten, ihre Gefühle verdrängen und ein armseliges Gemüt haben, vermeide ich es zu wissen, was ich will, zu mir selbst zu stehen und Ordnung zu halten.
6. OI: Ohne den Glaubenssatz, dass Menschen, die wissen, was sie wollen, zu sich selbst stehen und Ordnung halten, ihre Gefühle verdrängen und ein armseliges Gemüt haben, würde ich gefühlvoll zu mir selbst stehen.
7. PK: Um voll und ganz im Leben zu stehen, brauche ich es, zu wissen, was ich will, zu mir selbst zu stehen und Ordnung zu halten.

Oder ärgern Sie sich über Ihren schlecht erzogenen Hund, der Sie bestens im Griff zu haben scheint?

1. NE: Mein Hund ist unerzogen und bellt viel und hemmungslos.

2. PE: Mein Hund ist natürlich und hat keine Hemmungen, sich auszudrücken.

3. PS: Um meine eigenen verdrängten Muster, insbesondere meine verdrängte Wut, zu erkennen, ist es absolut sinnvoll, solch ein Haustier zu haben.

4. NK (übersetzt): Menschen, die unerzogen sind und sich hemmungslos ausdrücken, müssen bestraft werden.

5. IV: Weil ich glaube, dass Menschen, die natürlich sind und sich hemmungslos ausdrücken, bestraft werden müssen, reiße ich mich zusammen und führe ein angepasstes Leben.

6. OI: Ohne den Glaubenssatz, dass Menschen, die natürlich sind und sich hemmungslos ausdrücken, bestraft werden müssen, würde ich viel stärker meinen inneren vitalen Impulsen folgen.

7. PK: Um glücklich zu sein, brauche ich es, meinen inneren vitalen Impulsen zu folgen.

Lassen Sie uns die Reihe der Beispiele beschließen mit einer misslungenen Urlaubsreise:

1. NE: Das Hotel ist lausig, die Zimmer sind kalt und das Essen ist schlecht.

2. PE: Das Hotel ist einfach strukturiert, die Zimmer vertrauen auf natürliche Wärme und das Essen ist naturbelassen.

3. PS: Das, was ich erlebe, ist sinnvoll, damit ich lerne,

meine berechtigten Ansprüche durchzusetzen; zugleich will es mir etwas von mir selbst zeigen.

4. NK (übersetzt): Menschen, die einfach strukturiert, kalt und naturbelassen sind, sind minderwertig.

5. IV: Weil ich glaube, dass Menschen, die einfach strukturiert, kalt und naturbelassen sind, minderwertig sind, verbiete ich mir, simpel zu sein, Grenzen zu ziehen und natürlich zu sein.

6. OI: Ohne den Glaubenssatz, dass Menschen, die einfach strukturiert, kalt und naturbelassen sind, minderwertig sind, würde ich viel mehr tun, was mir Spaß macht, öfter mal zum Fußballspiel oder in eine Kneipe gehen.

7. PK: Für mein Ganzsein brauche ich es, mehr zu tun, was mir Spaß macht, auch wenn es anderen manchmal ziemlich profan vorkommen mag.

Sobald Sie etwas *wertfrei* betrachten, so, als würden Sie ein *Wunder* anschauen, können Sie es heimholen, als Ihre Schöpfung ehren und transformieren. Falls Sie Ihre Bewertung aufgeben oder verändern möchten, bekennen Sie Ihren Irrtum und geben ihn anschließend auf. Im Alltag können Sie Ihren Wertungen mit folgender Frage auf die Spur kommen: *Wie würde ich es nennen, wenn ich es nicht bewerten würde?*

Im zweiten Schritt sind wir bereits auf die Aktualfähigkeiten zu sprechen gekommen, die hinter einem Symptom versteckt sein können. Im Folgenden möchte ich Ihnen eine Reihe von verbreiteten körperlichen und seelischen

Symptomen und die dazugehörigen Aktualfähigkeiten vorstellen: [77]

- Angst: die Fähigkeit, als bedrohlich empfundenen Situationen und Objekten auszuweichen.
- Bandscheibenvorfall: die Fähigkeit zu zeigen, dass man etwas nicht ertragen kann.
- Bluterkrankungen: die Fähigkeit, mit »Fleisch und Blut« auf Belastungen, Konflikte und »unstillbare Bedürfnisse« hinzuweisen.
- Depression: die Fähigkeit, mit tiefster Emotionalität auf Konflikte zu reagieren.
- Dickdarmentzündung (Colitis ulcerosa): die Fähigkeit, mit seinem Darm auf Belastungen und Konflikte zu reagieren und sich dieser auf gleiche Weise wie der Nahrung zu entledigen (Durchfälle).
- Vorzeitige Ejakulation: die Fähigkeit, schnell zum Ziel zu kommen.
- Erektionsstörungen: die Fähigkeit, sich aus dem Konfliktfeld der Sexualität zurückzuziehen.
- Erkältung: die Fähigkeit, die »Kleinigkeiten des Alltags« mit den oberen Luftwegen zu verarbeiten und sich dadurch vorübergehend Schonung zu verschaffen.
- Fettsucht: die Fähigkeit, sich hier und heute etwas Gutes zukommen zu lassen.
- Frigidität: die Fähigkeit, durch den Körper nein zu sagen

---

77 Vgl. Nossrat Peseschkian: Psychosomatik und positive Psychotherapie, Frankfurt a. M. (S. Fischer Verlag), 5. Aufl. 2002.

- Gallenerkrankungen: die Fähigkeit, bei äußerer Friedfertigkeit innerlich Gift und Galle zu spucken.
- Hauterkrankungen: die Fähigkeit, sich Belastendes unter die Haut gehen zu lassen.
- Herzerkrankungen: die Fähigkeit, sich Belastungen zu Herzen zu nehmen.
- Hypertonie (Bluthochdruck): die Fähigkeit, auf äußeren Druck mit einer Erhöhung des inneren Drucks zu reagieren.
- Hypotonie (niedriger Blutdruck): die Fähigkeit, mit seinen Kräften hauszuhalten und auf äußeren Druck mit Blutdrucksenkung zu reagieren.
- Impotenz: die Fähigkeit, mit dem Penis nein zu sagen.
- Kopfschmerzen: die Fähigkeit, sich Spannungen und Konflikte durch den Kopf gehen zu lassen.
- Manisch-depressive Psychosen: die Fähigkeit, am Rande der Wirklichkeit zu leben.
- Schilddrüsenüberfunktion: die Fähigkeit, alle Lebensvorgänge zu steigern und so beschleunigt zu wachsen und zu reifen.
- Schilddrüsenunterfunktion: die Fähigkeit, Lebensvorgänge zu verlangsamen und dadurch Belastungen aus dem Weg zu gehen.
- Schizophrenie: die Fähigkeit, verbindliche Normen in Frage zu stellen.
- Schlafstörungen: die Fähigkeit, wach zu bleiben.
- Schlaganfall und Arterienverkalkung: die Fähigkeit, Körperfunktionen einzustellen und so der Umwelt mitzuteilen, dass es so nicht weitergeht.

- Schnupfen: die Fähigkeit, zu zeigen, dass man die Nase voll hat.
- Seh- und Hörstörungen: die Fähigkeit, nicht alles wahrnehmen zu müssen; es ist leichter, etwas nicht zu sehen und zu hören, als das Gesehene und Gehörte zu verarbeiten.
- Verstopfung (Obstipation): Die Fähigkeit, etwas fest bei sich zu behalten.

Es gibt nichts, das an sich gut oder schlecht wäre,
nur das Denken macht es so.

(William Shakespeare)

Der Spiegel der fünf Elemente

Alles, was Sie erleben, all das, was Ihnen Ihr Leben spiegelt, hängt mit unbewussten Programmen zusammen, die sich in Ihrem inneren Magneten befinden. Im Grunde genommen bestehen Sie nicht aus einem, sondern aus unendlich vielen kleinen Magneten, die stets ganz bestimmte Lebenssituationen, Ereignisse und Reaktionen anziehen – und andere zuverlässig abstoßen.

Die Essenz Ihres inneren Magnetismus zeigt sich sehr schön in der chinesischen Lehre der fünf Elemente, wobei jedes Element mit ganz bestimmten Körperorganen in Zusammenhang steht, die jeweils über einen eigenen Magnetismus verfügen.

Beginnen wir bei der *Erde*, die mit Milz und Bauchspeicheldrüse zusammenhängt. Die Erde repräsentiert *Offenheit und Vertrauen* in das, »was ist«. Der Erde geht es nicht um Veränderung. Sie ruht in sich. Offenheit bedeutet, die Dinge erst einmal so sein zu lassen, wie sie sind, ohne irgendetwas kontrollieren zu wollen.

Probieren Sie einmal folgende Übung aus: »Ich stelle mir vor, dass meine Milz und meine Bauchspeicheldrüse von

> gelbem Licht umgeben sind und lächle ihnen zu. Ich spüre
> dadurch, wie sich nostalgische Erinnerungen, Sucht nach
> der Süße des Lebens und fixe Ideen, wie das Leben sein
> sollte, lösen. Meine Milz und meine Bauchspeicheldrüse
> sind nun frei, um im ›Hier und Jetzt‹ Geborgenheit zu
> magnetisieren.«

Das *Metall*-Element hängt mit Lunge und Dickdarm zusammen. Das Metall repräsentiert *Lebensmut und Selbstverantwortung*. Wenn Sie gelernt haben, offen im »Hier und Jetzt« zu sein, wächst in Ihnen der Mut, Verantwortung für das zu übernehmen, was Sie erleben. Sie sind bereit, tief zu graben und Gold und Schlacke voneinander zu trennen.

> Die Übung dazu: »Ich stelle mir vor, dass meine Lunge und
> mein Dickdarm von einem weißen Licht umgeben sind und
> lächle nacheinander in sie hinein. Ich spüre, wie dadurch
> Depression, Härte, Kälte, Intoleranz hinwegschmelzen.
> Lunge und Dickdarm sind jetzt frei, um Ausgewogenheit
> und innere Ordnung anzuziehen.«

Das *Wasser*-Element steht mit Nieren und Blase in einem inneren Zusammenhang. Das Wasser repräsentiert *Regeneration und Besinnung*. Losgelöst von der Vergangenheit und distanziert von den Lebensereignissen werden Sie sanft gegenüber sich selbst und anderen.

Die dazugehörige Übung: »Ich stelle mir vor, dass meine Nieren und meine Blase von einem blauen Licht umgeben sind und lächle in sie hinein. Ich spüre, wie dadurch Angst, Stress und Starre hinwegschmelzen. Nieren und Blase sind jetzt frei, um auf entspannte Weise fließende und harmonische Ereignisse anzuziehen.«

Das *Holz*-Element hängt mit Galle und Leber zusammen. Das Holz repräsentiert *sanfte Ausdehnung*, die Erlaubnis, sich selbst zu spüren, seine Phantasie zu entfalten und sich dabei auszudehnen, so wie man ist.

Von der Leber erhalten Sie die Kraft zum Jasagen, und diese hat sehr viel damit zu tun, sich selbst zuzulassen. Wenn wir es versäumen, uns selbst dort abzuholen, wo wir stehen, können wir noch so sehr versuchen, uns zu verbessern, wir werden lediglich ausbrennen. Bevor wir also uns für etwas Neues begeistern, müssen wir uns erst einmal akzeptieren, wie wir sind und bereit sein, uns vom Leben sanft anregen zu lassen. Leber und Leben sind sich nicht nur sprachlich ähnlich. Taoisten sind der Auffassung, dass in der gesunden Leber die Fähigkeit zum Glücklichsein liegt, bei den alten Griechen galt die Leber sogar als der Sitz der Seele. »Die Leber ist das Haus der (Traum-)Bilder.«[78] Wir wissen heute, dass die Fähigkeit, kraftvolle, aufbauende Gedanken zu formen, von der gesunden Funktionsweise der

---

78 Vgl. Achim Eckert: Das heilende Tao, München (Müller & Steinicke Verlag) 2004, Kapitel »Holz«.

Leber abhängt.[79] Die Leber ist nicht nur das zentrale Organ des Stoffwechsels, sondern auch die Quelle unserer Lebensanregung oder unserer Lebensmüdigkeit.

> Die Übung dazu: »Ich stelle mir vor, dass meine Leber und meine Galle von einem grünen Licht umgeben sind und lächle in sie hinein. Ich spüre, wie dadurch Apathie, Resignation und Frustration hinwegschmelzen. Leber und Galle sind jetzt frei, um Visionen und Anregungen zu empfangen.«

Das *Feuer*-Element hängt mit dem Herzen und dem Dünndarm zusammen: Wenn wir angeregt sind, dann wollen wir unsere Phantasien auch in die Tat umsetzen. Wir wollen nicht nur sanfte Anregung, sondern auch konkrete Erfüllung anziehen. Hierfür brauchen wir die Kraft des Feuerelementes, des Dünndarms und insbesondere des Herzens mit seiner Fähigkeit zur *Freude und Begeisterung*.

Wie unser Herz magnetisch wirkt, hat Rüdiger Schache sehr schön in seinem Buch »Das Geheimnis des Herzmagneten«[80] beschrieben. Die Besonderheit des Herzens besteht darin, dass es fähig ist, zu dem, was ist, ja zu sagen; dass es in der Lage ist, das Leben anzunehmen, wie es ist und allem, was ist, Respekt zu zollen. Insoweit ist es wichtig,

---

79 So Andreas Krüger und Ekkehard Dehmel in ihrem Hörbuch „Natrium Muriaticum – der Salzweg, Berlin (Verlag Homöopathie und Symbol).
80 Rüdiger Schache: Das Geheimnis des Herzmagneten, München (Nymphenburger Verlag) 2008.

angesichts der Spiegelungsprozesse, die wir im Alltag erleben, das Herz offen zu halten.

> Die passende Übung: »Ich stelle mir vor, dass mein Herz und mein Dünndarm von einem roten Licht umgeben sind und lächle in sie hinein. Ich spüre, wie dadurch Ungeduld, Gewalt und fremde Glaubenssätze hinwegschmelzen. Mein Herz ist ganz frei im ›Hier und Jetzt‹, um Erfüllung, Freude und Lebenslust anzuziehen.«

Unser essentieller Magnet ist nicht auf die fünf Elemente und ihre Zentralorgane beschränkt: Jede einzelne Zelle unseres Körpers verfügt über diesen Magnetismus, jedes einzelne Organ wirkt anziehend oder abstoßend auf ganz bestimmte erwünschte oder unerwünschte Lebenssituationen. Wir wirken immer magnetisch – egal wie. Und indem wir unsere inneren Magneten aufspüren und transformieren, verändert sich auch unser äußeres Erleben, das nichts anderes als unser Spiegel ist.

Der Spiegel des Wunders

Wir haben in diesem Buch bereits viele Spiegel kennen gelernt: die Spiegel der Projektion, der Kompensation, der Ablehnung, doch das Buch wäre nicht vollständig ohne einen Spiegel, den wir nur allzu leicht vergessen: den Spiegel des Wunders!

Während viele der bereits erwähnten Spiegel uns einen tieferen Blick auf unsere Persönlichkeit ermöglichen, hat der Spiegel des Wunders mit der Persönlichkeit gar nichts zu tun. Der Spiegel des Wunders ist genau das, was sich zeigt, wenn keine Persönlichkeit, kein »kleines Ich«, keine Vorstellungen da sind.

Die Mystiker aller Zeiten berichten uns von diesem Zustand. Doch die meisten Menschen lernen ihn nicht kennen, weil sie viel zu sehr mit den Spiegeln ihrer Persönlichkeit beschäftigt sind. Wie heißt es so schön: Leben ist das, was stattfindet, während wir andere Pläne machen.

Normalerweise schleppen wir eine Unmenge an Vorstellungen, Erwartungen, Vorbehalten, Tonnen an Vergangenheit mit uns herum und verpassen dadurch das große Wunder des Augenblicks, das in jedem Augenblick stattfindet. Im Sanskrit gibt es dafür das Wort »Leela«, was so viel bedeutet wie »kosmisches Spiel«. Wir aber spielen unser eigenes Spiel. Es ist, als würden wir den ganzen Tag vor dem

Fernseher sitzen und abends, wenn wir zu Bett gehen, überzeugt sein, dass das, was wir gesehen haben, das wirkliche
Leben sei. Unsere »inneren Spielfilme«, die Tag und Nacht
laufen, sind eine Art Fernseher, der unseren klaren Blick auf
das, was in jedem Augenblick geschieht, verschleiert. Um
verfügbar für den »Spiegel des Wunders« zu sein, müssen
wir uns erlauben, im »Hier und Jetzt« zu sein, denn Wunder erleben wir nur »hier und jetzt«.

Wenn Sie Ihre Sensoren für das Wunderbare im Leben
öffnen möchten, probieren Sie doch einmal die folgende
Übung aus:

Halten Sie mit gestreckten Armen beide Daumen nebenei-
nander und schauen Sie diese konzentriert an. Und dann
bewegen Sie die Daumen langsam nach rechts und links
auseinander und erlauben Ihren Pupillen, mit weichem
Blick beiden Daumen gleichzeitig zu folgen, ohne dass
Sie Ihre Kopfhaltung verändern. Wenn Sie während dieser
Übung genau hinspüren, werden Sie erleben, dass Ihr
Blick umfassender wird – Ihr Horizont erweitert sich.

Und genau diesen weiten Horizont brauchen Sie, um offen
für das Wunder zu sein. Wenn wir im Reptilienhirn oder
Zwischenhirn gefangen sind, ist unser Blick eng und starr.
Alle Raubtiere haben solch einen engen und starren Blick,
wenn sie auf ihre Beute starren. Mit der Starre ist aber nicht
nur unser Blick fixiert, sondern auch unser Verstand; unsere
Wahrnehmung ist verkrampft und eingeschränkt. Vielleicht

möchten Sie auch die folgende Übung ausprobieren, um Ihren Blick zu weiten. Sie stammt aus dem EMDR (Eye Movement Desensitization and Reprocessing), einer Therapieform, die ursprünglich zur Bewältigung von Traumata entwickelt wurde und mit Augenbewegungen arbeitet:[81]

> Konzentrieren Sie sich auf Ihre Körperempfindungen. Schließen Sie dafür kurz die Augen. Dann öffnen Sie die Augen wieder. Schauen Sie, ohne den Kopf zu bewegen, mit schnellen Pupillenbewegungen abwechselnd nach ganz links und dann nach ganz rechts und wieder zurück. Die Pupillen bewegen sich ähnlich wie Scheibenwischer sehr schnell hin und her, etwa 100-mal pro Minute. Irgendwann werden Sie ein tiefes Durchatmen und Loslassen spüren. Nun schließen Sie wieder die Augen und spüren in Ihren Körper hinein. Fühlen Sie, was jetzt anders ist als vorher. Vielleicht ist Ihr Körper entspannter, harmonischer. Falls nicht, machen Sie einen erneuten Durchgang. Sobald Sie spüren, dass Ihr Körper entspannt ist, öffnen Sie mit weichem Blick die Augen und spüren Sie Ihre Ruhe und Präsenz im »Hier und Jetzt«.

Nachdem wir gelernt haben, uns im »Hier und Jetzt« zu entspannen, wollen wir uns ganz gezielt auf das Wunderbare einstimmen. Hier beginnen wir ganz einfach mit Ihrem

---

81 Sollten Sie sich näher für EMDR interessieren, empfiehlt sich das Buch von Cora Besser-Siegmund/Harry Siegmund:, EMDR im Coaching, Paderborn (Junfermann Verlag), 2. Aufl. 2005.

persönlichen Wunder. Überlegen Sie an dieser Stelle bitte einmal: Was in Ihrem Leben könnte eine Verbesserung vertragen? Ist es Ihre Beziehung, Ihr Beruf, Ihre Gesundheit? Machen Sie sich den Bereich bewusst.

Für diesen Bereich wollen wir jetzt die sogenannte »Wunderfrage« anwenden. Die »Wunderfrage« stammt von dem inzwischen verstorbenen, genialen Psychologen Steve de Shazer[82] und seiner Partnerin Insoo Kim Berg. De Shazer und Berg erlebten, dass immer wieder Klienten zu ihnen kamen, die genau wussten, was sie *nicht* wollten, aber keine Ahnung über ihre eigentlichen Lebensziele hatten. Sie besaßen weder die Phantasie noch den Glauben, dass mehr möglich sei als das, was die »Gegebenheiten« zuließen – ein Leben im bisherigen Trott. Daraufhin beschlossen de Shazer und Berg, ihren Klienten die »Wunderfrage« zu stellen, allerdings erst nach sorgfältiger Vorbereitung. Beide stellten sich zunächst einmal ganz auf den jeweiligen Klienten ein, um ihn dort abholen zu können, wo er stand. Wie das geht, haben Sie bereits im Kapitel »Rapport – die Kunst, einander erfüllt zu spiegeln« erfahren.

Vorbereitende Fragen

De Shazer und Berg gingen stets davon aus, dass der Klient selbst der Experte für sein Leben ist. Sie gaben fast nie Ur-

---

82 Steve de Shazer/Yvonne Dolan: Mehr als ein Wunder: Lösungsfokussierte Kurztherapie heute, Heidelberg (Carl Auer Verlag) 2008.

teile über ihre Klienten ab, selbst wenn es sich um Drogen-abhängige oder Schwerstkriminelle handelte. Statt dass der Therapeut den Klienten interpretiert, beschwatzt, ermahnt oder drängt, klopft er ihm auf die Schulter und öffnet durch gute Fragen dessen Bewusstsein für positive Inspiratio-nen. Zeigt der Klient Widerstand, wird dies als realistischer Wunsch nach Vorsicht und Behutsamkeit respektiert. Klient und Therapeut kommunizieren von gleich zu gleich mitei-nander; ihr Verhältnis ist nicht hierarchisch. Im lösungsori-entierten Ansatz ist die Haltung des Therapeuten/Beraters stets respektvoll und optimistisch, arbeitet das bereits Er-reichte heraus und geht generell von der Annahme aus, dass der Klient innere Ressourcen, Stärke, Klugheit und Erfah-rung besitzt, welche die Wandlung ermöglichen. Indem der Therapeut dem Klienten anerkennend bestätigt, was er be-reits erfolgreich unternommen hat, und würdigt, wie schwer das Problem des Klienten ist, ermutigt er ihn zur Verände-rung und vermittelt ihm die Botschaft, gehört und verstan-den zu sein.

Die genialen Vorbereitungsfragen von De Shazer und Berg haben unter Therapeuten eine gewisse Berühmtheit erlangt. Die nachfolgende Aufstellung[83] enthält eine Zusam-menstellung dieser genialen Fragen. Sie mag auch als Ar-beitshilfe dienen, um die Wunderfrage für sich selbst oder einen Klienten vorzubereiten.

---

83 Zusammenstellung von K. J. Becker aus Material von De Shazer/Berg.

I. Das Problem umkreisen:

In dieser Phase nähern wir uns dem Problem aus der Sicht des Klienten. Bei der Frage »Wie verstehen Sie das Problem?« sprechen wir die Sicht des »gesunden Erwachsenen« an, akzeptieren jedoch auch eine Antwort, welche noch nicht die Verantwortung für die Situation übernimmt.

A. »Um wen oder was geht es?«

B. »Was ist das Problem?«

C. »Wenn bei einer Skala von −10 bis +10 die Angabe »+10« bedeutet, dass das Problem gelöst ist, und »−10«, dass das Problem unvermindert schlimm ist, was würden Sie sagen, wo wir jetzt stehen? Was sagt Ihnen, dass wir jetzt bereits bei einer ... (Zahl) sind?«

D. »Wie verstehen *Sie* das Problem?«

E. »Nehmen wir einmal an, ich würde ... /(andere wichtige Person) fragen, worin die Lösung liegen würde, was würde sie sagen?« Die andere wichtige Person könnte die Person sein, die außer dem Klienten am meisten von dem Problem betroffen ist (der Partner, ein Elternteil, das Kind des Klienten, der Vorgesetzte etc.) oder auch eine dritte Person. Dadurch öffnen wir das bereits erwähnte »Johari-Fenster« des »blinden Flecks«.

F. »Was müsste nach der Besprechung anders sein, damit Sie sagen könnten: Es war es wert, diese Übung zu machen?«

G. Im Falle einer Folgesitzung: »Sind Ihnen zwischen der letzten Sitzung und heute Veränderungen aufgefallen?«

- Sagt der Klient »Mir ist nichts aufgefallen«, fragt der Therapeut: »Was müsste heute geschehen, damit diese Sitzung wirklich hilfreich ist?«
- Sagt der Klient, dass es besser geworden ist, spricht der Therapeut über die Lösungen: »Angenommen, die Veränderungen würden weiter in diese Richtung gehen, wäre es dann das, was Sie gerne hätten?«
- Sagt der Klient, dass die Situation gleich geblieben ist, fragt der Therapeut: »Ist es ungewöhnlich, dass die Situation nicht schlimmer geworden ist?«
- Sagt der Klient, es sei schlechter geworden, fragt der Therapeut: »Und wie haben Sie es geschafft, dies zu bewältigen?« (s. u., Bewältigungsfragen)

II. Frühere Lösungsversuche des Klienten:

In dieser Phase listen wir die Lösungsversuche der Vergangenheit auf und wertschätzen dabei die Bemühungen des Klienten. Dem Klienten wird bewusst, dass er früher schon erfolgreich schwere Probleme gelöst hat, dass dies also grundsätzlich möglich ist.

A. »Was haben Sie bisher getan, um das Problem zu lösen?«
B. »War es hilfreich? Inwieweit?«
C. »Was erlebten Sie bisher (noch) als hilfreich?«
D. »Worüber haben Sie bereits nachgedacht, es aber noch nicht getan?«
E. »Inwieweit könnte dies hilfreich sein?«

III. Bewältigungsfragen:

Bewältigungsfragen sind insbesondere dann wichtig, wenn der Klient bekundet, dass alle Lösungsversuche in der Vergangenheit nichts gefruchtet haben bzw. ihm die vorangegangene Übung/Sitzung nichts gebracht hat. In diesem Fall konzentrieren wir uns nicht auf das scheinbare »Versagen«, sondern auf die positive Bewältigung der Situation. Alleine dass der Klient wieder zur Sitzung erschienen ist, ist ja bereits positiv:

A. »Könnte es schlimmer sein, als es ist? Wie kam es, dass es nicht noch schlimmer wurde?« (Stärken und Ressourcen notieren und wertschätzen)

B. »Wie haben Sie dafür gesorgt, dass die Dinge nicht noch schlechter geworden sind?«

C. »Wie haben Sie es fertiggebracht, dass die Situation bisher nicht eskaliert ist?«

D. »Bei alldem, was geschehen ist/was Sie erleben mussten, was haben Sie getan, um das zu bewältigen? Wie haben Sie es bewältigt, ohne dass es besser geworden ist?«

E. »Sich damit zu konfrontieren muss schwer für Sie gewesen sein. (Pause) – Wie waren Sie in der Lage, jeden Morgen aufzustehen und den nächsten Tag/Abend in Angriff zu nehmen? Warum haben diese Dinge Ihnen geholfen, was ist so besonders daran?«

F. »Wie haben Sie es geschafft, … (z. B. die Situation wieder zu konfrontieren)? War es schwierig für Sie? Was war so hilfreich, dass Sie es tun konnten?«

G. »Waren Sie schon einmal in solch einer (ähnlichen) Situation? Was haben Sie damals getan, um durch sie hindurchzukommen?«

H. »Was war für Sie am hilfreichsten? Woher wussten Sie, dass ... hilfreich war? Was noch? Wie haben Sie entschieden, dass es gut für Sie sei, ... zu tun?«

I. »Wer half Ihnen am meisten dabei? Was bräuchte es, um Ihnen wieder zu helfen? Was noch? Wenn Sie wieder diese Hilfe bekommen würden, welchen Unterschied wird es diesmal für Sie machen?«

J. »Nehmen wir an, 10 bedeutet »leichte Bewältigung« und 0 bedeutet »keine Bewältigung«, auf welchem Punkt der Skala wären Sie heute?«

K. »Was wären erste Bewältigungshilfen?«

IV. Ausnahmen:

Wenn ein Klient sich über seine Situation beschwert, dann nimmt er gewöhnlich nur das wahr, was nicht in Ordnung ist. Er übersieht die Ausnahmen und erlebt so eine ausweglose Situation. Ausnahmen gibt es aber sogar in den Fällen, in denen bisher noch keine Lösung gefunden wurde. Ausnahmen liegen auch da vor, wo das Problem grundsätzlich da sein könnte, sich aber in der Realität noch nicht zeigt. Die Frage nach Ausnahmen zeigt dem Klienten, dass es Lücken gibt, Dinge, die »anstelle des Problems« geschehen; dass es möglich wäre, dass solch eine positive Ausnahme sich wieder ereignet.

A. »Gibt es Ausnahmen von dem Problem? Worin liegen sie? Sind sie kausale oder zufällige Erfahrungen?«

B. »Gab es Zeiten, die sich wie eine Lösung anfühlten, wenn auch vielleicht nur ein bisschen? Wann war das letzte Mal, dass es ein wenig in Richtung Lösung ging? Wie war das? Was wurde gesagt, getan? Wie war es für Sie? Was war noch anders? Wenn... (der andere) da wäre, was würde er über dieses Mal sagen?«

C. »Gibt es Zeiten, in denen die Dinge besser sind? Was haben Sie anders gemacht, damit dies möglich ist?«

D. »Hat es Sie überrascht, dass dies geschehen ist?«

E. »Was, meinen Sie, sorgte dafür, dass die Ausnahme geschehen ist?«

F. »Was würde... (der andere) sagen, was ihm von dem, was Sie getan haben, geholfen hat, damit die Ausnahme geschehen konnte? Woher haben Sie die Idee bekommen, es so zu tun?«

G. »Wer müsste was tun, damit dies wieder geschieht? Was ist das Wichtigste, an das Sie sich erinnern müssen, um sicherzustellen, dass die Ausnahme die beste Chance hat, um wieder zu geschehen? Was wäre das Zweitwichtigste?« Usw.

H. »Wenn +10 bedeutet, dass die Chancen sehr hoch sind, dass die positive Ausnahme wieder geschieht, in den nächsten... Tagen, und –10, dass Sie dies gar nicht für möglich halten in den nächsten... Tagen, wo stehen Sie gerade in Ihrer Einschätzung? Was bräuchte es, damit dies zukünftig (noch) öfter geschieht?«

I. »Was würde... (die andere Person) sagen, wie hoch die

Chancen auf einer Skala von –10 bis +10 sind, dass die positive Ausnahme wieder geschieht? Warum?«

V. Ressourcen:

Indem Sie die Ressourcen stärken, aktivieren Sie das gute Potenzial im Klienten.

A. »Glauben Sie, dass das Problem gelöst werden kann? Woher wissen Sie, dass das Problem gelöst werden kann?«
B. »Wer und was, würden Sie denken, wäre für Sie am hilfreichsten in dieser Zeit? Warum?«
C. »Welche weiteren Ressourcen haben Sie, um in Richtung Lösung zu gehen?«

VI. Anstehende Handlungen des Klienten:

Um beim Klienten positive Handlungen anzuregen, ist es hilfreich, ihm noch einmal seine bisherigen erfolgreichen Handlungen bewusst zu machen. Was neue Handlungen betrifft, ist es empfehlenswert, diese als »Experimente« zu bezeichnen, um den Erfolgsdruck zu verringern – man probiert etwas aus, mehr nicht. Wenn es darum geht, was der Klient als Nächstes tun könnte, ist es wichtig, die Aufgabe nicht vorzugeben, sondern ihn selbst formulieren zu lassen. Dies wird dem Respekt und der demokratischen Einstellung in der Beratung gerecht. Der Klient liebt »seine«

Lösung und anstehende Handlung mehr als eine vom Therapeuten verordnete.

A. »Wenn Sie es wüssten, was wäre die Antwort/Lösung für das Problem?«

B. »Was könnte noch hilfreich für Sie sein?«

C. »Was davon wirkt motivierend auf Sie? Warum?«

D. »Nehmen wir an, Sie könnten darüber entscheiden, das Notwendige zu tun, was wäre anders für Sie bzw. zwischen Ihnen und … (andere Person)? Ist es etwas, das Sie tun könnten? Was wäre das Mindeste, das Sie anders machen müssten? Wann war das letzte Mal, als Sie das getan haben? Nehmen wir einmal an, Sie würden sich entscheiden, dies wieder zu tun, was wäre der erste kleine Schritt, den Sie machen würden? Wie hoch schätzen Sie auf einer Skala von –10 bis +10 ein, dass dies möglich ist? Was bräuchte es, damit wir mehr in Richtung +10 gelangen?«

E. »Woran erkennen Sie, wenn Sie genug getan haben?«

VII. Beziehungsfragen die andere Person betreffend:

Die nachfolgenden Fragen sind insbesondere wichtig und hilfreich, wenn das Problem des Klienten mit einer Beziehung (zu einem Partner, Elternteil, Vorgesetzten, …) zu tun hat. Sie unterstützen mit den nachfolgenden Fragen die Motivation des Klienten, indem Sie »die andere Person« auf die Seite des Klienten holen.

A. »Was müsste ... (andere Person) anders tun als bisher?«

B. »Nehmen wir einmal an ... (andere Person) würde ... (Lösung) tun; was würde sie bemerken, das Sie dann anders machen würden anstelle von ... (bisheriges Verhalten)? Was wäre dann für Sie anders?«

C. »Nehmen wir einmal an, ich würde ... (die andere Person) fragen, worin das Wunder liegen würde, was würde sie sagen?«

D. »Was würde ... (die andere Person) sagen, was Sie tun könnten, um die Chance dafür zu steigern? Nehmen wir an, Sie würden das tun, was würde er/sie tun? Nehmen wir einmal an, er/sie würde das tun, inwieweit wären die Dinge anders für Sie?«

E. »Wenn die andere Person die Veränderung bemerkt, was würde sie anders machen? Wie wäre dies für Sie?«

VIII. Einbeziehung dritter Personen:

Da unser Selbstbild sehr stark durch das Bild beeinflusst ist, das andere von uns haben, kann die Einbeziehung einer dritten Person, die dem Klienten nahesteht, das Selbstbild des Klienten positiv verändern und Einschränkungen lösen:

A. »Wer wäre beeindruckt, wenn Sie das Problem nicht mehr hätten?«

B. »Was würde ... (dritte wichtige Person) sagen, wenn sie sieht, dass Sie das Problem nicht länger haben?«

C. »Was würden andere an Ihnen bemerken, das ihnen sagt, dass es Ihnen besser geht?«

D. »Wer wäre der Erste, der die Veränderung bemerken würde?«

IX. Zielformulierungen:

Mit der Zielformulierung versuchen wir genau zu definieren, was der Klient will. Frage A holt den Klienten da ab, wo er steht, bei seinem Problem, seinem Leiden, seinem Schmerz. Frage B geht darüber hinaus. Kann der Klient Frage B nicht beantworten, ist es u. U. sinnvoll, direkt zur »Wunderfrage« überzugehen:

A. »Wie schlimm ist die Situation auf einer Skala von –10 bis +10? Stellen Sie sich vor, die Dinge entwickeln sich einen Skalapunkt höher – was wäre anders, das Ihnen sagt, dass die Dinge jetzt einen Punkt höher sind? Wie wäre es, wenn die Dinge zwei oder drei Skalapunkte höher wären? Was wäre anders, das Ihnen sagt, dass die Dinge so viel besser sind? Was noch? Was müsste getan werden/ bräuchte es, damit dies passiert?«

B. Ziel: »Wünschen Sie sich etwas? Was ist es? Wie nah sind Sie an Ihrem Ziel auf einer Skala von –10 bis +10? Stellen Sie sich vor, die Dinge entwickeln sich einen Skalapunkt höher – was wäre anders, das Ihnen sagt, dass die Dinge jetzt einen Punkt höher sind? Was müsste getan werden/bräuchte es, damit dies passiert? Wie wäre es, wenn die Dinge zwei oder drei Skalapunkte höher wären? Was wäre anders, das Ihnen sagt, dass die Dinge so viel besser sind? Was noch? Was müsste getan werden/ bräuchte es, damit dies passiert?«

Wie Sie die Wunderfrage am besten stellen

Mit den Fragen des vorherigen Abschnitts haben Sie die Wunderfrage nun optimal vorbereitet. Wie aber gehen Sie konkret vor, wenn Sie sie stellen?

1. Anklopfen: »Ist es in Ordnung, wenn ich Ihnen jetzt eine ungewöhnliche Frage stelle?« Dieses »Anklopfen« ist strategisch wichtig, da die Beantwortung der Wunderfrage sich auf einer ganz anderen Ebene bewegt als das bisherige Gespräch und beim Klienten die Bereitschaft voraussetzt, seine bisherigen Realitätsvorstellungen einmal für einen Augenblick beiseitezulassen.

2. Pacing: »Stellen Sie sich einen ganz normalen Tag in Ihrem Leben vor, an dem Sie die Dinge tun, die Sie eben an einem solchen Tag tun.« Zählen Sie nachfolgend Einzelheiten auf, die typisch für das Leben des Klienten sind, bis er nickt. Dadurch versetzen Sie den Klienten in seinen »normalen« Alltag.

3. Das Wunder im Schlaf: »Dann wird es spät, Sie gehen zu Bett und schlafen gut und fest ein!« Warten Sie auch an dieser Stelle wieder das Nicken des Klienten ab. »Während Sie schlafen, geschieht ein Wunder. Alle guten Geis-

ter, alles, was Sie erkannt haben, setzt sich um, und es geschieht eine tiefgreifende Wandlung...« Legen Sie an dieser Stelle eine kurze Pause ein und warten Sie so lange, dass der Klient eine Reaktion zeigen kann, aber nicht so lange, dass er etwas erwidern kann. »Und es ist nicht irgendein Wunder; es ist genau das Wunder, das die Probleme, derentwegen Sie heute hier sind, alle löst, einfach so. Aber da das Wunder geschieht, während Sie schlafen, werden Sie nicht wissen, dass es geschehen ist. Also... am Morgen wachen Sie auf und das Wunder ist geschehen, die Probleme, wegen derer Sie hier sind, gibt es nicht mehr.«

4. Die eigentliche Wunderfrage: »Woran merken Sie, dass die Situation anders ist?« Machen Sie nun eine Pause und lassen Sie den Klienten antworten.

Alternativfragen zur Wunderfrage

A. »Was wäre das Erste, was Sie an positiver Veränderung bemerken würden? Was noch?«

B. »Was würden Sie an... (andere Person) bemerken, das Sie wissen ließe, dass ein Wunder geschehen ist?«

C. »Wenn die Dinge besser würden, was wäre anders?«

D. »Woran würden Sie erkennen, dass es diesmal wirklich anders ist?«

E. »Welchen Unterschied würde dies in der Beziehung mit (andere Person) machen?«

F. »Was müsste geschehen, damit das Wunder geschieht? Ist dies etwas, das geschehen könnte? Falls ja, was ist es, das Sie dies glauben macht?«

G. »Wer würde es noch bemerken, wenn das Wunder geschehen wäre? Was würde er bemerken, das bei Ihnen unterschiedlich wäre? Was noch?«

H. »Was würden Sie anders machen, wenn Sie sich besser fühlen? Was noch?«

I. »Was würden Sie anstelle des Problems tun/erleben?«

J. »Gibt es ein Wort, das das Wunder zusammenfassend beschreiben würde?«

Wie Sie die Wunderfrage noch stärker verankern

Nachdem der Klient sein Wunder beschrieben hat, entscheiden Sie sich, ob Sie den Klienten mit dem Wunder entlassen wollen. Wenn noch genügend Zeit dafür ist bzw. in der nächsten Sitzung beginnen Sie das Wunder zu verankern:

A. »Welche Teile des Wunders erscheinen Ihnen realistisch?«

B. »Was wären die Chancen, wenn das Wunder einträfe?«

C. »Was sagt Ihnen, dass das Wunder in Ihrem Leben möglich wäre?«

D. »Auf einer Skala von 0 bis 10, wobei 0 das schlimmste Problem bedeutet und 10 das beschriebene Wunder, wie nahe, denken Sie, sind Sie dem Wunder jetzt? Was bräuchte es, damit das Wunder geschehen könnte?«

E. »Achten Sie in den nächsten Tagen darauf, was in Ihrem Leben geschieht, das Ihnen sagt, dass das Problem gelöst werden könnte.«

F. Positive Aufmerksamkeitsausrichtung: »Zwischen heute und der nächsten Übung möchte ich Sie bitten zu beobachten, damit Sie beschreiben können, was ... (Ort des Geschehens) geschieht, von dem Sie wünschen, dass es weiter geschieht.«

G. »Achten Sie auf die Zeiten, wo etwas besser ist als bisher.«

H. Falls der Klient später bekundet, das Wunder sei noch nicht eingetreten: »Jede Nacht vor dem Einschlafen sagen Sie vorher, ob morgen der Tag sein wird, an dem sich ein Hauch von Wunder zeigt oder nicht. Am nächsten Abend fragen Sie sich, ob Ihre Prognose sich erfüllt hat, bevor Sie Ihre Voraussage für den nächsten Tag machen. Führen Sie Tagebuch über das, was Ihnen aufgefallen ist.«

I. »Beobachten Sie in den nächsten Tagen, was in Ihrem Leben geschieht, das Ihnen sagt, dass das Problem gelöst werden kann.«

J. »In den nächsten Tagen machen Sie irgendetwas anders als sonst, egal, wie fremd oder ungewöhnlich es sein mag.«

Das Wunder sein

»Das Wunder sein« folgt der Idee des »als ob«, wie sie von Paul Watzlawick proklamiert wurde. »Das Wunder sein« bedeutet, einfach einmal einen Tag lang so zu tun, als hätte sich das Wunder bereits ereignet. Dies lässt sich mit folgenden Fragen anregen:

A. »Nehmen wir einmal an, Sie würden sich so verhalten, als wäre das Wunder bereits geschehen. Bis zur nächsten Sitzung nehmen Sie sich einen Tag heraus, an dem Sie so tun, als ob das Wunder schon geschehen wäre, und beobachten, welchen Unterschied dies macht.«

B. »Was wäre die erste kleine Sache, die Sie tun würden? Inwieweit wäre dies hilfreich?«

C. »Ist dies etwas, das tatsächlich geschehen könnte?«

D. »Falls ja, was lässt Sie glauben, dass dies geschehen könnte?«

E. »Tun Sie einen Tag lang in der kommenden Woche so, als wäre das Wunder geschehen, und nehmen Sie wahr, welchen Unterschied dies macht.«

F. Münzmethode: »Werfen Sie abends eine Münze. Bestimmen Sie im Voraus, welche Seite für das Wunder steht und welche für das ›Nichtwunder‹. Fällt die Münze auf ›Wunder‹, tun Sie am nächsten Tag alles so, als hätte das Wunder bereits stattgefunden; fällt sie auf ›Nichtwunder‹, tun Sie alles ganz normal, achten aber darauf, ob sich nicht doch ein Wunder ereignet.«

Übrigens: Die Münzmethode können Sie auch anwenden, wenn Sie sich bei einer Entscheidung nicht sicher sind. In diesem Fall entscheiden Sie vorher, welche Münzseite Alternative A und welche Alternative B bedeutet. Werfen Sie immer am Abend zuvor die Münze, und dann handeln Sie am nächsten Tag gemäß der Münzentscheidung. Nach einigen Tagen werden Sie wissen, was für Sie stimmt. Dies können Sie auch als Paar tun, egal, worum es sich handelt.

Die Wunderfrage ist ein hervorragender Kniff, um Ihrer Sehnsucht auf die Spur zu kommen und aus ihr heraus ein Ziel zu formulieren, mehr noch, um Offenheit für die Wunder, die Sie (insgeheim) suchen, zu erzeugen. Durch die Wunderfrage half Steve de Shazer vielen Menschen über gedankliche Grenzen hinweg, die ihnen bis dahin suggeriert hatten, eine Situation sei ohne weitere Perspektive und ein »wundervolles Leben« sei nicht möglich. Sobald Sie sich nicht mehr nur an den Begrenzungen des Verstandes orientieren, sondern auch Ihre Sensoren für Wunder offenhalten und bemerken, wenn etwas Wunderbares in Ihr Leben tritt, beginnen Sie ein »wundervolles« Leben zu leben.

Alles beginnt damit, dass Sie anfangen zu träumen, also Dinge, die jenseits Ihrer bisherigen Erlebnisbandbreite liegen, für möglich halten. Die Energie folgt stets der Aufmerksamkeit, auch wenn diese sich zunächst einmal »nur« auf eine Phantasie konzentriert. Im Chancenbewusstsein und mit der Wunderfrage zu leben bedeutet, jedes Problem, jede Schwierigkeit als verkleidete Chance zu sehen. Sie halten die Augen offen für »das Wunder«, wo und wie es sich auch zeigen mag.

Der Zufall bewegt sich innerhalb unserer Glaubensgrenzen. Dieser Glaube wird von unseren Erfahrungen bestimmt, die wiederum innerhalb unserer Glaubensgrenzen liegen und zu bestimmten Überzeugungen sowie zu einem bestimmten Selbstbild führen. Wir glauben, dass das Leben eben so ist, weil *wir* so sind. Unglaubliche Dinge, wie z. B. Wunder, können uns nur passieren, wenn wir unsere Sensoren dafür offenhalten.

Jeder Spiegel, der in diesem Buch bearbeitet wurde, auch der Spiegel des konkreten Wunders, ist nur *einer* Ihrer Gedanken, nicht Ihr unbeflecktes Selbst. Das Reinigen des Spiegels, wie wir es auch in diesem Kapitel praktizieren, ist lediglich eine Hilfe für den Quantensprung im Bewusstsein, hin zur spiegelgleichen Weisheit. Sie haben somit zwei Möglichkeiten, den »Spiegel des Wunders« zu nutzen:

a) Sie nutzen die Fragen von de Shazer/Berg für die Ausarbeitung Ihres »Wunders«. In dem Fall beobachten Sie kleinste Veränderungen, die darauf hindeuten könnten, dass sich Dinge jenseits des für Sie Vorstellbaren bereits abzeichnen. Führen Sie Tagebuch und notieren Sie jedes Mal, wenn Dinge besser liefen als gedacht, diese als Wunder.

b) Richten Sie sich im Alltag immer wieder generell auf »das Wunder« aus. Bemerken Sie kleine positive Abweichungen von der Normalität und erkennen Sie diese als »Wunder«. Damit nähern Sie sich immer mehr der »spiegelgleichen Weisheit« eines Buddha, der nichts beschönigt, nichts dramatisiert, nichts wegnimmt und nichts hinzufügt, sondern einfach nur das Wunder reflektiert, das hinter den Spiegeln verborgen ist.

Ob gleich das angestrebte Wunder geschieht oder andere, unerwartete Wunder: Bedanken Sie sich für jedes »Wunder«, das Ihnen widerfährt. Ihr Partner ist besonders offen für Ihre Äußerungen? – Danken Sie für dieses Wunder! – Ihr Vorgesetzter lädt Sie zum Essen ein? Ein weiteres Wunder – danken Sie dafür! Ein Problem zeigt sich in ganz neuem Licht und der Problemdruck verschwindet? – Wieder ein Wunder. Gehen Sie im Alltag immer wieder in die Stille und richten Sie sich auf Wunder aus! Wunder sind eigentlich nichts Besonderes: Da wir nur sieben Prozent der Wirklichkeit wahrnehmen können, gehören Wunder zu den 93 Prozent dessen, was wir bisher ausgeblendet haben. Öffnen wir uns also dem Wunder.

Für jede ungelöste Lebenssituation gibt es, wie die andere Seite einer Münze, eine gelöste und erfüllte Lebenssituation, die Sie stattdessen erleben können. Die Veränderung der Umstände, das Drehen der Münze erfolgt im Bewusstsein, indem Sie durch Ihre Ausrichtung auf das Wunder dieses »in Erscheinung rufen«. Fragen Sie sich immer wieder: »Was würde ich gerne stattdessen erleben?« Und seien Sie offen für ein Wunder! Ihr künftiges, »wunder-volles« Leben können Sie in den folgenden drei Schritten vorbereiten:

1. Beschreiben Sie Ihre Lebenssituation, die Sie gerade beschäftigt, und anerkennen Sie vorbehaltlos, dass sie so ist, wie sie ist. Nehmen Sie mit der Lebenssituation verbundene Emotionen wahr, lassen Sie sie einfach »da sein«. Spüren Sie den Teil in Ihnen, der von der Lebenssituation betroffen ist, und sagen Sie zu diesem Teil: »Ich nehme dich voll und ganz an, ich verstehe und ich liebe dich!«
2. Erinnern Sie sich daran, wer Sie wirklich sind! Spüren Sie das unendliche Selbst in Ihnen, das reine Sein, das von alldem nicht betroffen ist. Spüren Sie dem nach, was Sie erleben, wenn Sie sich mit diesem reinen Selbst identi-

fizieren. Vielleicht kommen noch irgendwelche Emotionen, Gedanken auf – beobachten Sie diese, bis Sie sich selbst als dieses unendliche Selbst, den reinen Spiegel erleben.

3. Fragen Sie sich: Wenn jetzt ein Wunder geschähe, woran würde ich es erkennen? Warten Sie, bis Sie einen Impuls bekommen.

Sie brauchen nicht zu bestimmen, worin das Wunder liegen soll. Lassen Sie sich einfach überraschen.

Nutzen Sie ganz bewusst die Schätze, die das Leben Ihnen kostenlos zur Verfügung stellt. Erkennen Sie das Wundervolle im Alltäglichen, in der Natur, in jeder Situation. Halten Sie immer wieder inne. Spüren Sie, wie die Räder des Verstandes stillstehen und Sie *sind*. Wunder sind immer *jetzt*! Wenn Dinge auftauchen, die gerade kein Wunder darstellen, halten Sie inne. Öffnen Sie Ihr Herz für die jeweilige Lebenssituation, aber steigen Sie nicht mental oder emotional ein. Nehmen Sie vielmehr die »Wirklichkeit hinter dem Schein« wahr, warten Sie auf »den Spiegel des Wunders« – er wird sich Ihnen offenbaren, denn, wie gesagt: Die Energie folgt der Aufmerksamkeit.

Die Egorevolte

Wenn wir uns in Richtung »Wunder« bewegen, kann es sein, dass erst einmal Widerstände hochkommen und wir zunächst einmal all das erleben, was wir nicht erleben wollen. Dann taucht in uns all das auf, was sich dem Wunder in den Weg stellt: Vorbehalte, negative Überzeugungen, schlechte Gefühle, unliebsame Situationen – alles, was das »kleine Ich« mit seinen beschränkten Vorstellungen zu bieten hat. Es handelt sich hierbei genau um die Dinge, die bisher verhindert haben, dass das Wunder nicht schon früher geschehen ist. Sie haben bisher in unserem Unbewussten geschlummert, weil sie zu unserem bisherigen Format passten. Diese Phase wird auch »Egorevolte« genannt, um Sie daran zu erinnern, dass die Widerstände nicht von Ihrem wahren Selbst, sondern nur von Ihrem »Ich« herkommen. Nun, wo wir uns aufmachen, Wunder zu erleben, stößt der wachsende Keim des Wunders an die Schale unseres bisherigen »So-Seins«. Das Bild eines Samens, der seine Schale zerstören muss, um zur Pflanze zu werden, zeigt sehr anschaulich, dass wir manchmal durch einen Engpass hindurchmüssen, bis sich unser Wunder stabilisiert hat. Es ist wie bei einer Geburt. Unsere Aufgabe ist es, die Kraft am Brennpunkt zu halten, durch all das hindurchzugehen, was sich uns an Widerständen in den Weg stellt und nicht eher aufzugeben, als bis das Wunder sich manifestiert hat. Die Interventionen, wie sie im Kapitel »Der Spiegel Ihrer Ablehnung« beschrieben sind, können Ihnen in solchen Situationen die notwendige Stabilität geben.

Führen Sie ein »Wundertagebuch«, in dem Sie jeden Tag mindestens ein Wunder eintragen – auch wenn es noch so

klein ist. Nutzen Sie das Führen des »Wundertagebuches«
zu einer kleinen Meditation. Wenn gerade negative oder
blockierende Gedanken da sind und Sie keine Wunder notieren können, dann nehmen Sie die negativen und blockie-
renden Gedanken wertfrei wahr. Erlauben Sie ihnen, da zu
sein. Atmen Sie in Ihr Herz. Spüren Sie Ihr Herz. Widerste-
hen Sie der Versuchung, auf die lärmenden negativen Gedanken einzusteigen. Stattdessen erinnern Sie sich daran,
wie früher einmal ein Wunder geschehen ist. Vielleicht lesen Sie dafür ein wenig aus dem, was Sie bisher bereits in
Ihr Wundertagebuch geschrieben haben.
Seien Sie dankbar für das frühere Wunder. Tauchen Sie
ganz in es ein. Und in der Verbundenheit Ihres Herzens mit
der Erinnerung an das damals erlebte Wunder gehen Sie
noch einmal durch den aktuellen Tag. Sehen Sie sich morgens aufstehen, Zähne putzen, frühstücken – war da nicht
irgendwo doch ein kleines Wunder? Wenn ja, notieren Sie
es und seien Sie dankbar dafür, es erlebt zu haben. Woran
Sie denken, davon bekommen Sie mehr. Wenn Sie durch
das »Wundertagebuch« Ihre Aufmerksamkeit auf Wunder
lenken, werden diese immer größer werden.

Im Leben geht es letztendlich nicht darum, was Sie bekommen, sondern darum, wer Sie sind. Es geht nicht darum,
wie reich Sie sind, sondern darum, wie vielen Menschen Sie
das Leben bereichert haben. Selbst wenn Sie alle Wunder
der Welt vollbringen könnten – das größte Wunder ist das
Wunder, das Sie erleben, wenn Sie Ihr »Ich« transzendiert
haben. Dies ist das große Wunder, für das es sich zu leben
lohnt, weshalb es so gnadenvoll ist, geboren zu sein. Der

»Spiegel des Wunders« kann für Sie eine Brücke darstellen zu dem, wozu Sie letztendlich hier auf Erden sind, um die Buddhanatur, die Vollendung in sich zu erleben. Das Wichtige an einer Brücke ist, dass Sie sie nutzen, statt auf ihr stehenzubleiben. Eine Brücke hat die Aufgabe, Sie zum anderen Ufer zu bringen. Der »Spiegel des Wunders« ist die Brücke, die eine Verbindung vom Himmel zur Erde schaffen kann.

Die Spiegel von Himmel und Erde

Die monotheistischen Religionen gehen davon aus, dass es verschiedene Ebenen des Bewusstseins gibt. Im Judentum spricht man von sieben Himmeln. Die Lehre von den sieben Himmeln entspricht rabbinischer Anschauung und wird im Talmud beschrieben. Von dort ging sie in den Koran über und fand durch ihn Verbreitung. Nach dem Talmud ist der siebente Himmel der oberste Himmel und heißt dort »Araboth«. Dort befindet sich der Schatz des Lebens, des Friedens und des Segens. Dort weilt Gott selbst mit den ihm dienenden Engeln. Erste nachweisbare Erwähnung fanden die sieben Himmel in dem zwischen 70 und 135 n. Chr. entstandenen apokryphen »Testament der zwölf Patriarchen«, Levi, Kapitel 3, »Höre nun von den sieben Himmeln«. Im Neuen Testament wird spezifisch nur der dritte Himmel (2. Kor 12,2-4) erwähnt, allerdings weist Hebräer 4,14, »Weil wir denn einen großen Hohenpriester haben, Jesus, den Sohn Gottes, der die Himmel durchschritten hat«, darauf hin, dass es mehrere Himmel geben muss. Die bildliche Vorstellung von mehreren übereinander gelagerten Himmeln ist im Neuen Testament erhalten.

Bei den Sikhs gibt es fünf Himmel. Nach deren Lehre entsprang die Seele dem Reich Gottes, der universellen Wahrheit und stieg hinab in die Superkausalebene. Dabei umhüllte sie sich mit einem Schleier, um in dieser niedriger schwingenden Ebene existieren zu können. Dann stieg die Seele hinab in die Kausalebene und umhüllte sich hierfür mit einem weiteren Schleier. Auf ihrer weiteren Reise stieg die Seele hinab in die Astralebene, und auch hierfür umgab sie sich mit einem weiteren Schleier. Letztendlich manifestierte sie sich auf der physischen Ebene und umhüllte sich hierfür mit einem fleischlichen Körper. Sie können sich diese Schleier und die Körperhülle wie übereinander gestülpte Lampenschirme vorstellen, die das Licht der Seele immer mehr verdunkelten. Im Zuge ihrer Aktivität auf der physischen Ebene erlebte die Seele Prägungen, Eindrücke im Bewusstsein, welche als Information gespeichert wurden und nach dem Gesetz des Karma zu einem Ausgleich in späteren Leben führen mussten: Positive Taten und Handlungen zogen in einem späteren Leben »gutes Schicksal« an, negative Taten und Handlungen »unvorteilhaftes Schicksal«. Darum ist der Mensch zu einem tugendhaften Lebenswandel angehalten.

Gemäß den Lehren der Sikhs gelangen wir durch den Segen der inneren oder äußeren Meister mehr und mehr in Kontakt mit unserer wahren Natur, welche in einer transzendenten Ebene liegt, die bei den Sikhs »Sach Khand«, »die Wohnstatt des Herrn«, in anderen Religionen »der siebte Himmel« genannt wird.

Durch den Buddha kam die Idee der Befreiung vom »Rad der Wiedergeburt« in das Bewusstsein der Menschen. Die Menschen erkannten, dass »Ketten aus Gold« (gutes Schicksal) ebenso an die Wiedergeburt binden wie »Ketten aus Stahl« (schlechtes Schicksal). Indem wir aufhören, die Dinge, die wir erleben, auf die Außenwelt zu projizieren und stattdessen uns selbst als Ursache unseres Erlebens verantworten, wirken wir aus der Kausalebene heraus. Wenn wir dann zulassen, dass unsere spiegelgleiche Weisheit durch uns wirkt und wir die Ebene der Persönlichkeit übersteigen, kommen wir in Kontakt mit der Suprakausalebene.

Doch beginnen müssen wir dort, wo wir stehen. Vor unserer Geburt haben wir zwei Formen von Prägungen mitbekommen: Die Eindrücke, welche unsere Seele im Laufe der Inkarnationsketten im »Mind« (das englische Wort für Gemüt, Verstand) gespeichert hat, und die Eindrücke, welche aufgrund von Vererbung (Gene) über die Elterngenerationen an uns gekommen sind. Diese Eindrücke werden angereichert durch die Geburtserfahrung und die Prägungen, die wir als Baby, Kleinkind, Jugendlicher und junger Erwachsener erfahren haben. Östliche Religionen wie der Taoismus oder der Buddhismus erweisen sich als wertvoller Ausgleich zu unserem dualistischen Denken. Gemeinsam ist ihnen allen die Idee der Nicht-Zweiheit, und genau diese Betrachtungsweise benötigen wir, um unsere Spiegel zu erkennen: Ich bin von dem, was mir gespiegelt wird, nicht getrennt. So geben sich die monotheistischen und die atheistischen Religionen die Hand, wenn es um unsere Selbst-Befreiung geht. Sie erweisen sich als zwei Flügel unseres Seelenvogels, die ihm beide helfen, in die Freiheit, die wir suchen, aufzusteigen. Wir erkennen ganz klar, dass die Rücknahme der Projektionen und die Annahme der Spiegel, die uns das Leben bietet, zu einer Rückverbindung führt, die uns letztendlich frei macht.

Irgendwann kommt im Leben eines Menschen der Zeitpunkt, zu dem er beginnt, sich seiner selbst zu erinnern. Er spürt zum ersten Mal in seinem Leben die Berührung mit Größerem und versucht die Reise zu sich selbst anzutreten. Die Seele spürt die Schwere ihrer Eindrücke, die sie wie Ketten mit dem Ungelösten verbinden. Und so macht sie sich auf, die Fesseln zu suchen und zu lösen, die sie binden. Da das Ungelöste aber unbewusst ist, liegt unsere Chance darin, im Spiegel unseres Lebens nach den ungelösten Dingen zu suchen, die sich in uns verborgen haben und die seit Generationen bzw. seit Äonen von Jahren darauf warten, ge- und erlöst zu werden. Hierbei helfen das Wissen um die Gesetze des Spiegels und die in diesem Buch angebotenen Techniken, mit denen sich die Anhaftungen lösen lassen, insbesondere, wenn wir unsere Wahrnehmung jetzt auch auf den Spiegel des Lebensrades anwenden.

Die Spiegelgesetze im Kreislauf des Lebens

Liebe ist keine Emotion.
Emotionen wie Wut, Hass, Trauer kommen und gehen.
Liebe aber ist ewig.
Ich lege Wert darauf, dass wir Liebe nicht
mit etwas verwechseln, das sich verändert.

(Osho)

Energie kann nicht verlorengehen. Deshalb, so behaupten östliche Religionen, sucht sich das Bewusstsein, wenn der Körper stirbt, einen neuen Körper und verbindet sich mit ihm. Je nach Neigung inkarniert die Seele bis zu ihrer endgültigen Befreiung in besseren oder schlechteren Umständen.

Die Lehre von der Reinkarnation war bis zum Konzil von Konstantinopel im 4. Jahrhundert n. Chr. Bestandteil des christlichen Glaubens. Für die nachfolgende Betrachtung ist nicht entscheidend, ob sie wahr ist, auch wenn der Gedanke einer Reinkarnation logisch erscheinen mag.

Dem Buddhismus verdanken wir das Konzept des »Lebensrades«. Es kommt in ähnlicher Form auch in anderen Religionen vor, in der Bibel etwa als »Rad des Hesekiel«, und ist Bestandteil des Tarot. Das Besondere an der buddhistischen Form des Lebensrades ist, dass es uns, unabhängig davon, ob wir an die Reinkarnation glauben oder nicht, einen Blick darauf werfen lässt, wie sich unser Leben von der Geburt bis zum Tod vollzieht. Der »Spiegel des Lebensrades« gibt uns die Möglichkeit, unsere Lebensumstände nicht nur daraufhin zu bewerten, wie sie unsere Persönlichkeit reflektieren. Es ist auch deshalb ein so gutes Mittel der Selbsterkenntnis, weil es ein verschlüsselter Ausdruck des kollektiven Unbewussten ist. Wir können mit Hilfe des Lebensrades erkennen, welchen Grad an Befreiung wir in diesem Leben bereits erreicht haben, mehr noch: Es erlaubt uns, einen Schritt zurückzutreten und unsere Lebensspiegel aus einer überpersönlichen Stufe heraus zu betrachten. Lassen Sie uns deshalb im Folgenden einen näheren Blick auf dieses Konzept werfen.

Das Lebensrad (Sanskr. »Bhavacakra«, tib. »Srid pa khor lo«). ist in fast allen tibetisch-buddhistischen Klöstern als Wandmalerei zu sehen. In der klassischen Darstellung wird das Rad von einem zähnefletschendem Ungeheuer in den Klauen gehalten,[84] das die unerlöste menschliche Matrix – im Indischen den Totengott Yama, buddhistisch den Versucher Buddhas, Mara – repräsentiert.

Im Zentrum dieser Matrix sind kreisförmig drei Tiere angeordnet, ein Schwein, eine Schlange und ein Hahn. Jedes von ihnen beißt in den Schwanz des vorangehenden. Hier-

---

84 Eine sehr anschauliche Abbildung des Lebensrades finden Sie unter www.kiam-harmony.net/product_info.php/products_id/330.

bei steht der Hahn für unser Begehren und das, an dem wir *haften*, die Schlange für den Hass, das, was wir *ablehnen*, verweigern und von uns stoßen, und das Schwein für unsere *eingeengte, dualistisch verblendete Sichtweise* und unsere Bewertungen, die uns an das, was wir bewerten, gebunden halten.[85]

- Die **Gier** entspricht dem Prinzip der Anziehung,
- der **Hass** dem Prinzip der Abstoßung,
- die **Verblendung** und **Ich-Sucht** entsprechen dem Prinzip der eingeengten Sichtweise.

Wenn wir alleine dieses Sinnbild bedenken und in uns arbeiten lassen, erfahren wir eine völlig neue Einstellung zu den Spiegeln unseres Lebens. Wir fragen uns nicht mehr: Sind sie angenehm oder unangenehm? Die Fragen, die wir uns nun stellen, lauten vielmehr:

---

85 Abbildung aus www2.bremen.de/info/nepal/Gallery-2/Wheel/Lbnsrd-Erkl.htm

- Handelt es sich um etwas, an dem ich zwanghaft festhalte (Hahn-Prinzip)?
- Handelt es sich um etwas, das ich vehement ablehne, ohne den Spiegel in mir selbst zu sehen (Schlange-Prinzip)?
- Habe ich eine eingeengte, bewertende Sichtweise bezüglich eines Themas (Schwein-Prinzip)?

Die drei Prinzipien Anhaftung, Verweigerung und Einengung finden wir übrigens in jedem Organismus, auch im sogenannten »Kampf- und Fluchtreflex«, wie wir ihn aus der Tierwelt kennen:

- Anhaftung = Kampf,
- Verweigerung = Flucht,
- Einengung = Erstarrung / Einfrieden.

Befreiung entsteht dadurch, dass wir unsere Unwissenheit erkennen, die trügerischen Phänomene nicht mehr mit der Wirklichkeit verwechseln und den Glauben an ein von anderen getrenntes »Ich« loslassen.

Die helle und die dunkle Seite des Lebens

Um den inneren Kreis herum ist im Lebensrad ein zweiter Kreis abgebildet, der zweigeteilt ist: Rechts werden aneinander gefesselte Lebewesen in die Tiefe gezogen, links erheben sich geistige Menschen in die Höhe. Dieses zweite Rad spiegelt in etwa die menschliche Einstellung zu Himmel und Hölle wider. Beide Gruppen sind innerhalb des Lebensrades gefangen – das bedeutet, dass sowohl die »tugendhaften« wie auch die »untugendhaften« Menschen an das Lebensrad gefesselt sind und die Befreiung, die wir suchen, nicht alleine durch das Einhalten von Idealen erreicht werden kann. Denn auch die Idee »Ich bin besonders gut und verdiene deshalb Belohnung« ist eine Fessel, ein Festhalten an der Illusion des »Ich«.

Die sechs Spiegelwelten

Der dritte Ring im Lebensrad stellt die sechs »Welten« dar, innerhalb derer wir geboren werden können. Wir können diese sechs Welten als jenseitige Welten sehen, vergleichbar mit unserer christlichen Vorstellung von Himmeln und Höllen. Wir können diese sechs Welten aber auch als diesseitige Zustände verstehen, in denen wir »hier und jetzt« leben. Stellen Sie sich hierfür ein Haus mit sechs Wohnungen vor, in dem jeder Bewohner ein anderes Leben erfährt: Der eine ist von Krankheit und Armut gepeinigt, der andere lebt seine Triebe und Instinkte aus, ein dritter meditiert, ein vierter träumt von einer besseren Zukunft usw. Obwohl alle im gleichen Haus wohnen, lebt doch jeder Bewohner in einer jeweils anderen Welt.

In jedem der sechs Existenzbereiche trägt jedes Wesen die erwachte Natur in sich, doch, so sagt das Lebensrad, nur in der Menschenwelt ist die Befreiung wirklich möglich. Im dritten Kreis stehen die oberen drei Welten für die positiven, die unteren drei Welten für die negativen Möglichkeiten.

1. *Die Welt der Höllenwesen*: Dieses ist der tiefste Bereich. Die Höllen werden im Lebensrad unterschieden in die »heißen« und die »kalten« Höllen und entsprechen in etwa dem, was wir im Christentum als Fegefeuer kennen. Hier leiden die Wesen unter ihren eigenen negativen Emotionen – Zorn, Gewalttätigkeit, Rachsucht, Aggression und Hass –, ihrer heißen Wut und ihrem kalten Zorn, die sie in die Hölle geführt haben. Um aus der eigenen Hölle zu entkommen, müssen wir den Spiegel des Lebens nutzen, um unsere Glaubenssätze und unsere Emotionen aufzudecken, zu verantworten und zu erlösen. Der Hölle unseres Lebens entkommen wir nicht durch Veränderung der Umstände, sondern durch Veränderung unseres *inneren* Ortes.

2. *Die Welt der Hungergeister (Pretas):* Sie befindet sich links unten im Rad. »Ein verzehrendes Gefühl des Mangels bei gleichzeitig unersättlicher Gier beherrscht die Bewohner dieser als unfruchtbare Felsenlandschaft dargestellten Welt. Sie werden unaufhörlich von der Energie angetrieben, alles zu horten und besitzen zu wollen, doch da sie sich niemals eine Ruhepause gönnen, können sie sich nicht daran erfreuen.«[86] Dies sind die Wesen mit unbefriedigten Begierden, die ewige Frustration erfahren.

---

86 Nick Dudka/Sylvia Luetjohann: Tibetische Meditationspraxis in Bildern, Aitrang (Windpferd Verlag) 2006, S. 117.

Hierbei hängt die Erfüllung nicht an äußeren Gegebenheiten, sondern es ist die *Haltung* von Mangel, welche
diese Wesen – bzw. uns – zu Hungergeistern macht. Bezogen auf »unsere« Welt: Wir können Millionär sein und
im Mangel leben oder auch äußerlich arm sein und uns
trotzdem reich fühlen. Das Lebensrad stellt die Hungergeister als Wesen der unerlösten Leidenschaften dar, die
zwar riesige Mäuler haben, doch ihre Hälse sind derart
dünn, dass keine Nahrung hindurchgelangt und daher
nichts ihren Heißhunger stillen kann. Aufgrund ihres engen Halses können sie nichts in sich aufnehmen und er-
leiden deshalb Hunger und Durst. »Was immer sie trinken, brennt ihnen im Mund wie Feuer, und ihre Bäuche
sind aufgetrieben von unverdauten Speisen. Sie leben
völlig gefangen in einer Welt ungestillter Begierden und
Süchte – eine ausweglose Situation.«[87] Indem wir Zufrie-
denheit und Bescheidenheit lernen und anderen Gutes
tun, erhalten wir eine Nahrung, die mehr erfüllt und
nährt als Sinnesreize.

3. *Die Welt der Tiere*: Diese liegt in der unteren Hälfte des
Rades genau gegenüber, rechts von den Höllenwelten.
»Auf den ersten Blick könnte dieser Bereich eigentlich
wie eine friedliche Idylle erscheinen. Doch die Tiere sind
unaufhörlich damit beschäftigt, sich gegenseitig zu jagen und zu fressen, oder sie werden von der Furcht beherrscht, selbst gefressen zu werden.«[88] Die Welt der Tiere

---

87 Ebd.
88 Ebd.

gilt als Bereich der Triebgebundenheit und der Angst als Folge von Trägheit und Unwissenheit. »Tieren ist gemeinsam, dass sie unmittelbar auf ihre Instinkte reagieren und nicht zu bewusster Erfahrung fähig sind. Bei aller äußeren Vielfalt agieren letztendlich alle Tiere nur die für ihre Gattung vorgegebenen Muster aus.«[89] Das Reich der Tiere steht für den fehlenden Abstand, den fehlenden Humor, die fehlende Leichtigkeit, die man erst dann gewinnt, wenn man Abstand von sich selbst genommen hat. Sie steht auch für den »Raubtierkapitalismus«, das »Fressen oder Gefressenwerden«, das uns unter Druck setzt und uns um unseren inneren Frieden bringt. Indem wir unsere Antriebe liebevoll begleiten und lenken, führen wir »das Tierische« in uns einer höheren Bewusstseins- und Erlebensstufe zu. Wir entdecken, dass wir einen (An-) Trieb haben, uns jedoch nicht von ihm in Besitz nehmen lassen müssen.

4. *Die Welt der Götter*: Diese Welt befindet sich ganz oben, quasi als Gegenpol zum Höllenreich. »Die Götter genießen ein scheinbar paradiesisches Leben und sind stolz darauf, doch in der Euphorie der Selbstversunkenheit gefangen. Wie alles ist auch dieser überaus angenehme Zustand der Vergänglichkeit unterworfen, und was darauf folgt, muss im Vergleich damit als »Hölle« erscheinen.«[90] Wir können die »Welt der Götter« mystisch verstehen, z. B. im Sinne der griechischen Götter- und Heldensagen; wir kön-

---

89 Ebd.
90 Ebd.

nen sie auch als ein Sinnbild für uns Menschen verstehen. Vielleicht kennen wir auch Menschen, die »wie ein Gott auf Erden« leben – Leinwandgötter, Modezaren, scheinbar vom Leben Begünstigte, die leben wie im Schlaraffenland, ohne sich allzu sehr mit dem Leiden der Welt auseinanderzusetzen. Und viele von uns werden aus ihrem eigenen Leben Zeiten kennen, in denen es »Brei regnete«, d. h. die Dinge bestens liefen, einem die gebratenen Tauben nur so in den Mund flogen. Die »Welt der Götter« ist angenehm, doch sie liegt, wie das Bildnis zeigt, noch innerhalb des Lebensrades, nicht außerhalb davon. Als »Gott« – seien wir ein Kaiser, ein Popstar, ein Muhammad Ali (»Ich bin der Größte.«) oder ein anderweitig vom Schicksal Begünstigter – oder als wunderkräftiger Magier können wir noch keine Befreiung erreichen. Die »Götterwelt« ist deshalb so verführerisch, weil die Menschen, die in ihr wohnen, der irrigen Vorstellung eines besonderen Ich unterliegen. Es ist die »Anspruchshaltung«, die »Grandiosität« eines Möchtegerngottes, der Dünkel, der die Befreiung verhindert. Erst wenn ich bereit bin, »herunterzusteigen«, die Spiegel meines Lebens zu nutzen, um mich auch von diesem »Götter-Ich« zu lösen, kann ich Befreiung erlangen. Aus diesem Grund muss, so sagen die Mystiker, der größte Sternengott erst Mensch werden, damit er Befreiung erfahren kann. Erst wenn wir »heruntersteigen« und Mitgefühl mit dem Ganzen entwickeln, lösen sich unsere goldenen Fesseln, die wir als »Götter« tragen.

5. *Die Welt der Halb- oder Gegengötter (Asuras):* Diese Welt wird oft auch als die Welt der eifersüchtigen Götter oder

auch Dämonen verstanden. Halbgötter sind menschliche Wesen, die sich aber gegen den Weg des Menschen auflehnen, der die Entwicklung von Liebe und Mitgefühl beinhaltet, und lieber Götter sein wollen, aber keine (mehr) sind. »Sie sind in unaufhörliche Mühen und Kämpfe verstrickt und führen gegen die Götter, aber auch untereinander Krieg um die Vorherrschaft. Grund dafür ist der wunscherfüllende Baum der Unsterblichkeit: Seine Wurzeln und sein Stamm befinden sich zwar im Bereich der Dämonen, doch nur die Götter können seine Früchte ernten. Deshalb versuchen die Dämonen, gegen die Götter zu kämpfen und den Baum zu fällen, doch all ihr Streben ist immer wieder zum Scheitern verurteilt.«[91] Wir können die Halbgötter auch als Menschen ansehen, welche mit genialen Gaben ausgestattet sind, die sie über das menschliche Maß erheben, die sich aber mit ihren Gaben identifizieren und sie persönlich nehmen. Nietzsche mit seinen Büchern über den »Übermenschen«, geniale Maler, Komponisten, Philosophen verzweifelten oftmals an diesem Widerspruch, Übermenschliches zu vermögen und doch nicht der Größte zu sein. Halbgötter, das sind auch Menschen, die am Stuhl des Vorgesetzten sägen, weil sie seinen Posten wollen. Wenn wir die Asuras eher als »Gegengötter« interpretieren, erkennen wir in ihnen vielleicht die Versuchungen, welche schnellen Ruhm und schnelles Geld im Austausch für unsere Seele anbieten. Auch die Arroganz, Magie für egoistische Zwecke zu

---

91 Ebd.

missbrauchen oder die universellen Gesetze als für sich nicht anwendbar zu erklären, fällt in diese Welt. Wenn wir in unserem Kampf gegen die Welt erstarrt sind, dann ermahnt uns das Lebensrad an dieser Stelle, uns aus der Identifikation mit dem Halbgott in uns zu lösen und selbstlos das zu tun, was das Leben durch uns erwartet. In dem Film »Der letzte Kaiser« ist dargestellt, wie der letzte Kaiser von China notgedrungen auf seinen Thron verzichtet und zum einfachen, aber glücklichen Gärtner wird. Solch eine friedvolle Haltung ist eine gelungene Befreiung für einen Halbgott. Natürlich finden wir auch in der Haltung Jesu gegenüber dem Versucher in der Wüste die stimmige Antwort, um aus der Resonanz mit dieser Ebene befreit zu sein.

6. *Die Welt der Menschen*: Im Gegensatz zu den Göttern müssen die Menschen im Schweiße ihres Angesichts ihr Leben verdienen und sind ständig auf der Suche nach einer idealen Situation. »Sie leben jedoch in dem einzigen Bereich, wo der Dharma gelehrt wird und damit die Chance besteht zu erwachen. Nur die Menschen können die Natur der Erscheinungswelt durchschauen und Befreiung erlangen. Diese Erlösung ist zu verstehen als Loslösung aus dem Kreislauf des Lebensrades, aus dem Leiden an der Vergänglichkeit. Aufgrund dieser Möglichkeit gilt die menschliche Geburt als besonders kostbar.«[92] Die normalen Menschen haben weniger Annehmlichkeiten als die Götter und weniger magische Kräfte als die Halbgötter,

---

92 Ebd.

aber sie können am leichtesten Befreiung erreichen. Da wir als Mensch am stärksten zur Erkenntnis fähig sind, gilt die Geburt als normaler Mensch, eingebettet in den Kreislauf des Lebens, als die erlösungsgünstigste. In der Welt des Menschen bestmöglich zu leben bedeutet, die menschlichen Fehler und Unzulänglichkeiten, die sich in unserem Leben spiegeln, anzunehmen sowie sich selbst und anderen zu verzeihen. »Wir Menschen sind zumindest potenziell in der glücklichen Lage, den Mechanismus unserer Projektionen zu erkennen. Im menschlichen Bereich äußert sich das Leiden häufig in Form von Unzufriedenheit, doch können wir die Verwirrung wahrnehmen und mit der karmischen Energie arbeiten, die karmische Konditionierung lösen.«[93]

Im Rahmen der Gesetze des Spiegels sollten wir, wie bereits erwähnt, diese sechs Reiche in erster Linie als geistige *Zustände* verstehen, in denen wir aufgrund unserer Befindlichkeiten immer wieder verhaftet bleiben, solange wir noch in den Illusionen der Welt leben. »Chögyam Trungpa umschreibt diese Welten als gefühlsmäßige Einstellungen in uns selbst und unserer Umgebung gegenüber.«[94]

So können wir mit Hilfe des zweiten Rings im Lebensrad im Spiegel jeder Lebenssituation erkennen, in welcher Welt wir uns gerade befinden.

---

93 Ebd.
94 Ebd.

Der Außenring des Lebensrades stellt die bindenden Kettenglieder dar, Szenen des Menschen von der Geburt bis zum Tod:

1. *Nichtwissen:* Das erste Bild zeigt eine alte, blinde Frau. Sie steht für die Unwissenheit über die Zusammenhänge der Welt und die Wahrheit des Selbst, die falsch verstandene Identität und die daraus erwachsende geistige Blindheit, welche in die Verhaftung mit den Spiegelbildern führt.

2. *Tun:* Ein Töpfer, der seiner Arbeit nachgeht, steht für den ichhaften Wunsch, die Welt nach eigenen Maßstäben zu gestalten.

3. *Zerstreuung:* Ein umherspringender, unsteter Affe symbolisiert unsere Gedanken, die stets hin und her springen, so dass wir dabei uns selbst vergessen.

4. *Identifikation:* Das Bild zeigt zwei Wesen, die in einem Boot einen Fluss überqueren. Im Sturm sind die beiden Wesen aufeinander angewiesen, bis das Boot das andere Ufer erreicht. Dies symbolisiert unsere Identifikation mit Name und Form, die in unserem Geist aneinander gebunden sind.

5. *Sinneswahrnehmung:* Ein Haus mit sechs Fenstern und einem Tor symbolisiert, dass wir die Welt durch unsere fünf Sinne plus Denken wahrnehmen. Name und Form beruhen auf den Eindrücken, welche die Sinne vermitteln.

6. *Sinnlichkeit:* Ein Liebespaar in sexueller Umarmung symbolisiert die gegenpolare Anziehung der Geschlech-

ter, die Identifikation mit den Sinnesreizen und die Berührung mit den wahrgenommenen Objekten. Dieser Sinneskontakt ruft eine geballte emotionale Ladung von Empfindungen und Gefühlen hervor.

7. *Jagd:* Ein Jäger symbolisiert die Jagd nach dem Glück. Der Pfeil steckt jedoch im eigenen Auge – ein Sinnbild dafür, dass das, was er eigentlich sucht, in ihm selber ist. Das Bild zeigt auch den Schmerz, der durch die Ablenkung durch heftige Gefühle entsteht. Es erinnert nebenbei auch an das Gleichnis Jesu vom Balken im eigenen Auge.

8. *Lebensdurst:* Der Schmerz im Auge führt zu Lebensdurst und zum Verlangen nach Sinnesobjekten, die an den Kreislauf binden. Ein Biertrinker symbolisiert die Gier und die Fixierung auf den Lebensgenuss oder sogar rauschhaften Zustand, welche die Befreiung verhindern. Zu diesem Symbol gehört natürlich auch das Sich-Berauschen an Ruhm, Macht und Geld.

9. *Kausalität:* Ein Früchtesammler symbolisiert das Verlangen des Menschen nach den Früchten seiner (guten) Handlungen und die menschliche Neigung zum Nehmen und Ansammeln von Besitztümern.

10. *Schwangerschaft:* Eine schwangere Frau repräsentiert die Identifikation mit dem, was in uns heranreift.

11. *Geburt:* Eine gebärende Frau symbolisiert, dass wir immer wieder Dinge, die in uns gewachsen sind, ins Leben freigeben müssen.

12. *Alter und Tod:* Ein Leichenträger steht dafür, dass unser Leben irgendwann einmal ein Ende hat.

»Das gesamte Lebensrad wird in den Klauen und Reißzähnen von Yama gehalten, der in der buddhistischen Mythologie auch als Herrscher der Höllenwelten gilt. Yama trägt eine Krone aus fünf Totenschädeln, die für die fünf Geistesgifte stehen: Zorn, Stolz, Leidenschaft, Eifersucht und Ignoranz.«[95]

Solange wir den Spiegel des Lebensrades nicht kennen, geht es uns meist so, dass wir glücklich sind, wenn wir Wohlbefinden, Lob, Aufmerksamkeit und Gewinn erfahren, hingegen unglücklich, wenn wir Schmerzen, Kritik, Niederlagen und Verluste hinnehmen müssen. So suchen wir unser Glück in ganz bestimmten Nischen des Lebensrades – und bleiben so in ihm gefangen. Wenn wir versuchshalber einmal den Standpunkt einnehmen, dass aus Sicht des jedem Menschen innewohnenden Wunsches nach Befreiung Schmerzen, Kritik, Niederlagen und Verluste genauso wertvoll sind wie Wohlbefinden, Lob, Aufmerksamkeit und Gewinn, dann können wir die Spiegel des Lebens als Instrument der Selbst-Befreiung nutzen. Wenn wir genau hinschauen, erleben wir dann die »Ent-täuschung« und damit die »Befreiung von einer Täuschung«. Wir erkennen, dass, so sehr wir uns auch bemühen, dauerhaftes Glück nicht innerhalb des Lebensrades, in der Identifikation mit dem, was sich auf ihm abspiegelt, zu finden ist – was immer dies sein mag.

Das Lebensrad zeigt die Kausalkette unserer Verstrickungen und offenbart uns, dass die Befreiung, die wir suchen – ganz gleich, in welcher der Welten wir selbst uns gerade

---

95 Ebd.

befinden –, auf einer anderen Identifikationsebene liegen muss.

Das Innerste des Lebensrades stellt die Wurzel, den Ausgangspunkt unserer Überlegungen dar: Wir erkennen, dass unsere Anhaftungen (Hahn-Prinzip) uns nur vorübergehende Erleichterungen verschaffen, dass sie uns aber bald darauf in unsere Ablehnungen (Schlange-Prinzip) und unsere eingeengte Sichtweise (Schwein-Prinzip) hineinziehen. Um aus den drei ungesunden Verstrickungen herauszukommen, sollten wir unser Leben unter neuen Gesichtspunkten anschauen:

- Was kann ich nicht lassen? (Hahn-Prinzip)
- Was kann ich nicht lieben? (Schlange-Prinzip)
- Was kann ich nicht unterscheiden? (Schwein-Prinzip)

Wir erkennen dabei, dass *Gelassenheit, Liebe und Unterscheidungskraft* die drei Tugenden sind, die uns aus der Identifikation heraushelfen. Dass wir mit ihrer Hilfe unser Sensorium schärfen und als gewissermaßen immer feiner gestimmtes Instrument möglicherweise auch immer stimmigere Umstände erfahren, ist dann ein angenehmer Nebeneffekt.

Alle Erscheinungen im Kreislauf der Existenzen,
gezeichnet von Anhaftung und Ablehnung,
sind nur von vorübergehender Wirklichkeit.
Erkennt ihr dies, seht ihr überall Länder aus Gold.

(GENDÜN GYATSO, 2. DALAI LAMA)

Im Subjektiven verweilen

Eine alte tantrische Schrift offenbart: »Die Wahrnehmung von Objekten und Subjekten ist für einen erleuchteten Menschen dieselbe wie für einen unerleuchteten. Ersterer zeichnet sich durch eine Größe aus: Er bleibt im Subjektiven und verliert sich nicht in Objektive.«[96] Mit diesen wenigen Worten gibt sie uns den entscheidenden Hinweis darauf, wie wir die drei Wurzelsünden Gier, Hass und eingeschränkte Betrachtungsweise überwinden, uns von ihnen lösen können.

Wir sind tagtäglich von Menschen, Situationen, Umständen umgeben. Solange wir unbewusst sind, erleben wir die äußeren Umstände als überwältigend, als süchtig machend oder beängstigend. Die äußeren Dinge scheinen einen ungeheuren Magnetismus auf uns auszuüben, mit dem sie uns anziehen oder abstoßen. Wir werden aufgrund unseres eigenen Begehrens oder Ablehnens in diese äußeren Umstände hineingezogen, ob wir wollen oder nicht.

Im Subjektiven verweilen bedeutet, dass Sie Ihrer Aufmerksamkeit nicht erlauben, sich in den »Objektiven« (Menschen, Situationen, Umständen) zu verlieren. Wenn Sie in

---

96 Osho, Das Orakel der Meditation, Sutra 100, Köln (Innenwelt Verlag) 2002, S. 210 f.

ein Kino gehen und einen Film anschauen, dann können Sie sich von der Handlung mitreißen lassen – und teilen Freuden und Leiden des Filmes. Sie können sich aber auch vergegenwärtigen, dass Sie fest auf Ihrem Platz sitzen, es angenehm warm ist und Ihnen in Wahrheit momentan gar nichts passiert. Beide Realitäten sind gleichzeitig vorhanden. Ebenso ist es auch im wirklichen Leben.

Dies soll keine Einladung dazu sein, stets distanziert auf das Leben zu schauen. Vielmehr sollten Sie sich bewusst sein, dass Sie die Wahl darüber haben, in welchem Maße Sie im Subjektiven verweilen, also bei sich bleiben und inwieweit Sie »einsteigen«.

Wann immer Sie spüren, dass Sie in Disharmonie sind, weil sich Begierde oder Angst melden, Verlangen oder Abscheu, ist dies ein Zeichen dafür, dass Sie nicht mehr in sich selbst sind, dass Sie »außer sich« sind. Die Lösung liegt darin, für einen Augenblick die Schotten zur äußeren Welt dichtzumachen und den Beobachter in sich zu spüren, sich in sich selbst zu zentrieren. Ebenso wie Sie mit der Aufmerksamkeit nach außen gehen können, können Sie auch wieder mit ihr nach innen gehen. Es ist wie das Durchschreiten einer Tür. Außer sich geraten Sie nur durch Ihre eigene Unbewusstheit. In ihr halten Sie ein Seil, das vor Ihnen in der Abenddämmerung liegt, für eine Schlange und fürchten sich. Je mehr Sie sich jedoch darin üben, sich selbst zu spüren, umso mehr innere Kraft entwickeln Sie – umso weniger wird Äußeres Sie aus der Mitte bringen können.

Wann immer Sie eine starke Regung spüren, die Sie verleitet, außer sich zu geraten, nutzen Sie diese Regung. Bleiben Sie bei sich. Spüren Sie diese Regung bei sich selbst, unabhängig von dem Außenreiz. Ob es eine Attraktion ist oder etwas Furchteinflößendes – alle äußeren Dinge dienen nur als »Trigger«, um etwas in Ihnen zu wecken: eine Körperempfindung, ein Gefühl. Spüren Sie die nackte Empfindung. Bleiben Sie bei diesem Empfinden. Dann werden Sie mehr und mehr spüren, dass der Magnet, der Sie so magisch anzieht, gar nicht im Außen, sondern im Inneren liegt.

Alles Begehren und alle Ablehnung hat seine Wurzel in Ihnen. Sie fühlen sich stets in der Außenwelt von dem angezogen (egal ob positiv oder negativ), was der stärksten emotionalen »Ladung« in Ihnen selbst entspricht: Der Magnet liegt in Ihnen selbst.

Sobald sich ein Verlangen regt,
erinnere dich mit deinem gesamten Bewusstsein daran,
es zu erkennen.

(OSHO)[97]

---

97 Osho: *Das Orakel der Meditation*, a. a. O., Sutra 103.

Wer nimmt all dies wahr?

Die Quantenpsychologie[98] geht davon aus, dass *alles*, was Sie erleben, *in Ihnen* stattfindet, dass Sie (wie jeder andere auch) in Wahrheit *das Ganze* sind. Aus den Erfahrungen bei seinem Advaita-Lehrer Sri Nisargadatta Maharaj hat der Quantenpsychologe Stephen Wolinsky die folgenden neun Grundsätze formuliert, die uns im Folgenden weiter begleiten werden:

1. Es gibt nur die eine Substanz.
2. Alles, was Sie über sich selbst wissen, kam von außerhalb Ihrer, deswegen sollten Sie sich davon lösen.
3. Hinterfragen Sie alles, glauben Sie nichts!
4. Um herauszufinden, wer Sie sind, müssen Sie herausfinden, wer Sie nicht sind.
5. Um etwas gehen zu lassen, müssen Sie erst wissen, was es ist.
6. Derjenige, der erfährt, ist ein Teil der Erfahrung.
7. Alles, was Sie denken zu sein, sind Sie nicht.
8. Halten Sie sich fest an dem »Ich bin«, lassen Sie alles andere los.
9. Alles, was Sie über sich wissen, kann nicht (wahr) sein.

---

98 Stephen Wolinsky: Die Essenz der Quantenpsychologie, Kirchzarten (VAK Verlag) 2. Aufl. 2007.

Üblicherweise treffen in unserem Umgang mit der Welt »falscher Kern« und »falsches Selbst« aufeinander und versuchen, Erfüllung, Einheitsbewusstsein herzustellen. Daraus erfolgen zwangsläufig Frustration, Schmerz, Krankheit und Leid, da diese Einheit, die wir suchen, nur in der Erinnerung an das wahre Selbst gefunden werden kann.

Statt der ungesunden Verstrickung brauchen wir eine gesunde Synergie, in der jeder Einzelne von uns im Dienste des großen Ganzen wirken kann. Der Rückbezug auf die Einheit allen Seins ist also von entscheidender Bedeutung im Umgang mit den Spiegelgesetzen.

Es reicht also nicht aus, wenn wir etwa im Falle eines dominanten Vorgesetzten unsere eigene Resonanz auf »Dominanz« erkennen. Dies mag ein guter Zwischenschritt sein, doch es nützt uns noch nichts, wenn wir lediglich anerkennen, dass wir selbst dominant sind oder eine Aversion gegen Dominanz haben. Vielmehr geht es darum, die Spiegelgesetze zu nutzen, um zu dem Teil in uns durchzubrechen, der hinter dem Thema – in unserem Beispiel der Dominanz – verborgen ist: unserem wahren Selbst. Der Spiegel dient nur dazu, darauf hinzuweisen, dass es etwas in uns gibt, das den klaren Blick versperrt, und dazu, uns aufzufordern, unsere Fehlidentifikation zu lösen.

Nach Wolinsky spielen sich alle unsere Beziehungen auf sechs Ebenen ab:

- die äußere Welt: Eltern, Partner, Kinder, Freunde, Kollegen, Vorgesetzte, Nachbarn, Karriere, Reisen, Lebensumstände etc.,

- die mentale Welt: Werte, Glaubenssätze, Gedanken, Konzepte, Phantasien, geistige Bilder etc.,
- die emotionale Welt: Gefühle und Empfindungen, Furcht, Hoffnung, Freude, Hass, Ärger, Eifersucht etc.,
- die biologisch-instinktive Welt: Essen, Schlafen, Sexualität, Lernen etc.,
- die Welt der Essenz, des Herzens: Annehmen, bedingungslose Liebe, Vergebung, Mitgefühl etc.,
- die spirituelle Ebene: das Gewahrsein des Bewusstseins, das uns miteinander verbindet.

»Was ist – genau jetzt –, ist Vollkommenheit. Die Gegenwart ist nicht aus der Vergangenheit entstanden und führt nicht in die Zukunft. Alles erscheint gegenwärtig als ein Spiel im Gewahrsein. Wenn erkannt wird, dass das ›Ich‹ auch nur ein Gedanke ist, dann muss es nicht vollständig oder endgültig verschwinden, und es ist völlig in Ordnung, dass dieses ›Ich‹ kommt und geht. Es spielt keine Rolle mehr. Es wird nicht länger nach dem Wunderbaren gesucht, oder nach Glückseligkeit, weil alles schon okay ist. Die entspannte Leichtigkeit, die sich zeigt, wenn das ›Ich‹ durchschaut wird, ist genug.«[99]

Gemäß Wolinsky geht es darum, keine Ebene auf Kosten der anderen überzubetonen oder zu vernachlässigen. Veränderungen geschehen, wenn wir unsere Spiegelinhalte erkennen und bereit sind, unsere Erfahrung bis hin zu Schocks

---

99 Nathan Gill: schon wach: Gespräche mit Nathan Gill, Fürstenfeldbruck (Kruse Verlag) 2008.

und Traumata (und dazu gehört auch der Schock der Trennung vom großen Ganzen) loszulassen und den essentiellen Qualitäten von Weite, Liebe und Annehmen Raum zu geben. Hierbei können uns die Spiegel des Lebens unterstützen. Sie zeigen uns, wo wir Ungelöstes mit uns tragen, das unsere spiegelgleiche Weisheit behindert. Wolinsky geht es hierbei übrigens, ebenso wie seinem Lehrer Sri Nisargadatta Maharaj, nicht um Verbesserung der Umstände, sondern darum, die Spiegel des Lebens zu nutzen, um den Zustand der Nichtzweiheit, Advaita, zu erreichen.

Der Geist ist der Schöpfer von Samsara (Gefangensein)
   und Nirwana (Befreiung).
Außerhalb des Geistes existiert weder Samsara noch Nirwana.

(PADMASAMBHAVA)

Kamel, Löwe oder Buddha – als wer leben Sie?

Friedrich Nietzsche teilt die Entwicklung des Menschen in »Also sprach Zarathustra«[100] in die folgenden drei Stufen ein:

- das Kamel,
- den Löwen,
- das Kind (vergleichbar der unschuldigen Buddhanatur des goldenen Kindes in uns).

Aus dem Archetyp des Kamels, des Löwen und des Kindes hat der Lebenslehrer Alexander Gottwald das »DUMM-Prinzip«, das »HASS-Prinzip« und das »LEBE-Prinzip« abgeleitet.[101] Diese drei Prinzipien stehen für drei Möglichkeiten, wie wir mit den Spiegeln des Lebens umgehen können.

Beginnen wir mit dem DUMM-Prinzip: Das Kamel ist Symbol für die Haltung eines Menschen, der seine Pflicht tut, Tag für Tag. Es ist der Mensch, der das tut, was »man tut«, das, was man ihm sagt. Da ist keine Bereitschaft, etwas zu hinterfragen. Auf der Ebene des Kamels hat der Mensch

---

100 Friedrich Nietzsche: Also sprach Zarathustra, Köln (Anaconda Verlag) 2005.
101 Weitere Informationen unter www.alex-energies.org/projekte.html.

seine Normen, gemäß derer er lebt, ohne sich zu fragen, ob diese für ihn stimmen, ob sie ihm angemessen oder vielmehr »aufgepfropft« sind. Kommt doch einmal Unbehagen auf, wird es mit Hilfe von Zerstreuung oder Drogenkonsum betäubt. Auf diese Weise kann der betreffende Mensch weitermachen wie bisher – wie ein Kamel. Er oder sie ahnt nicht einmal, dass die Welt ein Spiegel für das eigene Innere ist, und folgt unbewussten inneren Programmen, wie jedes Tier, wie jeder Organismus. Gemäß Gottwald ist dies:

- *D = Dumpfheit im Herzen:* Wenn das Herz dumpf ist, kann es keine Impulse an unser Gefühlszentrum senden, und wir leben in seelischer Gleichgültigkeit, die wir durch die Befriedigung unserer Triebe, Sucht und Stimulanzien zu überdecken versuchen.

- *U = Unklarheit im Bauch:* Da der Bauch, Sinnbild unserer Emotionen, keine Impulse vom Herzen bekommt, bleibt er unklar. Aus dieser Unklarheit heraus vermeidet man, sich als mitverantwortenden Schöpfer seiner Welt zu erleben. Man lebt in der Illusion, Glück käme von günstigen Umständen. Die Unklarheit im Bauch macht anfällig für Verhaftungen an die Dinge, Situationen, Umstände der Welt.[102]

- *M = Mangel im Geist:* Das wahre Selbst bekommt keine Kraft, da weder Herz noch Bauch mit ihm in Kontakt sind,

---

102 In seinem Buch »Vivation: der Weg der Lebensfreude« (Aitrang, Windpferd Verlag 1997) beschreibt Demian zur Strassen, wie wichtig es ist, das »untere Selbst« durch Impulse aus dem Herzen anzuregen und weise zu führen, statt es abzuwürgen oder wild auszuagieren.

was zu Abgehobenheit führt. Der betreffende Mensch glaubt den eigenen Gedanken, sieht alles durch den Filter seiner eigenen Prägungen, nimmt nicht wahr.

- *M = Minderwertigkeitsgefühl*, das oftmals durch Grandiosität verdrängt wird. Die Quelle des Minderwertigkeitsgefühls ist nicht zu wenig Leistung, Besitz oder äußere Anerkennung, sondern die Illusion des Getrenntseins vom Ganzen.

Irgendwann spüren wir die Grenzen, den Käfig, in dem wir leben. Dann werden wir entweder depressiv trotz großer Erfolge, oder wir leiden an unserem Versagen. Und so gelangen wir vom »Kamel« zur Stufe des »Löwen«. Diese Stufe wird bei Gottwald das »HASS-Prinzip« genannt. Es handelt sich hierbei um ein Übergangsstadium, an dem sich entscheidet, ob wir in die Dumpfheit (DUMM-Prinzip) zurückfallen oder uns der Haltung der Weisheit nähern, in der wir ganz gezielt mit den Spiegeln des Lebens arbeiten. Beispielhaft bezogen auf eine Partnerschaft lässt sich der Übergang vom »Kamel« zum »Löwen« folgendermaßen darstellen: Man lebt in seiner Beziehung vor sich hin, bis man irgendwann eine Unzufriedenheit verspürt und eine Beziehungskrise ausbricht. Nun liegt die Brücke von HASS vor dem Paar, über die es hinübergehen muss, um zum dritten Stadium zu gelangen. Im Stadium von HASS ist die Kollision mit der »Realität« deutlich spürbar: Man spürt die Unerfülltheit, hat aber den Schlüssel der Spiegel des Lebens noch nicht erkannt. HASS steht nach Gottwald für

- *H = Hybris* oder Hilflosigkeit im mittleren Selbst. In der Hybris erlebt man sich selbst als Retter, Rechthaber oder Ankläger einer schlimmen Welt. Man nährt sich nicht von innen heraus, sondern aus der (negativen) Aufmerksamkeit, die man bekommt. Irgendwann kommt der Punkt, an dem die alten Bewältigungsstrategien nicht mehr helfen und man gezwungen ist, den Spiegel für das, was man erlebt, in sich selbst zu suchen. Zu diesem Zeitpunkt beginnt der Prozess einer stufenweisen Häutung. Unter der ersten Zwiebelschale kommt als nächste Schicht das Empfinden von Hilflosigkeit zum Vorschein. Es geht hierbei nicht um gespielte oder infantile Hilflosigkeit, sondern um die Unschuld des Herzens, wie sie im Hexagramm 25 des I-Ging beschrieben ist: Das Zurückgehen in diese Unschuld ist Voraussetzung für ein Neu-geboren-Sein. Die eigene Hilflosigkeit vor sich selbst und anderen zu bekennen öffnet das Herz. Im liebevollen Mitgefühl für sich selbst erleben wir das Wunder, dass das Herz die Hilflosigkeit trägt, und wir lernen, wie wir mit unserem Spiegel arbeiten können.

- *A = (Auto-)Aggression* oder Aktivität im unteren Selbst: Aus dem Frust heraus, dass die alte Welt zusammengebrochen ist, meldet sich innerer Terror, wie ein wildes Tier, das aus dem Winterschlaf geweckt wurde. In der Autoaggression hasst man eigentlich gar nicht sich selbst, sondern die schmerzhaft empfundenen eigenen Konditionierungen. Hinter der Autoaggression stecken die Vorstellung von Perfektion und die Idee des Schuldig-Seins verborgen. Das Ideal der Perfektion besteht in diesem Stadium noch nicht darin, die Vollkommenheit allen Seins zu akzeptieren, sondern in der Illusion, genau zu wissen, wie das Leben (und man selbst) zu sein hat. Erst wenn diese Vorstellungen losgelassen werden, kann die Aktivität, die mit der Autoaggression einhergeht, positiv genutzt werden.

- S = *Selbstzweifel* oder Selbstübersteigung: Im Selbstzweifel erlebt man eine Zerstückelung seiner selbst, bis man irgendwann bereit ist, das Bild, das man von sich, seiner Vergangenheit und seinen Begrenzungen hat, loszulassen. In der Selbstübersteigung erlebt man sich nicht mehr als vom Ganzen getrenntes Ich, sondern als etwas, das größer ist als die eigene Identität. Man erkennt, dass das Ich (»der Kurt«, »die Anna«) das Leben nicht meistern kann und lässt stattdessen den Meister, der größer ist als man selbst, das Leben meistern.

- S = *Selbstzerstörung* oder spiegelgleiche Weisheit: Man leidet entweder darunter, dass die eigenen Vorstellungen sich nicht erfüllt haben, oder ist bereit, den Spiegel des Lebens auf sich wirken zu lassen und dabei die eigene spiegelgleiche Weisheit zu entdecken.

Mit der Bereitschaft, über HASS hinauszugehen, entdeckt man in sich das dritte Stadium, das Nietzsche »das Kind« nennt und das bei Gottwald LEBE genannt wird. Der Film »Matrix« spiegelt die Entscheidung für das, was Gottwald LEBE nennt, auf eigene Weise. Er erzählt die Geschichte des Programmierers Thomas Anderson, der in seinem Privatleben nachts als professioneller Hacker unter dem Tarnnamen Neo arbeitet und sich mit Cyberspace-Programmen beschäftigt. Im Internet erfährt Neo, dass es eine geheimnisvolle »Matrix« geben soll und einen Mann namens »Morpheus«, der ihm diese Matrix erklären kann. Es gelingt Neo tatsächlich, Morpheus zu treffen. Morpheus erklärt Neo, dass die gesamte Welt eine virtuelle, vorgegaukelte Realität, ein Computerprogramm sei, in dem die Menschen gefangen seien. Er gibt Neo zwei Pillen zur Auswahl: Schluckt er die blaue Pille, kommt er wieder zurück in sein normales Leben und arbeitet weiterhin als Thomas Anderson. Entscheidet er sich für die rote Pille, wird er entdecken, was die Matrix ist, die die Menschen steuert, und dafür arbeiten, die Menschen aus dieser Matrix zu befreien. Neo entscheidet sich für die rote Pille. Der Verräter Cypher entscheidet sich hingegen, zur Gegenseite überzulaufen und für ein besonders erfolgreiches Leben in der Illusion die Menschen, die an der Aufdeckung der Matrix arbeiten, zu verraten. Er steht für das Steckenbleiben im Feuer von HASS und das Zurückfallen ins DUMM-Prinzip.

Menschen, die sich nicht für die spiegelgleiche Weisheit entscheiden, sind in der Illusion gefangen, dass das Glück im Konsum der Güter besteht, die unser Planet zu bieten hat, selbst wenn die Erde dabei zerstört würde. Auch für Sie als Leser stellt sich die »Matrix«-Frage. Sind Sie bereit, Ihre »rote Pille« zu schlucken? Das Wissen dieses Buches und die Erfahrungen, die Sie in Verbindung damit machen, können Ihnen helfen, die Reflexionen Ihres Geist-Spiegels rein, klar, stabil und friedvoll zu erleben. Diese Reflexion ist die Grundlage für einen »stimmigen« und »wissenden« Umgang mit der Welt, unserer Umwelt, der Gesellschaft und anderen Menschen. Im LEBE-Prinzip stellt sich der Mensch in jeder Lebenssituation, die ihn beschäftigt, drei Fragen:

- Wer bin ich?
- Was ist wirklich?
- Was ist jetzt hier?

Nur wenn wir uns aufmachen, der »Wirklichkeit *hinter dem Schein*« auf die Spur zu kommen, indem wir bereit sind, unsere Interpretationen über das Leben zu hinterfragen und ggf. loszulassen, kann sich die spiegelgleiche Weisheit zeigen.

Der Geist ist der König, der alles erschafft,
der Samsara (Gefangensein) und Nirvana (Befreiung)
*   entstehen lässt,*
und wir müssen nur diesen König kennen.

(KÜNGYE GYALPO)

Die Geburt der spiegelgleichen Weisheit

Die spiegelgleiche Weisheit verwandelt Unwissenheit,
sie weitet unseren Horizont in jeder Lebenslage.

Der Begriff der »spiegelgleichen Weisheit« kommt aus dem tibetischen Buddhismus. Der Buddha der spiegelgleichen Weisheit wird dort auch *Akshobhya* (tib. »der Unerschütterliche«) genannt. Seine Farbe ist blau, und er wird dem Wasserelement zugeordnet. So wie das Wasser den Mond spiegelt, ohne an ihm zu haften, und so wie ein Spiegel alle Formen reflektiert, ohne an ihnen zu hängen, von ihnen berührt oder erschüttert zu werden, repräsentiert der Buddha der spiegelgleichen Weisheit den erlösten Umgang mit den Ereignissen des Lebens.

Das Wappentier von Akshobhya ist der Elefant mit seiner dicken Haut, der alles durchschreitet, was sich ihm an Verblendungen in den Weg zu seiner letztendlichen Bestimmung, dem inneren Erwachen, stellt. Sein Juwel ist der Diamant, der Brillanz, Reinheit, Unzerstörbarkeit symbolisiert.

Die Handgeste von Akshobhya zeigt zur Erde (sogenanntes »Bhumisparsha Mudra«) und regt in uns Vertrauen, Zuversicht, Standfestigkeit und Verwurzelung an. Es ist die

Geste der Auflösung der Illusionen und der Standfestigkeit im Sein. Man sagt, dass der Buddha genau diese Geste vollführte, als sein Widersacher Mara ihn am Bodhibaum davon abhalten wollte, seine Erleuchtung zu erlangen. Das »Bhumisparsha Mudra« ist zugleich Ausdruck für die Transzendenz, die in der Bereitschaft zu finden ist, unser Menschsein auf Erden anzunehmen und die täglichen Spiegel, die uns geboten werden, als solche zu erkennen.

Dies entspricht auch der Aussage des Familienaufstellers Bert Hellinger: »Es ist der Himmel, der krank macht, und die Erde, die heilt!« Diese Aussage ist nicht gegen das Göttliche gerichtet (Hellinger war selbst früher als christlicher Missionar tätig), sondern ermuntert uns dazu, nicht vor unseren Spiegeln wegzulaufen, sondern sie zu nutzen, um dem Göttlichen auch im Alltag Raum zu geben. Spiegelgleiche Weisheit bedeutet also nicht, das Irdische zu meiden, sondern es zu durchschreiten und in ihm den ständigen Spiegel für die eigene Transformation zu sehen.

So wie ein Spiegel uns Millionen von Reflektionen zeigen kann, besitzt die spiegelgleiche Weisheit die Fähigkeit, alles zu reflektieren, was ihr begegnet, ohne Dinge als »gut« oder »schlecht« bewerten zu müssen. Ein Spiegel reflektiert eine Rose ebenso wie eine wütende Bulldogge, ohne sich damit zu identifizieren. Dies ist Unerschütterlichkeit.

Wir erkennen, dass es die Färbung unseres eigenen Spiegels ist, welche die Welt als Ausdruck von göttlicher Vollkommenheit anerkennt – oder in ihr die Verkörperung eines (widrigen) Schicksals sieht. Es liegt an uns. Wenn wir erkennen, dass unser wahres Sein diese spiegelgleiche Weisheit ist, erfahren wir immer mehr inneren Frieden, einen Einklang mit und daraus resultierend ein tiefes Verstehen von dem, »was ist«.

Im Allgemeinen nehmen wir mit unseren inneren und äußeren Sinnen lediglich die Phänomene der äußeren Welt wahr und sind auf sie fixiert. Wir starren auf sie, lassen uns von ihnen hypnotisieren wie das Kaninchen von der Schlange. Verblendung führt aber, so lehren uns die Weisen, zu einem verwirrten Geist, so dass man weder im Leben noch im Tod weiß, wer man wirklich ist.

Unwissenheit im Sinne der spiegelgleichen Weisheit bedeutet nicht, irgendetwas nicht zu wissen. Unwissenheit im Sinne der spiegelgleichen Weisheit ist unsere Identifikation mit dem abgespaltenen, getrennten Ich und die Fixierung auf die Eindrücke der Welt, ohne Kenntnis unserer unterschwelligen Allverbundenheit und ohne Wahrnehmung unseres wahren Selbst, aus dem alles hervorgeht. Unwissenheit gilt als die Wurzelverblendung, da aus ihr alle weiteren Hauptverblendungen, insbesondere unsere begrenzenden Glaubenssätze entstehen. Unwissenheit ist die Grundlage unserer Anhaftung, unserer Vorstellungen und unserer Gier, die uns Dinge, Umstände, Menschen entweder begehren oder zurückweisen lässt.

Solange die Phänomene, Lebensumstände, Ereignisse in der Außenwelt den See Ihres Unbewussten in Wallung versetzen, werden die Bilder, die sich dort widerspiegeln, verzerrt oder beschmutzt. Die grenzenlose Unwissenheit über unsere spiegelgleiche Weisheit fordert einen hohen Preis von uns, da sie die Grundlage vieler falscher Sichtweisen und Einstellungen ist, die wir mit Hilfe des vorliegenden Buches korrigieren können. Nur wenn wir den Kontakt zu unserer spiegelgleichen Weisheit, zum Raum des inneren Friedens in uns verlieren, nehmen wir die Welt als einen Ort wahr, der voller Gefahren und Versuchungen ist.

Der Raum, in dem die Dinge auftauchen, und die Leere, die alles durchdringt und von der wir durchdrungen sind, sind den meisten Menschen gar nicht bewusst. Diese Unbewusstheit kommt einer kollektiven Hypnose, einer Trance, einer Schläfrigkeit gleich.

Aus der Wurzelverblendung, der Unfähigkeit, in allem, was uns begegnet, unseren eigenen Spiegel zu sehen, erwachsen die weiteren Störemotionen Anhaftung, Hass, Stolz und Eifersucht. Diese existieren nicht wirklich, sondern sind Projektionen unseres eigenen Geistes, die sich in weiteren Projektionen auf Menschen, Situationen, Umstände stürzen und an sie binden. Da diese Verblendungen auf der absoluten Ebene nicht existieren, ist es für die eigene Befreiung wichtig, sich nicht allzu sehr damit zu identifizieren.

Es ist wie bei einer Zeitung: Wir starren tagtäglich so sehr auf die Buchstaben und Bilder, dass wir den Hintergrund, das Papier, nicht wahrnehmen. Doch auf dem Weg zur spiegelgleichen Weisheit ist es wichtig, erst einmal den hypnotischen Blick auf die Buchstaben und Bilder überhaupt zu bemerken. Wir nehmen wahr, auf welche Buchstaben und Bilder wir fixiert sind, und akzeptieren diese Fixierung. Dann wechseln wir die Perspektive und schauen auf die spiegelgleiche Weisheit, in unserem Beispiel das Papier, auf das die Buchstaben und Bilder gedruckt wurden.

Betrachten Sie einmal ein bedrucktes Blatt Papier, einen Brief oder eine Zeitung. Und dann konzentrieren Sie sich nicht auf die Buchstaben oder Bilder, sondern auf das weiße Papier dahinter – was erleben Sie?

Die Phänomene, Ereignisse, Umstände sind weiterhin da; wir erleben Grobes und Feines, doch wir bleiben mit der friedvollen Widerspiegelung unserer tieferen Geistesebene verbunden. Die Phänomene haben keine Möglichkeit mehr, uns aus unserer Mitte zu bringen. Weder greifen wir nach ihnen noch greifen sie nach uns. Um es mit dem Sinnbild eines Klettverschlusses auszudrücken: Der Haken findet keinen Flausch mehr, an dem er hängen bleiben kann – wir sind frei.

Wenn unser Geist-Spiegel den reinen Raum widerspiegelt, spüren wir eine Empfindung des Friedens, da wir eine Verbindung zu einer tieferen Wirklichkeitsebene herstellen als der Welt der Phänomene. Wir kommen in Kontakt mit der eigenen unermesslichen und absoluten Natur, die immer da war, jedoch aufgrund der Vielzahl an Phänomenen in Vergessenheit geraten ist. Aus der Perspektive dieser spiegelgleichen Weisheit und in Kontakt mit unserem zeitlosen friedvollen Raum erscheint uns alles, was wir in der Außenwelt begehren oder ablehnen, erstreben oder leugnen, alles, was wir erleben, wie eine Theater- oder Kinoaufführung, die von unserem Geist-Spiegel widergespiegelt wird. Dies bedeutet nicht, dass wir autistisch sind oder abgekapselt von der Welt, sondern durchlässig, interaktiv und doch nicht verhaftet.

Im Alltag zeigt sich »spiegelgleiche Weisheit« darin, dass Menschen, Situationen, Umstände, Emotionen aufsteigen und vorübergehen können, ohne dass wir darauf einsteigen müssen. Unsere eigene Klarheit leuchtet und ist nicht identifiziert. Wir erkennen, was abläuft, und teilen unser Leben und unsere Weisheit mit anderen, wenn wir dazu aufgefordert werden.

Im Gewahrsein der spiegelgleichen Weisheit erwächst uns »Wissen« – nicht im Sinne einer Ansammlung von Informationen, sondern im Sinne eines Blicks hinter den Spiegel und der Wahrnehmung des verborgenen Einsseins. Laotse drückt dies sehr schön in seinem »Tao te King« aus, wenn er schreibt: »Die Einheit ist bereits beschlossen!« Dies ist das »offene Geheimnis«: dass wir alle eines sind – es ist offen, da es jedermann zugänglich ist, und geheim, da es mit Worten nicht benannt, sondern nur darauf hingewiesen werden kann.

In unserem Alltag werden wir vielleicht weiterhin mit der Unwissenheit der Menschen konfrontiert, die sich als getrennt von uns erleben. Als Ausdruck dieser Verblendung erleben wir Ignoranz der geistigen Gesetze, egozentrische Absichten, Fanatismus, Rechthaberei, Dünkel, Verwirrung, Dummheit, Vorurteile, Interpretationen, Wertungen, geistige Blindheit, Stumpfsinn und die Unwissenheit oder Unwilligkeit, geistige Zusammenhänge zu erkennen und zu verstehen. Die Wahrheit wird verdreht, Richtiges mit Falschem verwechselt oder richtige Motive mit falschen vermengt. Verblendete Menschen identifizieren sich mit ihren Meinungen, Emotionen, Glaubenssätzen, ihrem Besitz, ihrer Vergangenheit und auch mit ihrem Versagen und sind nicht zur Kooperation mit dem Ganzen bereit. Was sollen wir tun, wenn uns all dies begegnet?

Es ist hilfreich, die Unwissenheit anderer als Spiegel derjenigen Teile in uns selbst zu sehen, die noch unwissend sind, und diese Teile *in uns* zu erlösen. Wir werden eine innere Unterstützung und wachsende innere Kraft spüren, wenn wir uns dazu verpflichten, dazu beizutragen, das Leiden in der Welt zu verringern, indem wir anderen helfen, zu erwachen, indem wir sie liebevoll begleiten.

Eine besondere Herausforderung erfährt unsere spiegelgleiche Weisheit im Umgang mit Ärger (HASS-Prinzip als Durchgangsstation). Sobald wir nicht mehr bereit sind, das Spiel der Getrenntheit mitzuspielen (DUMM-Prinzip), steigt in der Regel erst in uns, später in anderen immer wieder mal Ärger auf uns selbst wie auf andere auf. Ärger ist nichts anderes als das Nicht-einverstanden-Sein mit dem, »was ist«, also die Leugnung des Spiegels, den uns das Leben bietet. Wir brauchen Mut, Unerschütterlichkeit und Mitgefühl, um diesen Ärger zu konfrontieren. Damit wir dazu überhaupt in der Lage sind, müssen wir eine Haltung der Bewusstheit einnehmen. Diese entdecken wir, indem wir einen Spiegelsplitter nach dem anderen erlösen, indem wir – um auf eine Metapher vom Beginn dieses Buches zurückzukommen – ein Stückchen Seidentuch nach dem anderen aus dem Dornenstrauch befreien. Derart erlöst erleben wir, wie mehr und mehr die allentgegenkommende, alldurchdringende Weisheit durch uns scheint. Die Zusammenhänge werden immer klarer, unser Bewusstsein zeigt sich immer mehr in seiner kosmischen und ganzheitlichen Natur, und wir erleben eine Souveränität, die nicht länger von äußeren Umständen abhängt.

Kennzeichen der spiegelgleichen Weisheit (Unverblendung) sind: Weisheit, Einsicht, Verständnis, Wissen, Urteilskraft, Klarheit, Scharfsinn, Unparteilichkeit, Gleichmut, Durchschauen der Illusion des Lebens (Maya). Man nimmt die Tatsachen so an, wie sie sind, und empfindet kein Leid beim Nicht-Erlangen (Realisieren) von gewünschten Dingen/Zielen.

Unverblendung bedeutet, die Dinge in ihrer wahren Natur zu durchschauen und zu erkennen. Die spiegelgleiche Weisheit beleuchtet die Menschen, Situationen, Umstände aus einer umfassenderen Perspektive und offenbart ihre wahre Essenz. Die spiegelgleiche Weisheit verleiht uns ein inneres Wissen, das einem sicheren Pfadfinder gleicht, der in jeder Situation genau den Weg weiß. Mit ihrer Hilfe sind wir fähig, Angriffen ihre Zerstörungskraft zu nehmen, da wir sie als Prüfung und Illusion erkennen. Die spiegelgleiche Weisheit gibt die unverzerrte, neutrale Sicht der Dinge wieder und verhindert den Verlust der inneren Mitte, des inneren Maßes und der inneren Unparteilichkeit. Wer unverblendet ist, ist zugleich achtsam und wachsam gegenüber Störemotionen, damit er nicht erneut der Illusion auf den Leim geht.

Nicht verhaftet zu sein bedeutet jedoch nicht Rückzug von der äußeren Welt, denn auch der Eremit ist gefährdet durch die Trugbilder seines eigenen Geistes. Die Herausforderung eines gesellschaftlichen Lebens in der westlichen Welt bietet vielleicht mehr als ein Eremitendasein die optimalen »Trainingsbedingungen«, um sich immer wieder darin zu üben, Trugbilder zu entlarven und nicht in Trance zu geraten. Wer wird, wenn er einmal die Freiheit des Nicht-verhaftet-Seins erlebt hat, wieder in die Verworrenheit des Geistes zurückfallen wollen?

Es gibt keinen Spiegel, und es gibt keinen Staub

Der Zen-Meister Hui-neng (638–713) stammte aus ärmlichen Verhältnissen. Als er eines Tages Brennholz sammelte, um es für seine Mutter auf dem Marktplatz zu verkaufen, hörte er im Wald jemanden das Diamant-Sutra rezitieren. Als er den Satz hörte »Lass deinen Geist frei fließen, ohne bei irgendetwas zu verweilen«, machte er eine tiefe Erleuchtungserfahrung. Nachdem er von dem Rezitierenden erfahren hatte, dass dieser ein Schüler des Zen-Meisters Hung-jen war, beschloss er, dorthin zu gehen. Hung-jen erkannte Hui-nengs Begabung und ließ ihn zunächst als Gehilfe in der Küche des Klosters arbeiten. Eines Tages spürte Hung-jen, dass die Zeit gekommen war, einen Nachfolger zu finden. Er forderte die Mönche seines Klosters auf, ein Gedicht als Ausdruck ihrer Zen-Erfahrung zu verfassen. Doch lediglich Shen-hsiu, ein sehr strebsamer und geschätzter Mönch, von dem alle sowieso erwarteten, dass er Hung-jens Nachfolger würde, schrieb das folgende Gedicht:

»*Der Leib, das ist der Bodhi-Baum,*
der Geist, er gleicht dem klaren Ständer-Spiegel.
Wisch ihn denn immer wieder rein,
lass keinen Staub sich darauf sammeln.«

Als Hui-neng von diesem Vers hörte, verfasste auch er ein Gedicht mit dem folgenden Text:

> »*In Wahrheit gibt es keinen Bodhi-Baum,*
> *noch gibt es Spiegel oder Rahmen.*
> *Da ist ursprünglich kein (einziges) Ding –*
> *wo heftete sich Staub denn hin?*«

Hung-jen sagte, der Text von Hui-neng sei falsch, und bekannte sich zu dem Text des strebsamen anderen Mönches. Insgeheim erkannte er jedoch, dass sich in den Versen von Hui-neng eine weitaus größere Tiefe der Erfahrung ausdrückte als in dem Gedicht von Shen-hsiu. Er wusste jedoch, dass eine Ernennung Hui-nengs zu seinem Nachfolger bei Shen-hsiu und den anderen Mönchen Neid und Missgunst hervorrufen würde und dies den Bestand des Klosters gefährden könnte. Im Schutz der Dunkelheit ging Hung-jen in der Nacht zu Hui-neng, der im Gegensatz zu Shen-hsiu nicht nach seiner Nachfolge strebte, und übergab ihm sein Gewand und seine Reisschale als Bestätigung seiner Erleuchtung. Wohl wissend um die Schwierigkeiten, die das auslösen könnte, trug er ihm auf, das Kloster noch in derselben Nacht zu verlassen und in den Süden Chinas zu gehen. Shen-hsiu propagierte eine Lehre, die später »Nördliche Schule« genannt wurde und die davon ausging, dass durch geordnete Lebensführung und tägliche Übung Erleuchtung erreicht werden könnte. Hui-neng begann erst nach weiteren 15 Jahren als Zen-Meister zu wirken. Er begründete damit die Südliche Schule des Zen und die Idee des plötzlichen, unerwarteten Erwachens und verkündete die Parole: »Es gibt keinen Spiegel, und es gibt keinen Staub – wer das weiß, ist erleuchtet!«[103]

---

103 Hui-neng: Das Sutra des Sechsten Patriarchen, Darmstadt (Schirner Verlag) 2008.

Die Ochsenbilder im Spiegel des Lebens

Eine sehr gelungene Synthese aus beiden Zen-Richtungen, die wir im letzten Kapitel kennengelernt haben, finden wir in den sogenannten »Zehn Bildern vom Ochsenhirt« und den dazugehörigen Versen, die vom Zen-Meister Meister Kakuan Shion (12. Jahrhundert) stammen.[104] Der Ochse steht für das wahre Selbst, das wir suchen. Der Hirte repräsentiert das Ich. Die Bilder und Verse beschreiben das folgende Geschehen:

1. Bild – der Hirte sucht nach dem Ochsen: *Unablässig durchstreift er das dichte Gras, die Gewässer sind weit und die Gebirge fern, der Weg führt ihn ohne Ende. Alle Kräfte erschöpft, sein Wille gebrochen, weiß er nicht mehr, wo weiter zu suchen. Nur der Gesang der Zikaden vom Ahornbaum dringt abends zu seinem Ohr.*

   Der Hirte erfuhr irgendwann einmal eine seelische Berührung, beginnt sich mit Religion und Spiritualität zu beschäftigen und merkt irgendwann, dass er sich da-

---

104 Daizohkutsu R. Ohtsu: Der Ochs und sein Hirte: Zen-Geschichte aus dem alten China (Gebundene Ausgabe), Stuttgart (Klett-Cotta Verlag), 9. Aufl. 2003.

rin verloren hat – statt besser ergeht es ihm nur schlechter.

2. Bild – der Hirte entdeckt die Fußspuren des Ochsen: *Unter den Bäumen, am Rande des Wassers – zahlreiche Spuren. Wohlriechendes Gras sprießt reichlich – könnt ihr das sehen? Auch wer tiefer in die Berge hineingeht und nach ihm sucht, wie könnte auch nur seine Nase, die bis zum Himmel reicht, ihm verborgen bleiben?*

   Dies ist die Phase, in der das Ich Vertrauen in das Mantra, die Meditationsübung, das Gebet erlangt. Es läuft nicht mehr rastlos hin und her, sondern hat offenbar etwas gefunden, das vielversprechend aussieht.

3. Bild – der Hirte erblickt den Ochsen: *Vom Strauch her ertönt der Gesang des Buschrohrsängers. Warm scheint die Sonne, mild weht der Wind, am Flussufer leuchtet das Grün der Weiden. Niemand kann dem Ochsen mehr entkommen. Kein Maler könnte sein majestätisches Haupt mit den Hörnern malen.*

   Das Erblicken des Ochsen ist der Augenblick, in dem man zum ersten Mal das Selbst erfährt.

4. Bild – der Hirte ergreift den wilden, ungezähmten Ochsen: *Alle Kräfte sind eingesetzt worden, den Ochsen zu fangen. Doch sein Ungestüm und seine Wildheit zu bändigen, ist noch schwerer. Manchmal prescht er vor bis zur Spitze des Hochlands; manchmal verbirgt er sich in Nebel und Wolken.*

   Dieser Vers beschreibt die Phase, in der nur noch die Erinnerung an die Erfahrung des Einsseins da ist und man sich immer wieder als in der Welt verstrickt erlebt.

5. Bild – der Hirte zähmt den Ochsen: *Immer muss der Hirte streng sein mit der Peitsche, sonst folgt der Ochse seiner Laune zu Staub und Schmutz. Doch geduldiges Zähmen macht ihn sauber und sanft, und friedlich folgt er dem Hirten ohne Zügel und Zwang.*

   Streng zu sein bedeutet wachsam zu sein und bereits leiseste Anzeichen von Unbewusstheit wahrzunehmen, um das Ich mit Hilfe innerer Disziplin von seinen Gewohnheiten der Anhaftung, der Zurückweisung und der eingeengten Betrachtungsweise zu befreien.

6. Bild – der Hirte reitet auf dem Ochsen: *Auf dem Rücken des Ochsen will der Hirte langsam nach Hause reiten. Im rötlichen Abendlicht spielt der Fremde auf seiner Flöte. Jeder Takt, jeder Ton ist erfüllt von unvorstellbarem Klang. Echte Freunde wissen davon auch ohne Worte.*

   Das Ich ist glücklich und zufrieden, wenn es auf seine Erfahrung des Selbst blickt, und berichtet auch anderen von seinem Erfolg. Die Gefahr auf dieser Stufe besteht darin, sich auf seinen »spirituellen Lorbeeren« auszuruhen. Solange es noch zwei gibt, einen Hirten und einen Ochsen, Unerleuchtetes und Erleuchtetes, solange es Bigotterie gibt, ist die spirituelle Heimat noch fern.

7. Bild – der Ochse ist verschwunden, der Hirte bleibt: *Schon hat er auf dem Rücken des Ochsen sein Heim erreicht. Da ist der Ochse verschwunden und der Hirte allein. Als die Sonne schon hoch am Himmel steht, ist er noch am Träumen. Peitsche und Halfter hängen nutzlos im Stall.*

   Die Zweiheit ist verschwunden, es gibt kein suchendes, sondern nur noch das verwirklichte Selbst. Aber immer ist noch ein »Ich« da, das erleuchtet ist, und darum ist die Reise des Hirten noch nicht beendet.

8. Bild – Ochse und Hirt sind verschwunden: *Peitsche und Leine, Ochse und Hirt – alles ist weg. Weit und breit nur blauer Himmel – das kann niemals mitgeteilt werden! Wie sollte sich auf rotglühendem Ofen eine Schneeflocke halten? Wer dahin kommt, versteht genau, was die Alten meinten.*

Da kein Ich da ist, schmilzt jeder Augenblick dahin wie eine Schneeflocke auf einem glühenden Ofen. Da ist kein Spiegel – und kein Staub!

9. Bild – Rückkehr zum Ursprung: *Heimgekehrt zum Ursprung sieht der Hirte, wie vergeblich alle Mühe war. Was wäre besser in dem Moment, als blind und taub zu sein? Vom Inneren der Hütte aus sieht er nicht, was draußen ist. Ganz von selbst strömt das Wasser weiter, ganz von selbst erstrahlen die Blumen in köstlichem Rot.*

Hier ist der Unterschied zwischen sich selbst und allem anderen vollkommen aufgehoben.

10. Bild – Rückkehr in die Welt: *Barfuß und mit entblößter Brust kommt er zum Markt, mit Asche und Lehm beschmutzt, im Gesicht ein Lächeln. Ohne das Geheimnis von Göttern und Hexen zu nutzen, bringt er verdorrte Bäume zum Blühen.*

Ein Mensch dieser Stufe geht dahin, wo er oder sie möchte, tut, was er oder sie möchte, und lebt, wie er oder sie möchte. Und doch kommt er dabei vom rechten Weg nicht ab. Er führt ein Leben völliger Freiheit, ein Leben natürlicher Einfachheit, ohne für etwas zu kämpfen – und doch entstehen auch keine Probleme. Durch seine

natürliche Lebensweise und sein Weilen unter normalen Menschen überzeugt er auch die gewöhnlichen Menschen, dass sie gerettet sind. Die Anwendung der Kräfte
und Fähigkeiten, die man durch die tägliche Praxis erlangt, z. B. zum Zwecke der Schaustellerei, sind auf früheren Stufen eine große Versuchung für das Ich. Dass
der Hirte schließlich mit Asche und Lehm beschmutzt
ist, symbolisiert, dass die Kraft, Bäume erblühen zu lassen, nicht Folge einer großen Willensanstrengung, sondern Ergebnis eines tief empfunden Mitgefühls ist.

Das Wissen hinter dem Spiegel

Der Weg des Ochsenhirten ist nur eine von vielen Möglichkeiten auf unserer Reise des Erwachens. Alle Religionen und spirituellen Schriften sind sich jedoch darin einig, dass die höchste Stufe der Verwirklichung sich nicht durch besondere Errungenschaften, sondern durch einen Dienst am Ganzen auszeichnet, durch Mitgefühl und Liebe, wie es der Buddha und Jesus vorgelebt haben.

Auch Maulana Rumi, ein persischer Mystiker, Dichter und Philosoph des 13. Jahrhunderts, war ein Erwachter, der viele verdorrte Bäume zum Erblühen gebracht hat. An seinem Beispiel lässt sich besonders gut erkennen, dass intellektuelles Wissen über erwachte Zustände und die leibhaftige Erfahrung des spirituellen Erwachens weit voneinander entfernt sind.

Rumi war bereits ein berühmter spiritueller Gelehrter, als er seinen späteren Meister und Lehrer traf, den Derwisch Shams-e Tabrizi. Rumi saß an einem Brunnen und las eine heilige Schrift, welche sehr kostbar und selten war – jedes einzelne Wort war mit Tinte geschrieben worden. Da setzte sich ein ärmlich aussehender Bettler in Lumpen zu ihm und fragte ihn, was er denn da studiere. Rumi sagte arrogant: »Das, was da drinnen steht, ist nichts, was ungebildete Menschen wissen können«, und wollte ihn wegschicken. Daraufhin nahm der Bettler die gesammelten Schriften und warf sie in den mit Wasser gefüllten Brunnen. Rumi war entsetzt und schrie den Bettler an: »Siehst du nicht, was du angestellt hast!« Daraufhin griff der Bettler in den Brunnen und zog die gesammelten Schriftstücke hervor, die allesamt bestens erhalten waren – kein einziger Buchstabe hatte Schaden genommen. »Wie hast du denn das fertiggebracht?«, wollte Rumi kopfschüttelnd wissen. Daraufhin antwortete Tabrizi: »Dies ist eine Gabe, von welcher die Gebildeten keine Ahnung haben!«

Und so kam es, dass Rumi erst Schüler, später engster Freund des unsterblichen Derwischs Shams-e Tabrizi wurde. Wir sehen an solchen Beispielen, dass die Dinge oftmals anders sind, als sie scheinen.

Und weil es von nun an um das »Wissen hinter dem Wissen« geht, das Sie nur selbst erleben können, endet dieses Buch hier. Möge es Ihnen bis zu Ihrer eigenen tiefen Erfahrung ein wertvoller Begleiter sein!

LESERSERVICE

Kurt Tepperwein persönlich oder in einem Heimseminar erleben!

Wünschen Sie tiefer in das Thema dieses Buches einzusteigen, dann empfehlen wir Ihnen, die folgenden Chancen zu nutzen:

Gewünschtes bitte ankreuzen!

Seminar/Ausbildung:
☐ Motivationsseminare mit verschiedenen Themen (Tagesseminare)
☐ Kausal-Training / Kausal-Trainer/in

Ausbildungen mit Felix Aeschbacher (Lehrbeauftragter v. K. Tepperwein):
☐ Dipl. Mental-Trainer/in
☐ Dipl. Bewusstseins-Trainer/in
☐ Dipl. Intuitions-Trainer/in
☐ Meditations-Trainer/in (Zertifikat)

Heimstudienlehrgänge:
☐ Einführungslehrgang »Die 7 Schritte zur Erfolgspersönlichkeit«
☐ Dipl. Lebensberater/in
☐ Dipl. Mental-Trainer/in
☐ Dipl. Intuitions-Trainer/in
☐ Dipl. Seminar-Leiter/in
☐ Dipl. Erfolgs-Coach/in
☐ Dipl. Gesundheits- und Ernährungs-Berater/in
☐ Dipl. Partnerschafts-Mentor/in

Gesamtprogramme:
☐ Gesamtseminar- und Ausbildungsprogramm IAW
☐ Neuheiten der Bücher-, CD- und DVD-Programme von Kurt Tepperwein
☐ Gesundheitsprodukte-Programm

Dazu ein persönliches Geschenk:
☐ Die 20-seitige Broschüre »Praktisches Wissen kurz gefasst« von Kurt Tepperwein

Sie erhalten Ihre gewünschten Informationen selbstverständlich kostenlos und unverbindlich bei:

Internationale Akademie der Wissenschaften (IAW)
St. Markusgasse 11, FL-9490 Vaduz
Tel. 0 04 23 2 33 12 12   Fax 0 04 23 2 33 12 14
E-Mail: go@iadw.com   Internet: www.iadw.com

Das Arbeitsbuch zum Bestseller
»Die geistigen Gesetze«

ISBN 978-3-442-21867-7

In diesem Praxisbuch kommentiert Kurt Tepperwein sein Hauptwerk
»Die geistigen Gesetze«. Er vermittelt Kernbotschaften dazu und
veranschaulicht durch viele praktische Beispiele und Übungen den Wirkungs-
mechanismus der Gesetze in allen Bereichen des täglichen Lebens.